危险关系

爱、背叛与修复之路

[比利时] 埃丝特·佩瑞尔 Esther Perel —— 著
兆 新 —— 译

THE STATE OF AFFAIRS

Rethinking Infidelity

上海社会科学院出版社
SHANGHAI ACADEMY OF SOCIAL SCIENCES PRESS

赞誉

在这本丰富而深情的书中，埃丝特·佩瑞尔引领我们看透令人震惊的婚外情，用智慧和慈悲帮助我们从另一侧走出。如果婚外情是无休止的痛苦和审判，佩瑞尔则是一座安慰和同情的灯塔。

——美国西北大学心理学教授依莱·J. 芬克尔

《孤注一掷的婚姻》作者

佩瑞尔去了很少有人敢去的地方。在这本书中，她始终诚实而公平，引导我们走过一段复杂的旅程，其中充满了道德和情感的碰撞，让我们能更好地理解自己和所拥有的关系。

——西蒙·西内克 《纽约时报》畅销书《从为什么开始》和

《领导者最后吃》的作者

埃丝特·佩瑞尔以挑战婚姻关系中守旧、陈腐的观点而闻名。如果你认为婚外情是禁忌，或者不可原谅，或者是最糟糕的背叛形式，那么请三思。婚外情的状况，正如埃丝特·佩瑞尔所述，完全取决于你和你爱的人的决定。

——斯坦·泰特金　心理学博士、婚姻家庭治疗师、《连线爱》作者读这本书吧！它让我们去挑战和超越心理上所谓的正确性，深入观察人类的内心和我们所生活的文化。这是一部严肃、有力和勇敢的著作，它重新定义了夫妻“治疗”的领域。

——戴安娜·福沙博士

埃丝特·佩瑞尔以一种不同寻常的方法挖掘长期关系中的最大挑战，并从中发现人性、意义、机会和希望。在本书中，她不带任何指责或意识形态色彩来处理不忠这一终极越轨行为。这本充满雄心和勇气的书以其坚定的诚实和智慧，对任何处在婚外情阵痛中的人（或帮助别人走出婚外情的人）来说，都是无价的，可以帮助他们自我修复，或者最终告别婚外情。

——玛莎·米娜博士　美国内华达大学心理学教授、性治疗和研究协会前主席

只要你和其他人有互动，你就应该阅读这本书。佩瑞尔探讨了现代日常关系的每一种动态。本书为你提供了理解和原谅自己以及他人的工具。

——卡拉·德莱文涅　演员、模特

每个已婚、即将结婚或想要结婚的人都需要读一读这本书。如果你曾经被欺骗过或欺骗过别人，或者可能陷入欺骗的困境，也请读一读这本书。

——丹·萨维奇　《美国野人》的作者

埃丝特·佩瑞尔以公正的智慧、新鲜的道德观和充满智慧的文体，除去了我们最根深蒂固的偏见，提醒我们作为爱人交往的目的，挽救了我们可能坠入汪洋的关系。感谢上帝赐予我们这个女人。

——莉娜·杜汉姆　《不是那种女孩》的作者

作为一位治疗师，埃丝特·佩瑞尔凭借其深厚的专业知识，巧妙地将我们这个时代最后一个禁忌话题展现在世人面前。她解释了为什么不忠有时会发生在幸福的婚姻中，以及我们该如何建立更富有弹性的亲密关系。

——《纽约时报》畅销书作家亚当·格兰特 《另一种选择》的作者

埃丝特·佩瑞尔的又一精彩之作。博学，原创，最重要的是：实用！谁没有多多少少受到过不忠的影响？佩瑞尔给这种由来已久的痛苦带来了全新的、公正的视角，它将帮助任何陷入这种焦虑的人。

——海伦·费希尔 《爱的剖析》的作者

没有人比才华横溢的埃丝特·佩瑞尔更能教会我们什么是爱和亲密关系。她非凡的洞察力、她的人道主义，让这本《危险关系》成为每一个恋爱中的人的必读书。

——乔安娜·科尔斯 赫斯特集团内容主管

这本书鼓舞人心，信息量大，文笔优美，一定会在某种程度上打动每一位读者。作为一位敏锐的文化观察者和富有创新精神的夫妻治疗师，埃丝特·佩瑞尔为读者带来了宝贵的财富。读了第一页你就停不下来了。

——威廉·J. 多尔蒂博士 《挽回你的婚姻》的作者

献给我已经爱了三十年的杰克，

以及所有经历过爱情的人。

目录

第二部分　完全攻略

第三部分　意义和动机

致 谢

是什么促使我写了这本关于人类天性中最具争议性话题的书呢？很少有什么事件能如此主导人性戏剧的舞台，自从我写了第一本书《亲密陷阱》，出轨这个问题就一直令我着迷。我写那本书时，还是互联网使交流变得激进之前，那是作家单纯写作的宁静岁月。大约十年过去了，今天的写作已经在众目睽睽之下。在这本书的整个创作过程中，我一直在与读者对话。感谢所有富有启发性的反馈。

你们中的一些人隔着屏幕握住了我的手。简单地说，没有你们，我无法完成这本书。因为我一边写作一边思考，一边思考一边对话。我感受到了亲爱的朋友、尊敬的同事和热情的陌生人的祝福。我对你们的感激之情远胜于这些温和的致谢。

总编辑兼合作者艾伦·戴利，如果我见过工作上的天才的话，你就是。你清楚地知道我从哪里来，要到哪里去，这让我保持了正确的航向。我总会听到你说话的声音，你就像我的个人导航仪，不断重新计算着路程。劳拉·布鲁姆，我的合作编辑和诗意的缪斯，你是一本活字典。除了你，没有谁更喜欢和我一起玩文字游戏、提炼思想。盖尔·温斯顿，哈珀柯林斯出版社勇敢无畏的编辑，再次感谢你对我的信任。莎拉·芒格，你和我从一个大胆提议开始了这次冒险，你的编辑贡献是无价的。特雷西·布朗，我的文学经纪人，我衷心地信任你，如这些页面将要呈现的，这是一本少有的著作。尤利·马斯诺维斯基，你总是提醒我讲故事的重要性，不管是在纸上还是在屏幕前。

最好的想法很少出现在孤立的头脑中，而是在充满好奇和创造力的思考者的网络中形成的。在本书中，我引用了许多在谈话和写作中具有开创性见解的人的话，它们帮助我形成了本书中的一些观点。我特别感谢米歇尔·沙因克曼、乌尔里克·克莱门特、詹尼斯·阿布拉姆·斯普林、珍妮特·鲁宾斯坦、塔米·纳尔逊、艾琳·巴德、梅格·约翰·巴克、海伦·费希尔、玛莎·米娜、艾瑞克·克里尼伯格、艾瑞克·伯科威茨和佩珀·施瓦兹。

来自跨学科研究小组的相互交流，对我思考问题和得出结论至关重要。戴安娜·福沙、道格·布劳恩－哈维、乔治·法勒、娜塔莎·普莱恩和梅根·弗莱明，谢谢你们在这个项目初期让我承担起责任。约书亚·沃尔夫·申克，你让我走出了写作困境。

如果没有敏锐的读者，我是不敢让这本书出版的。你们的评论让我看到了漏洞，也看到了透过它们的光亮。凯瑟琳·弗兰克，每一个握笔奋战的治疗师，身旁若有你这样富有创造力和洞察力的文化人类学家，都应该感到幸运。皮特·弗伦克尔和哈里特·勒纳，你们是可爱的同事、独一无二又敏锐直接的批评家。史蒂夫·安德烈亚斯、盖伊·温奇、阿维瓦·吉特林、丹·麦金农、伊恩·克纳、玛吉·尼克尔斯、卡罗尔·吉利根和维吉尼亚·戈德纳，我需要你们这些知名临床医生、教师和思想家的权威反馈。耶西·康大卫、汉娜·罗辛、大卫·伯恩斯坦和帕特里夏·科恩，你们拥有写作的魔法，你们的评论帮助我说出所有人都懂的语言。丹·萨维奇和特里·里尔，你们与我志趣相投。大卫·刘易斯、丹尼尔·曼迪尔、布莱尔·米勒和丹尼尔·奥库里奇，没有人能超过你们的洞察力。戴安娜·亚当斯和埃德·维塞尔，特别感谢你们在我写非一夫一妻制时对我的指导。奥利维·纳特和耶西·贝克，你们的反馈为本书增加了宝贵的年轻人的视角。艾丽萨·夸特，你的头脑风暴游戏很好玩。

感谢我的团队。玛丽卡·布哈米克，我的研究助理，向你的出色工作致敬！你把混乱的环境变得井然有序。提到秩序，林赛·哈托斯基和阿曼达·迪克尔，你们让我集中时间和精力写作成为可能。刚开始，我还得到了四位有才华的学生的帮助：布列塔尼·默甘特、安娜贝勒·摩尔、尼科尔·阿诺特和亚历山德拉·卡斯蒂略。我期待看到你们在事业上有所建树。感谢所有参加我每月培训和监督小组的同事——没有比教学更好的方法来阐明自己的想法了。乔纳斯·巴米特，非常感谢你的研究。布鲁斯·米尔纳，感谢你敞开你在伍德斯托克庄园的门，让我可以在平静和美好中安心写作。

感谢我的家人。我的父母，他们教导我要畅所欲言，同时，他们那惨痛的背叛经历告诉我，即使只是部分的治愈，也有治愈的希望。杰克·索尔，我的丈夫，我们分享了爱与生命的奇遇，你是我心智的对话者。写一本书需要很大的空间，你总是那么慷慨。亚当和诺姆，我希望这本书能为你们处理人际关系提供智慧。和你们谈论永恒的爱的考验和磨难，使我与时俱进，也给我带来莫大的喜悦。

毫不夸张地说，我的来访者、所有让我进入你们私生活领域的人，你们作用重大。你们的信任必不可少。正是通过你们的故事，我们建立了联结，也产生了意义。在我的旅行、工作和个人交往中，我们曾有过最丰富的交谈。即使我不能说出你们的名字，我也要向你们表示感谢。在整个艰难的创作过程中，我没有感到过孤独，这真是太好了；而现在，这一切要暂时告一段落，我迫不及待地想与你们进一步交流。

前言

一个简单的越轨行为，就可以终结一对伴侣的关系，终结他们的幸福和身份，那就是：婚外情。然而，对这种极其普遍的行为，我们却知之甚少。

近 30 年来，作为一名治疗师、作家、培训师和讲师，我一直在探索现代夫妻爱情和欲望之间的复杂处境。在我的第一本书《亲密陷阱》中，我探讨了长期的两性关系中性欲的本质，并专门用一章讨论了不忠的问题。令我惊讶的是，不管在世界的什么地方，每次我就自己的书演讲或接受采访时，不忠的话题都比任何其他话题更引人注目。我的第一本书探讨了两性关系中欲望的尴尬境地，而这本书，我会在欲望转向别处时，追踪并描绘它的轨迹。

也就是说，这不仅仅是一本关于出轨的书。婚外情教我们认识到伴侣关系中的许多东西：在婚姻中，我们期待什么，认为自己想要什么，以及觉得自己有权得到什么。婚外情提供了一个独一无二的窗口，可以由此窥视我们个人和文化中对于爱、欲望和承诺的态度。通过从多个角度审视非法的爱，我希望吸引你——我的读者，以诚实、开明和富于挑战的方式，来探讨处于诸多变化中的现代关系。我希望激发你和爱人之间的对话，去谈论忠实和忠诚、欲望和渴望、嫉妒和占有欲、吐露真相和宽恕。我也鼓励你质问自己，说出自己没有完全说出的话，不惧挑战性与情感的正确。

作为治疗师，我的职责是创造一个安全的空间，能够心怀同情地探索人们经验的多样性。作为作家，我希望做同样的事。从这个意义上说，这不是一本解决婚外情危机的说明性书籍——尽管我希望它能对身处其中的人有所帮助，不管你们正扮演着什么角色；相反，我的目标是对这一话题进行富有成效的讨论，让所有伴侣的关系更诚实、更富有韧性，并最终加强它们。

今天，关于婚外情的探讨往往充满争议、妄下论断和目光短浅。作为一种文化，我们对性越来越开放，但不忠仍被羞耻和私密的云雾笼罩。我希望这本书有助于打破这种沉默，引发一种新的思考方式，探讨我们最古老的存在方式之一。关于预防和修复，我写了很多，更不用说不忠的意义、动机，我们能从中学到什么，以及出轨可能如何活跃和改变我们的婚姻关系。

有些人会认为这些无关紧要从而不予理会。他们告诉我，只有事实才重要，就像飞机失事了，重要的是找到幸存者后赶紧离开。但是，越来越多的人来找我，因为他们想知道发生了什么，飞机为什么会坠毁以及是否能够预防。他们想了解坠机事故，从中汲取教训，然后再次搭乘飞机。对于所有这些人，我想在大家通常欲言又止的地方开始对话，并解决一些由出轨导致的令人不安的问题。

在接下来的篇幅中，我将探究婚外情的多种因素——处理背叛带来的痛苦和毁灭，出轨引起的兴奋和内心的自我发现。我想分析一下婚外情发生的可能与随之而来的迫在眉睫的紧张关系。我们该如何看待婚外情带来的性解放与它可能造成的伤害之间的对立呢?

我想涉及更广泛的家庭、社区和文化圈。我希望在更广阔的历史和社会背景下，进一步探讨我们最私人化的关系。

另辟蹊径讨论这种最具争议性的话题，我非常清楚我所冒的风险。在我们的文化心理中，对出轨的既有看法根深蒂固。毫无疑问，去质疑它们将有不敬之嫌，或是令我的道德罗盘偏移方向。尽管我愿意避开直截了当的谴责，也会去做谨慎的调查，但我并不赞成出轨或轻易背叛。这些思考令我每天在办公室心神不宁。理解出轨并不意味着为它辩解。除了最极端的情况，让自己置身于审判席毫无益处。

让我多少告诉你们一些我是如何为这本书收集资料的。我的研究并非以证据为基础的科学调查，也不是以各种网络信息为基础的社会学研究。相反，我的方法跟人类学家和探险家用到的方法相似。我和人们交谈并倾听。本书的素材来自我的治疗记录、培训、在世界各地的讲座、非正式谈话，以及成百上千的读者来信，读者在我的网站、博客、TED 演讲和 Facebook 下面的评论。

过去六年，在我的心理治疗实践中，我主要关注的是有出轨问题的伴侣。通过他们，我深度探究了这一主题。因为我可以单独与其中一方见面，也可以与他们一起见面，所以我获得了不同寻常的机会，可以了解不忠伴侣的经历，而不仅仅是被背叛者的痛苦。我很幸运自己能与来自世界各地的人一起工作，他们为我提供了不同的文化视角。而我也知道，我自己选择的来访者，并不一定能代表经济和社会群体的多样性。

风流韵事和个人隐私总是混在一起，这本书包含许多秘密。通常，说出一个人的秘密而不泄露另一个人的秘密不太可能。故事中一些令人倍感心酸的细节，恰恰是我不得不为了保密而隐去的部分。书中每个人都用了化名，但我会尽力保留他们特定的语言和在每个场景中情感的准确性。

最后，表达我的感谢。在研究和写作本书的过程中，我受到许多思想家、作家和专家的启发与教导。有一本书对我意义重大，我的书名得益于它，这本书是《简论婚外情：对出轨和承诺的探究》。这是一本关于出轨的社会学观点概览，它确立了把出轨作为一个严肃主题进行科学探究的价值。读过其中深思熟虑的文章之后，我感到有勇气继续深入探究这一主题，并用包容和分层的方法来探索其心理维度。

不管我们喜欢与否，风流韵事都是存在的。很多声音都在告诉我们如何“避免婚外情”，但出轨男女的数量却有增无减。不忠发生在好的婚姻中，也发生在坏的婚姻中，甚至发生在通奸罪被判死刑的情况下。此外，它也发生在开放的关系中，即便在这种关系里婚外性行为事先有详细的协商。而分手或离婚同样也不能使不忠过时。沉浸在这个话题中，我发现，没有唯一的真理和全面的类型学能描述这座激情与背叛的熔炉。唯一能肯定的是，我告诉你们的这一切都并非虚构。

埃丝特·佩瑞尔

2017 年 1 月于纽约

第一部分

话题缘起

当一对夫妇在外遇后来找我时，

我通常告诉他们：

你们的第一次婚姻结束了，

你们要一起开始第二次吗？

第1章

关于婚姻和不忠的新对话

要解释充满人性矛盾的亲密结合需要很长时间，正是这种矛盾，使爱情本身有时带着绝望的背叛色彩，并且没有任何解释的可能。

——约瑟夫·康拉德《一些回忆》

此时此刻，在世界的各个角落，有人在欺骗，有人在被欺骗，有人渴望外遇，有人向痛苦中的恋人提供建议，有人作为秘密情人处于三角恋中。在情侣的生活中，没有什么比不忠更让人恐惧、八卦或着迷的了。自从有婚姻以来，通奸就一直存在，关于通奸的禁忌也是如此。纵观历史，它被立法、辩论，被政治化和妖魔化。然而，尽管广受谴责，不忠却有一种婚姻只能嫉妒的韧性。以至于《圣经》中只有这一罪过对应两条诫命：一是不要去做，一是不要去想。

在每个社会，每块大陆，每个时代，无论惩罚还是威慑，都有男女挣脱婚姻的束缚。几乎每个地方的人都会结婚，一夫一妻制是法定规则，出轨则是秘密行为。那么，我们如何看待出轨这一历史悠久、普遍禁止却又普遍存在的禁忌呢？

在过去六年里，我一直在与人进行这一话题的对话——不只在我独立的治疗室里，也在飞机上、会议上、晚宴上、美甲沙龙上，与同事和有线电视的工作人员，当然，也有社交媒体。从匹兹堡到布宜诺斯艾利斯，从德里到巴黎，对于当今的不忠问题，我一直在进行自己的开放式调查。

在全球范围内，当我提到出轨时，从严厉谴责、逆来顺受、谨慎同情到充满热情，我得到的反应各式各样。在保加利亚，一群妇女似乎认为，丈夫的花心是一种难以避免的不幸；在巴黎的午餐时间谈起这个话题，气氛会立刻变得十分尴尬，我注意到很多人已经针锋相对；在墨西哥，女人们自豪地认为女性出轨的兴起是对男权文化的反抗，尽管这反抗让男人有了“两个家室”——一个是家庭，一个是情妇。出轨可能无处不在，但我们理解它的方式——如何定义它，忍受它和谈论它——最终与事情发生的特定时间和地点相关。

让我来问你：当你想到出轨时，脑海中出现的第一个词、联想和形象是什么？如果我用“风流韵事”或“浪漫”之类的词，它们会发生改变吗？用“幽会”“放纵”“勾搭”或“炮友”呢？你的反应倾向于反对还是理解？你更同情哪些人？被抛弃者、不忠的人、情人还是孩子？你的回应是否因为你的生活经历发生变化？

婚外情是一种错误的观念，在我们的文化心理中根深蒂固。在我生活和工作的美国，相关的谈话往往直截了当、意味深长或两极分化。

“出轨？真煞风景。”一个人说，“一次做骗子，永远是骗子。”

“得了吧，”另一个反驳，“一夫一妻制并不符合人的本性。”

“完全胡扯！”第三个人继续反驳，“我们不是发情的猫，我们是人类，已经长大了。”

在美国的市场上，通奸是充满谴责与挑逗的混合商品。杂志封面一边倡导假正经一边兜售着色情。作为一种文化，我们的性开放已经到了泛滥的地步，但在性忠诚上，即使是最自由的心灵也不会妥协。奇怪的是，我们的反对态度反而让出轨更有活力，却并没有揭示它的普遍性。尽管我们都认为这样的事不应该发生，却无法阻止它们发生。选民呼吁公开道歉，因为他们注重那些华而不实的细节。从政客和军事精英这些上层人士，到街区的普通民众，出轨都意味着自恋、表里不一、不道德和背信弃义。在这种观点下，出轨绝非简单的越轨行为、无谓的放纵，或是真正的爱情。

当代人对这个话题的论断可以概括为以下几点：出轨一定是婚姻关系破裂的前兆；如果家里有你需要的一切，就没有理由去外面寻找；男人因为厌倦和恐惧亲密而出轨，女人因为孤独和渴望亲密而出轨；忠诚的伴侣是成熟、负责任和现实的，出轨的人是自私、不成熟、缺乏控制力的；风流韵事总是有害的，对婚姻没有任何帮助，也不可能得到满足；重建信任和亲密关系的唯一途径是讲真话、忏悔和宽恕；最后但并非最不重要的一点：离婚比宽恕更能带来自尊。

当下人们谈论这一话题时的道德化语调，倾向于把“问题”归咎于有缺陷的夫妇或个人，回避了这一现象背后的问题。出轨在很大程度上反映的是婚姻——不仅是你的婚姻，而是作为一种制度的婚姻。它还把我们带入今天的权利文化，这种文化让我们把特权视为理所当然。我们真的认为可以把偷情的泛滥归罪于几个烂苹果吗？当然不能。数百万的婚姻背叛者不可能全是病态。

赞成，还是反对?

很少有描述通奸的中性词。长期以来，道德谴责一直是抑制我们不羁冲动的主要工具，以至于抛开它我们就无话可说。我们可用的语言紧紧地抓住了不忠所代表的禁忌和耻辱。当诗人谈到情人和情感冒险家，首选的词汇是骗子、说谎者、叛徒、性瘾者、风流男、色情狂、花花公子和荡妇。整个词典都围绕着犯错（wrongdoing）这一轴心组织起来，不仅反映了我们的判断，也助长了这一判断。“通奸”一词源自拉丁语，意为“腐败”。即使我努力为这个话题带来一种更平衡的观点，也会意识到自己经常会使用妥协性的词语。

即便在治疗师中，平衡、公正的谈话也不常见。绝大多数人一边倒地描述婚外情造成的伤害，关注的焦点要么是预防，要么是修复。临床医生往往借用定罪的术语，给忠诚的一方贴上“受害者”标签；给不忠的一方贴上“犯错者”标签。一般来说，被背叛的一方会被给予更多关心，出轨的一方被给到的则是详细的修复建议，以此帮助他或她的伴侣克服创伤。

婚外情的曝光令人震惊，人们愿意偏袒其中一方并不奇怪。每当我告诉别人我正在写一本关于出轨的书时，他们的第一反应就是问：“你赞成还是反对？”好像只有这两种选择。我的回答是：“是的。”在这个神秘的回应背后，我真诚地渴望对出轨及其伴随的困境展开一种更微妙、更少指手画脚的对话。爱与欲望的复杂性，不只有好和坏、受害者和罪犯的简单划分。需要明确的是，不谴责并不意味着纵容，理解它与为它辩护之间有天壤之别。但是，当我们把谈话简化为简单的评判时，我们就无法对话了。

我们并没有考虑本杰明这样的人。他是一位 70 多岁、温文尔雅的绅士。在洛杉矶我的一次演讲后，他问我：“当妻子连你的名字也不知道的时候，那还算欺骗吗？”“我妻子老年痴呆了，”他解释道，“过去三年来，她一直住在疗养院，我每周去看她两次。最近 14 个月以来，我一直在和另一个女人约会。她的丈夫也住在同一层楼。我们从彼此身上得到了极大安慰。”本杰明可能是我见过的最善良的“骗子”之一，但他并不是个案。很多人即使在说谎时也牵挂着他们伴侣的幸福，就像许多遭受背叛的人继续爱着骗他们的人并试图找到继续走下去的办法一样。

对于所有这些人，我致力于寻找一种更富有同情、更有效的方法来看待出轨。人们常常把婚外情看成是一种无法修复的创伤，事实上，有些婚外情会给夫妻关系带来致命的打击，有些则可能激发急需的变革。背叛伤到了骨头，但伤口仍可以愈合。婚外情甚至可以重新促进一对夫妻的相处。

因为相信出轨的危机可能会带来一些好处，我经常会被问道：“那么，你会向一对苦苦挣扎的夫妇建议婚外情吗？”对于这个问题，我的回答是，这就像很多人伴随着绝症的到来也能收获积极的、改变人生的经历一样，但我宁愿建议你得癌症，也不建议你有婚外情。

你受过不忠的影响吗？

当第一次对出轨这个话题产生兴趣时，我常常问观众是否有人经历过婚外情。毫不奇怪，没有人举起手来。没有多少人会公开承认自己在欺骗伴侣或是受到了愚弄。

考虑到这一点，我改变了我的问题：“生活中你们有多少人受到过出轨影响？”绝大多数人举起了手。每场讲座后我都这样提问，结果都是如此。一个女人看到朋友的丈夫在火车上亲吻一个漂亮的陌生人，现在的问题是，她该不该告诉朋友这件事——这对她们之间的友谊影响深远。一个十几岁的女孩发现，她父亲有情人的时间和她的年龄一样长。秘密和谎言的回声在几代人之间回响，留下了得不到回应的爱和破碎的心。出轨不仅仅是两三个人的事，它萦绕着人的整个关系网络。

出轨的人可能不愿意在公共场合举手，但是他们会私下告诉我他们的故事。人们在聚会上把我拉到一边，或者到我的办公室去讲述他们的秘密、猜疑、欲望和被禁止的爱。

这些故事大都比那些头条新闻平庸得多：没有孩子被生出来，没有性病，没有以前的情人跟踪勒索钱财（我想，涉及钱财勒索的那些夫妇会去找律师，而不是心理治疗师）。当然，偶尔我也会遇到自恋狂、性成瘾者和粗心、自私或充满报复心的人。我看到过极端的欺骗行为，没有戒心的伴侣因为第二个家庭的介入而深受打击，隐秘的银行存款，不计后果的滥交，精心设计的骗局，毫不知情、傻了眼的一方。我曾与那些厚颜无耻地撒谎的男女坐在一起。但是大多数情况下，我所看到的是一些有共同经历和价值观的男女——价值观通常包括一夫一妻制——他们的故事沿着一条不起眼的人类轨迹展开。孤独、多年无性生活、怨恨、后悔、婚姻中的忽视、失去的青春、渴望关注、失联、酗酒——这些是日常出轨的具体细节。许多人对自己的行为深感矛盾，因而来找我寻求帮助。

出轨的动机各不相同，反应和可能的结果也千差万别。一些婚外情是出于反抗，另一些则是因为我们完全没有反抗；有的人可能因为一次简单的放纵而越界，有的人则可能一直在寻找出轨的机会；有的人出轨是轻微的反叛，因为无聊，渴望新鲜感，或需要知道自己仍有吸引力，有的人则经历了一种前所未有的感觉，一种无可置疑的强烈的爱的感觉。矛盾的是，许多人为了维持婚姻而出现婚外情。当夫妻关系变成虐待关系时，越轨的力量就产生了。外遇可以拉响夫妻关系迫切需要关注的警报，也可以成为一段关系结束的丧钟。婚外情是一种背叛行为，也是一种渴望和失落的表现。

因此，我从多个角度看待出轨。我试着站在夫妻双方的立场上去领会和理解它——对一方意味着什么，对另一方又意味着什么。我也考虑其他利益相关人——情人、孩子和朋友，有时候也和他们面谈。婚外情是两个（或更多）人以完全不同的方式经历的故事。因此，它变成了许多故事，我们需要一个框架，能够容纳这些高度分化和相互冲突的讲述。只听一面之词，不会引起人们的理解或和解。简单地根据破坏的结果来评判外遇，不仅不能修复关系，也没有任何益处。另一方面，忽略已经造成的伤害，美化我们人类探索的倾向，既不能修复关系，也毫无助益。在大多数情况下，两者兼顾的方法可能更合适。我们需要一种沟通性的讲述，来帮助真实的人驾驭不忠的多重体验——动机、意义和后果。总有人坚持认为，试图理解出轨是给偷情者更多他们不配得到的尊严，但这就是治疗师的工作。

一个普通的一天，我的第一位来访者是鲁伯特。他是一个 36 岁的男人，跟着妻子从英国来到纽约。他知道妻子有外遇了，但决定不去揭穿她。“我要重建婚姻和挽救家庭。”他说，“我的注意力在我们身上。我知道她爱上了别人，但我一直在想，她会不会回过头来再爱上我？”

接下来是迪莉娅和罗素——这对大学时代的恋人，在他们各自组建了体面的家庭后，通过网络重新建立了关系。正如迪莉娅所说:“我们不可能一辈子都在琢磨到底会发生什么。”现在他们找到了答案，但这是一个道德困境。“我们都做了充分的婚姻治疗，清楚婚外情很少能持续下去。”罗素告诉我，“但我觉得迪莉娅和我与众不同。我们的感情不是昙花一现，而是一个被中断的终生不渝的爱情故事。为了维护一个不美满的婚姻，我是否应该否认自己所有的感受，放弃与我生命中的女人在一起的机会？”

法拉和裘德，是一对三十多岁的女同性恋夫妇，在一起已经有六年了。裘德试图弄明白，为什么法拉在她们都同意有开放的性关系之后，还要再秘密偷情。“我们已经商量好可以和别的女人睡觉，只要我们相互告诉对方就行。”裘德回忆说，“我以为开诚布公会保护我们，但她还是撒谎了。我还能做什么？”即使是开放的性关系，也不能保证没有欺骗。

午休时间，我读电子邮件。其中一封来自芭芭拉，一位明尼苏达州的 68 岁的女人，最近她丈夫刚刚去世。“当我还在为丈夫的离世伤心的时候，我发现了他长久以来有婚外情的证据。现在，我得处理我从来没有预料到的问题：我应该告诉女儿吗？更糟的是，我丈夫在我们社区非常有威望，我还要继续受邀参加那些悼念他的活动，并且我所有的朋友会都参加。我感觉我陷入了困境，一方面我想留住他的好名声不受玷污，另一方面我想说出真相。”在我们的交流中，我们讨论了某一个发现足以改变整个人生观的力量。在遭遇丧偶与背叛的双重打击后，一个人该如何重建生活以及自我的身份呢？

苏茜的留言义愤填膺，她为母亲打抱不平。“她是一个圣徒，一直和我爸爸住在一起，直到我爸爸去世，虽然他很早就有婚外情。”我想知道，她是否曾经考虑过用另一种方式来讲述这个故事。比如，如果她的父亲真诚地爱着另一个女人，却为了家庭自我牺牲留了下来呢？

亚当，一个年轻的治疗师，参加完我的培训课程后，在 Facebook 上给我发了一条消息。“我一直认为偷情的人都是混蛋，”他写道，“他们至少应该尊重和他们结婚的人，而不是背地里鬼鬼祟祟。然而，在那次讨论中，我幡然醒悟。当时我们所在的房间既安全又舒适，可是我在椅子上如坐针毡，好像我突然被唤醒了。我总是回避一个事实，那就是我的父母在他们相遇时都是结过婚的。事实上，我母亲那时正试图离开虐待她的丈夫，我父亲给她提供了一些建议。他们的结合让我来到了这个世界上。34 年前，私通让我的父母找到了彼此想共度余生的人。”亚当非黑即白的观念被打乱了。

那天，我的最后一个来访者是莉莉，一位 37 岁的广告代表，将近 10 年，她一直等待着她的情人和妻子离婚，徒劳地反复下着“最后通牒”。自从他们的婚外情开始以来，他和妻子又生了两个孩子，而莉莉感到自己的生育能力正一天天下降。“我上个月冷冻了我的卵子，”她告诉我，“但我不想告诉他——我需要所有我能得到的筹码。”一次又一次的面谈后，她吐露了自己充满矛盾的心声——既相信他只是在愚弄她，又想抓住每一根希望的稻草——希望她真的是他生命中的最爱。

在晚餐的时候，我收到一封“紧急”短信。杰克逊正处于崩溃状态，需要立即跟婚姻治疗师谈话。他的妻子刚刚发现伟哥瓶子里的药片少了好多，把他赶了出来。“说实话，”他说，“对她说谎我的感觉也很糟糕。我不能忍受每次和她分享我的性需求时，我在她脸上看到的厌恶。”杰克逊的性幻想丰富多彩，可是他妻子却完全不感兴趣，总是在拒绝他。在被拒多年后，杰克逊把自己的幻想调色板带到了别处。“我

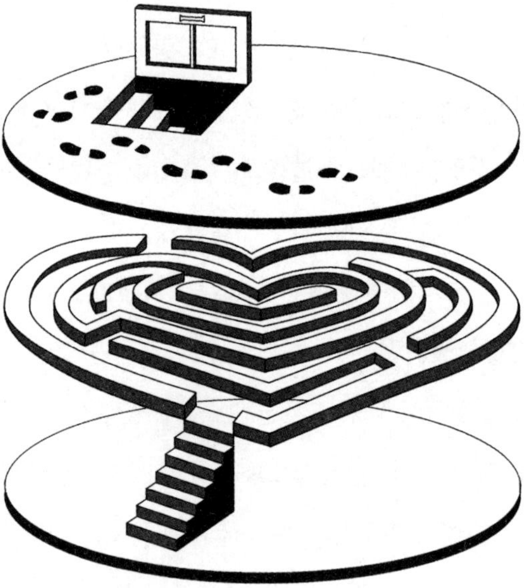

爱情是混乱的，出轨更是如此。

但出轨也是一扇窗户，

不同的是，它通往人类心灵的缝隙。

应该诚实，”他说，“但太诚实会面临危险。我的性需求很重要，但每天早餐时间看到我的孩子更重要。”

听了所有这些人的故事，我发现自己被触动了，评判，关心，呵护，好奇，勾起话题和岔开话题，有时这些会在一个小时内全部发生。我和他们一起哭泣，一起充满希望或感到绝望，与身在其中的每个人融为一体。因为我每天都能看到出轨这一行为造成的破坏，我也看到了当前关于这个话题的讨论有多么不充分。

通往人类心灵的窗户

婚外情对人们的关系有诸多启示。它打开了对价值观、人性和爱欲力量更深层的审视之门，迫使我们去解决那些最令人不安的问题：是什么使人们越出了他们努力建立的界限？为什么性背叛的伤害会如此严重？婚外情总是自私和软弱的吗？还是在某些情况下可以理解、可以接受，甚至是一种大胆和勇敢的行为？我们能从出轨的兴奋中汲取什么教训来活跃我们的关系吗？

秘密的爱必须被曝光吗？激情的保质期是有限的吗？是否有即使是一段美满的婚姻也无法带来的满足感？我们如何让我们的情感需求和性欲之间达到难以捉摸的平衡？一夫一妻制过时了吗？什么是忠诚？我们能同时爱不止一个人吗？

对我来说，这些谈话是所有成人亲密关系的一部分。不幸的是，对于大多数夫妻来说，婚外情的危机发生时，他们才第一次谈到这些话题。灾难有一种将我们推向事物本质的方式。我鼓励你们不要等到暴风雨来临，而是在风和日丽时未雨绸缪。在信任的氛围中，谈论是什么让我们越过界线以及随之而来的对失去的恐惧，实际上可以促进亲密感和增强承诺。我们的欲望，甚至是最不正当的欲望，都是人性的特征。

尽管把出轨简化为性和谎言听起来很吸引人，但我更愿意把它作为一个入口，让人们更了解复杂的人际关系以及我们用来约束它们的界限。出轨让我们面对激情的不稳定性和对立的力量：诱惑、性欲、急迫、爱及其不可能性、解脱、诱骗、内疚、伤心、堕落、监视、疯狂猜疑、复仇的冲动，甚至是悲剧的结局。需要预先提醒的是，要解决这些问题，必须愿意陷入非理性力量的迷宫。爱情是混乱的，出轨更是如此。但出轨也是一扇窗户，与众不同的是，它通往人类心灵的缝隙。

新的耻辱

离婚。无论在网上还是在现实生活中，在所有关于出轨的激烈辩论中，这个词总是反复出现。如果你想有外遇，那就离婚吧。如果你不开心到要出轨，那就离婚吧。如果你的伴侣有外遇，立刻给你的律师打电话吧。

杰西卡，布鲁克林人，30 多岁，有一个两岁大的儿子，在得知丈夫朱利安四年来一直与同事有染的一周后，她联系了我。“我发现一个秘密的 Facebook 账号，上面有给这个女人发的消息。”作为互联网一代，她试图在网上寻找解决办法。“我读的所有东西都让我感觉很糟糕，”她解释说，“就像那些妇女杂志上的馊主意：*向前走，不要回头看！他有过一次，就会有第二次！赶紧把他踢了！*”

“我浏览的所有网页都忽略了一个事实：我对这个男人仍然有强烈

的感情。”她说，“我们曾经一起规划人生。他是我儿子的父亲。我和他的家人关系密切，过去的一周他们给了我很多支持。所有这些文章和作者，更不用说还有我的父母，都在告诉我朱利安是垃圾，我对他的感觉是浪费感情。我爸爸甚至暗示我有斯德哥尔摩综合征！我感到自己被肆意评判，就好像我是那种让自己的丈夫随便偷情的女人一样。”

杰西卡经济独立，有很多选择，不像许多妇女面对丈夫的男权地位毫无依靠。正因为她生活在与过去不同的权利法案中，我们的文化要求她行使自己的权利。当我听杰西卡倾诉的时候，脑海里闪现出最近主持的一个研讨会。来参加会议的有一群摩洛哥的村妇，当我向她们解释在今天的美国，像杰西卡这样的女人会被鼓励站起来离开时，一个年轻女人笑了，她说：“可是，女士，如果我们把有外遇的丈夫赶走，那么整个摩洛哥的人都会离婚！”

一旦离婚，所有的耻辱就都消失了。而现在，在你可以离开的时候选择留下来，是新的耻辱。最典型的例子是希拉里·克林顿。许多欣赏她的女人，非常不甘心她决定和丈夫继续在一起，因为她有离开的权利。“她的自尊在哪里？”

当然，离婚有时是不可避免的、明智的，或者对于所有当事人来说是最好的结果。但这是唯一正确的选择吗？其中的风险在于，在痛苦和屈辱的阵痛中，我们过于匆忙地将自己对婚外情的反应与对整个关系的感觉混为一谈。历史被改写了，结婚照烧毁了，婚姻的桥梁断了，孩子们被分到了两个家庭中去生活。

杰西卡还没有准备好把丈夫踢到路边。“人都会犯错误，我自己也不是圣人；虽然没有出轨，但我也没有更好的应对技巧——当事情变得糟糕或压力重重时，我会关起门来酗酒。如果我们不允许自己的伴侣栽跟头，我们都会感到痛苦和孤独。”她准备给朱利安第二次机会。

急于离婚是对错误和人类脆弱的毫不容忍。它不允许婚姻关系被修理、恢复和痊愈。对于像杰西卡和朱利安这样想要从所发生的事情中学习和成长的人来说，这是不可能的。他们告诉我：“我们都想让事情变好。我们已经进行了一些令人难以置信的谈话。我们彼此真正地袒露心扉，很有建设性，就像我们好多年没有说过话了一样。”但他们接着问：“我们真的必须经历一次外遇，才能真正彼此坦诚相待吗？”我经常听到这句话，并分享他们的遗憾。有一条关于夫妻关系的不言而喻的真理是：对许多夫妇来说，没有什么比极端的力量更能引起伴侣的注意和动摇一个陈旧的系统。

对出轨的评判、强烈指责和不容分辩最终会排除任何对其进行深入理解的可能性，也阻止了希望和治愈（在一起或分开）的可能。受害者思维使婚姻更加脆弱。当然，当杰西卡在给宝宝换尿布时，朱利安在偷情，她出离愤怒是理所应当的，这是对他们关系的恰当回应。但是，跟那些受出轨影响的人（参与者、被参与者、情人和孩子）谈话越多，我就越强烈地感到：对生活和爱的看法，需要远离责难。我们无法从痛苦、复仇和情绪分裂中受益。最典型的例子是，一个愤怒的女人告诉自己5岁的孩子他父亲多年来行为不端，“因为我儿子应该知道妈妈为什么哭了”。

尽管出轨已成为离婚的主要原因之一，但许多夫妻即使有外遇还是会继续走下去。不过，他们会在一起多长时间，在什么条件下还在一起？他们还有机会让亲密关系变得更强大吗？或者，他们会把出轨这件事埋在羞愧和不信任的大山之下吗？他们如何处理出轨，将决定着他们的关系和未来。

今天的西方，多数人会有两到三次重要的长期伴侣关系或婚姻。一些人则会和同一个人维持婚姻。当一对夫妇在外遇后来找我时，我通常告诉他们：你们的第一次婚姻结束了，你们要一起开始第二次吗？

第 2 章

重新定义出轨

——搭讪是出轨吗?

我跟那个女人没有性关系。

——比尔·克林顿

每个人都想知道:究竟有多少人出过轨?但这是一个很难回答的问题,因为首先你必须回答:什么是出轨?对不忠的定义绝非一成不变,网络时代提供了越来越多潜在的非法邂逅。搭讪算出轨吗?用手机发色情照片或色情短信、看色情片、加入恋物癖社区、活跃在约会软件上、花钱买春、观看艳舞、做按摩、和前任保持联系,这些算出轨吗?

因为对出轨没有一个普遍认同的定义,对美国夫妻出轨率的估计因此差异很大,女性出轨估计从 26% 到 70%,而男性出轨估计从 33% 到 75%。[1]不管确切的数字是多少,每个人都认为出轨呈上升趋势。许多人指出,这些数据增长女性负主要责任,因为她们很快结束了"出轨差距"(研究表明[2],自 1990 年以来,女性出轨的比例上升了 40%,而男性的比例一直保持稳定)。事实上,当出轨的定义不仅包括"性交",还包括恋爱、接吻和其他性接触时,女大学生的欺骗行为明显多于男大学生。[3]

数据收集受一个简单事实的阻碍：当涉及性时，人们会说谎——特别是关于他们不应该发生的性行为。即使在匿名的情况下，性别成见依然存在。男人喜欢吹嘘、夸大和过分表达他们的性行为，而女人会减少、否认、轻描淡写地带过她们的性行为（这并不令人惊讶，现在世界上仍有 9 个国家的妇女会因为外遇而被处以死刑）。性诚实和性政治密不可分。

此外，我们总是自相矛盾。多数人认为，他们的配偶在有婚外情时撒谎是错误的，但他们也会说，如果他们自己有外遇也会这么做。“如果你知道自己永远不会被抓住，你会有外遇吗？”对这一热点问题的回答人数在飙升。最终，无论多么精确的统计数据，都不能使我们真正了解当今不忠的复杂状况。因此，我关注的是故事，而不是数字。因为正是这些故事带领我们进入更深的渴望、觉醒、承诺与情爱自由。它们的共同主题是一方觉得另一方背叛了。

如果事情有这么简单就好了……

“在过去的 12 个月里，你是否和配偶以外的人发生过性关系？”如果出轨的定义像回答这个问题“是”或“不是”一样简单，那我的工作就容易多了。我私下里每天都在提醒自己，一些形式的干预尽管直截了当，但出轨的世界和性本身一样，都是含糊不清的。

埃利亚斯向妻子琳达建议他们去咨询婚姻专家。他们对出轨的理解分歧很大。作为脱衣舞俱乐部的常客，埃利亚斯进行了自我辩护：“我看，我聊天，我付钱，但我不碰。我哪里出轨了？”在埃利亚斯的心目中，他是完全忠诚的。琳达却不以为然，让他睡到了沙发上。

艾希莉刚刚发现她的女友丽莎偶尔和前男友汤姆勾搭在一起。“她说这不算出轨，因为汤姆是个同性恋！但对我来说，这让情况更糟了。她不仅背叛了我，而且得到了我不能给她的东西。”

当香农发现男朋友科宾刚买了一盒避孕套的时候，香农知道她遭到了背叛。他们并不需要避孕套，因为他们打算怀孕。科宾抗议说：“我什么都没做！那只是个念头！现在你想像偷看我的手机一样窥探我的大脑吗？”香农反驳道：“对我来说，买避孕套不是个念头！”对，那不是个念头，但那能算是出轨吗？

那色情片呢？虽然大多数人都同意，床垫下《花花公子》的旧刊并不意味着背叛，但当我们从杂志转移到屏幕时，边界就会变得模糊。很多男人认为看色情片就和手淫一样，有些人甚至骄傲地宣称色情片可以防止他们出轨，但女人不是那样来看问题的。维奥莱特一直认为她对色情片很开明。当她走进贾里德的书房，发现他看着屏幕上一个气喘吁吁的金发女郎时，她只是转了转眼睛，开玩笑说他需要一种新爱好。但是当那个金发女郎说：“你去哪了，贾里德？你做完了吗？”她意识到他在 Skype 上。“最糟糕的是他试图说服我这不是偷情。”她告诉我。贾里德把这叫作定制色情。

在我们的网络时代，调情的可能性[4]是无穷无尽的。今天，68%的美国人有智能手机，这意味着，就像喜剧演员阿兹·安萨里（Aziz Ansari）打趣的那样：“你的口袋里携带了一个全天候的单身酒吧。”不仅仅是单身人士，已婚者也有他们自己的网站，比如臭名昭著的婚外情网站。互联网是一个民主的世界，为我们被禁止的欲望提供了平等的机会，你完全不需要走出家门去找婚外情，在你挨着你的配偶躺在床上的时候，你实际上就可以有外遇。我的来访者约阿希姆告诉我，当他搂着他的伴侣迪安时，看到后者正在网上给另一个男人发消息。基特坐在沙发上看电视的时候，他的女朋友朱迪就坐在旁边，他看见她在 iPhone 上随意用手指滑动着屏幕。“她说她只是好奇。这就像一场游戏，但她并没有采取行动。”基特告诉我，“作为承诺的一部分，我们都同意删除交友软件。”

正如已故研究人员阿尔·库珀指出的那样，互联网使性“方便、廉价、匿名”。[5] 所有这些也同样适用于出轨，我还会再添加一个词：暧昧。当不再是互相亲吻，而是交换生殖器照片；当在汽车旅馆的时光变成了深夜裸聊；当秘密午餐被社交网站的秘密账号所取代——我们怎么知道这些构不构成出轨呢？这是秘密活动的新兴领域，我们需要仔细思考在网络时代该如何给出轨下定义。

谁来划定界限?

对出轨的定义非常简单，也非常复杂。在今天的欧美地区，伦理关系不再受宗教权威的管束。定义出轨不再是教皇的事，而是由人们自己决定。这意味着更多的自由以及更多的不确定性。夫妻双方必须各自拟定条件。

当有人站出来承认“我有外遇”时，没有人会字斟句酌地进行讨论。当你抓到你的配偶和另一个人在床上，或者从电子邮件的线索中发现对方有多年的平行生活，这显而易见是出轨。但是当一方认为另一方的行为是背叛，被指控一方的反应是“不是你想的那样”“没什么”或者“这不是偷情”时，我们就进入了模棱两可的境地。通常，标记出轨界限和阐述其意义的任务，会落在感到遭受背叛的人身上。但，感到受伤是否就有资格给出轨下定义？

很显然，现代出轨的所有特征都涉及两个个体之间违约的概念。它不再是对上帝的犯罪，不再是对家庭联盟的破坏，不再是对血统的玷污，也不再是对资源和遗产的分散。今天背叛的核心是对信任的违背：我们期望我们的伴侣按照共同的假设行事，而我们自己的行为也基于同样的假设。构成背叛的不一定是某种特定的性行为或情感，而是这种行为不符合夫妻双方的协议。这听起来很不错。但问题是，对我们大多数人来说，这些协议并不是我们花时间明确商定的。实际上，把它们称为“协议”都有点儿牵强。

有些夫妇会正面做出承诺，但大多数人都要经过试验和试错。夫妻关系是由一些不明说的规则和角色拼凑成的，这些规则和角色从我们第一次约会时就开始编织了。我们着手勾勒出界限——线里面是什么，线外面是什么。我，你，还有我们。我们是单独出去还是一起做所有的事？我们要共享财务吗？我们要参加每一个家庭聚会吗？

既然现在我们拥有彼此，我们就需要回顾一下从前的友谊，并决定它们应该多重要。我们对以前的情人进行分类——我们还了解他们、谈论他们、在手机上保存他们的照片、和他们在社交网站上保持朋友关系吗？当涉及这些外在的附属关系时，我们会看到在互相抓住对方的把柄前，我们能逍遥多久。“你从没告诉过我你还和大学里的那个女孩保持联系！”“我们已经睡过十次了，但我发现约会网站上还有你的个人资料。”“我知道他是你最好的朋友，你从幼儿园就认识他了，但是你有必要告诉他关于我们的一切吗？”

于是我们确立出分手和在一起的底线，勾勒出隐性的契约关系。通常来说，一个人心里的契约版本和伴侣的会完全不同。

同性恋夫妇有时是这一规则的例外。长期生活在主流社会规范之外，勇敢地为性取向自由而奋斗，使他们高度意识到性约束的代价，因此他们并不急于自我束缚。他们更愿意公开讨论一夫一妻制，而不是默认。此外，少数异性恋伴侣也在尝试各种形式、两相情愿的非一夫一妻制，它们的边界更灵活，也更明确。但这并不意味着他们能免受背叛的痛苦，只不过，他们可能对出轨的定义会有更一致的认同。

然而，对于现代爱情的理想主义者来说，明确讨论一夫一妻制似乎是对作为浪漫之梦核心的特殊性假设的质疑。我们相信，一旦我们找到了那个“唯一”，我们就不需要、不渴望、也不吸引任何其他人了。

一个新定义

对我来说，出轨包括这三个构成要素中的一个或多个：隐秘、性魔法和情感投入。[6] 在我进一步讨论之前，我想澄清的是，它们并不是严格的标准，而是一个三棱镜，用来检视你的经验和假设。不过，扩大定义并不意味着进入道德相对主义。不是所有的出轨都是相等的。最后，这些问题都是个人化的和有价值的。我的目的是给你一个框架，让你了解自己的处境，并与你爱的人进行更深入的交流。

隐秘（Secrecy）是出轨的首要构成要素。婚外情总是存在于主要两性关系的阴影里，希望永远不被发现。恰恰是这种隐秘强化了欲望。“性和花招[7] 调制出美味的鸡尾酒。”记者茱莉亚·凯勒写道。我们从小就知道隐藏和保守秘密的乐趣。它们让我们感觉强大，不那么脆弱，也更自由。但是这种隐秘的快乐在成年后却是被禁止的。“我过去一直是那种能让人一眼看透的人。”安吉拉说，她是一位一丝不苟的爱尔兰裔美国律师助理，通过与客户偷情，她意识到自己喜欢偷偷摸摸。“我发现自己完全违背了长期以来的价值观，这既令人困惑又令人兴奋。有一次，我正和我妹妹说话，她在滔滔不绝地指责出轨者的过错，而我一直在心里暗自发笑。她一点儿也不知道她盯着的是一张‘恶棍’的脸。”

马克斯描述了这种内疚和愉悦反复无常的混合，“前一刻我感觉自己是个人渣，但下一刻，我知道我触碰到了自己迫切需要再次感受的事物的本质”。作为三个孩子眼里的好爸爸（其中一个是脑瘫儿），这位47岁的男人对自己的沉默保持着坚定的态度:“我永远不会告诉妻子我和另一个女人走到了一起，但我永远不后悔我做的。我必须对此保持沉默！没有别的办法，恋情结束了，但秘密还在。”

秘密的强大特性之一是其可以作为通往自主权和控制权的大门。这是我反复听到的主题，这一主题大部分来自女性，但也有来自男性的，他们觉得自己被以这样或那样的方式剥夺了权力。“作为一个在白人学术界工作的黑人，你必须严格遵守规则。像我这样的人没有多少回旋的余地。”蒂雷尔解释说。当他告诉我他的婚外情是他可以定义规则的空间时，我一点儿也不感到惊讶。“你无法处处都控制我”，这是他通过调情发出的咒语。

婚外情是通往冒险、危险和反抗力量的途径。对下一次约会的不确定，确保了我们期待时的兴奋。婚外情存在于一个与世隔绝的孤立宇宙中，在我们生命的边缘绽放，只要不暴露在光天化日之下，它们就会魔力永存。

然而，即使对于拥有秘密的人来说，秘密也并不总是有趣的游戏。作为通奸的关键，它们助长了谎言、矢口否认、欺骗和精心谋划的策略。被双重人格所包围会感到孤立，随着时间的积累，会导致强烈的羞耻和自我厌恶。当我问梅兰妮为什么决定结束她六年的婚外情时，她回答说："只要我还感到内疚，我就仍然把自己看作是做坏事的好人。当我不再感到内疚的那天，我失去了对自己的尊重。我只是个坏人。"

对于被欺骗的伴侣来说，被暴露出来的秘密是毁灭性的。对许多人来说，尤其是在美国，无休止的隐瞒会留下最深的伤疤。我一遍遍地听到这句话："重要的不是他出轨了，而是他说了谎。"然而，在我们这个星球的某个角落，这种被人诟病的隐瞒也被定义为"谨慎"。在我听到的故事里，外遇总是伴随着谎言和隐瞒，因为它被隐瞒得不够好才导致了羞辱和伤害。

一切关于出轨的讨论都要求我们考虑秘密，但也需要我们扪心自问，那么隐私呢？隐私在哪里结束，秘密从哪里开始？偷窥是合法的先发制人的策略吗？亲密需要绝对的透明吗？

我选择用性魔法（Sexual alchemy）这一术语，而不是用"性"，因为我想超越比尔·克林顿关于性的定义——并不局限于狭隘的性行为，而是包括对性的思想、身体和能量的更广泛理解。谈到性魔法，我想澄清的是，婚外情有时涉及性，有时并不涉及，但它们都跟性欲有关。正如马塞尔·普鲁斯特所理解的，爱情存在于想象之中，而不在对方身上。[8] 即便只是想象出来的亲吻，也和数小时真正的翻云覆雨拥有同样的魔力。我想起了查梅因，一位 51 岁的牙买加妇女，有着迷人的微笑，她和她年轻的同事罗伊共享午餐，并坚称他们的关系没有破坏她的婚姻誓言。"我们没有实质的性行为，我们甚至从未互相触碰过，只是聊天而已，这哪里是偷情？"但我们都知道，自我克制可以既性感又完美。欲望植根于缺憾和渴望。当我继续追问她时，她承认了："我从来没

构成背叛的不一定是某种特定的性行为或情感，
而是这种行为不符合夫妻双方的协议。

有这么激动过。他没有碰我，却像碰了我一样。”她所描述的不是性魔法又是什么？一次简单的午餐实际上也可以浓情蜜意，就像谢莉尔·斯特瑞德所说的，虽然查梅因只是在“干约会（dry dating）”。[9]

“我们什么也没发生！”这是最常见的一种回答。达斯廷在同事艾比的生日宴会上喝多后，接受艾比的邀请留下来过夜。第二天，女朋友利亚问起，达斯廷的回答是：“好吧，既然你一定要知道，我们的确睡在一张床上。但我告诉你，什么也没发生。”那么，到哪种程度才是“发生了什么”呢？我很纳闷。利亚也被自己的问题困扰。他们脱光了吗？她睡在他怀里了吗？他用鼻子蹭她睡着的脸了吗？他有生理反应吗？他们真的没做什么吗？

这些故事的关键在于，许多外遇与其说与性有关，不如说与欲望有关：渴望感到被渴望，渴望感到特别，渴望被看见和关心，渴望被注意。所有这些都带着性的兴奋，让我们感到自己有活力，焕然一新，光彩照人。这些欲望比行动更有能量，比性交更加迷人。

甚至当涉及性行为，通奸的防御系统也非常善于寻找漏洞，人们想尽办法要把性说成不是性。我的同事弗朗西斯卡·珍提尔以“那不是性，因为……”开头，整理出来一份富有想象力的清单[10]——

……我不知道她的名字。

……没有人来。

……我喝多了/喝醉了。

……我并不喜欢那样。

……我不确定我记得那些细节。

……我通常不和这种性别的人上床。

……没有别人看见。

……我们都穿着衣服。

……我们都还穿着一些衣服。

……我一只脚还踩在地上。

这些强词夺理都跟身体有关。网络又带来了更多的纠缠不清。虚拟性爱算是真的吗？当你在屏幕上看见一个赤裸的屁股时，你只是想入非非，还是已经步入了危险的背叛地带？对许多人来说，当涉及真人互动时——比如，当色情明星照片变成网络摄像头里活生生的女人，或者裸照不是来自匿名账号，而是来自一个真实男人的真人秀——事情就坐实了。但是虚拟现实呢？它是真的还是被想象出来的？这些都是作为一种文化，我们正在思考的重大问题，也还没有明确的答案。正如哲学家艾伦·本－泽夫一针见血地指出的："在网络中，从被动虚拟现实向互动虚拟现实的转变，远比从照片到电影的转变更为激进。"[11] 我们可能会争论什么是真实，什么是想象，但是性魔法是显而易见的。

即使我们同意将视角扩大到能容纳各种各样的性表达，我们仍然可能在它们的含义和归属上产生分歧。所有这些讨论都不可避免地引发我们对性自由的本质这个棘手问题的探讨。我们期望伴侣的性欲完全属于我们吗？我指的是思想、幻想、梦想和记忆，还有兴奋、魅力和自我愉悦。性的这些方面既是个人的，也是我们至高无上的自我的一部分——存在于我们的秘密花园中。但是也有一些人认为，性的所有方面都是必须共享的领域。发现他们的伴侣手淫或仍对前任有感觉就等于被背叛。在这种观点下，任何独立的性表达——真实的或想象的——都是对两性关系的一种冒犯。然而，从另一个角度来看，为某种程度的性欲留出私人空间，可以表达对隐私和人身自由的尊重，也是亲密的象征。在我和伴侣们共事的几十年里，我观察到，性爱火花保持最成功的夫妇是那些对他们之间的秘密感到自在的人。即使他们是一夫一妻制，他们也认识到他们并不拥有对方的性欲。正是对方的不可捉摸，让他们回过头来有了更多发现。

每一对伴侣都必须在更大的对话背景中讨论彼此的性独立，包括我们的个性与我们的关系。在我们努力保护自己不受亲密背叛时，我们要求知情、控制和透明，却冒着这样的风险：不知不觉消除了我们之间保持欲望活力的空间。而火需要空气。

情感投入（Emotional involvement）是出轨中起作用的第三个要素。某种程度上，多数婚外情都带有情感成分。在情感光谱最深处，我们找到了爱情，与之相伴的是不可分割的激情。“我以为我知道什么是爱，但我从未有过这样的感觉”是一句常见的回答。处于这种状态中的人们跟我谈起爱、超越、觉醒、命运和天意——这些东西如此纯粹以至于他们不能擦身而过，因为“否认那些感觉将是一种对自己的背叛”。对那些卷入这样一个无与伦比的爱情故事里的人来说，“出轨”这个词远远不够，因为它没有捕捉到他们所经历的情感深度。“当你把这叫作出轨，你就是在把它变得庸俗。”鲁多说，“因为曼迪跟我有类似的经历，她是第一个我能开口说出我曾遭受父亲虐待的人。的确，我们发生了性关系，但远远不止这些。”

当我们沿着这个思路继续前进，会遇到一系列不同程度的情感上的亲密。在较浅的一端，我们有消遣的、匿名的、虚拟的或要付费的性。在许多这样的案例中，人们坚持认为他们的越轨行为与感情无关。有人甚至认为这并不构成背叛。“我付钱让她离开了！”盖伊说，“妓女的意义就在于不会坠入爱河，因此不会威胁到我的婚姻。”这里，人们常说的一句话是“这毫无意义！”可是，性真的只是性吗？也许你对一次偶然的性交没有什么感情，但它发生了这一事实，却有很多意义。

讽刺的是，有些人，比如盖伊，会尽量杜绝情感投入来减少对婚姻的冒犯（“这毫无意义！”），而其他人，比如查梅因，出于完全相同的目的会强调只是感情出轨（“什么都没有发生！”）。

人们费了大量口舌试图确定哪一种更可恶——是被偷走的爱，还是被禁止的性。我们每个人对什么更敏感都具有特殊性。有些人不会被情感上的依恋困扰，只要他们能管住自己的身体。而另一些人则认为性没什么大不了，只要不涉及感情，他们就会给对方自由。他们称之为“情感一夫一妻制”。对于多数人来说，性和爱总是纠结在一起。你可以有很多个、每次不止一个或更多的对象，但你的对象通常也在玩开放式的游戏。

什么是感情出轨?

近年来，出现了一个新的类别：感情出轨。在今天关于不忠的词汇中，它是一个指代术语。通常，它指的是背叛并不涉及实质的性行为，而是一种不恰当的情感亲密，这种亲密本应保留给伴侣，并会破坏原有的伴侣关系。

这是一个需要认真解读的概念。在我看来，不管生殖器是否有过接触，众多的“感情出轨”都是在性紧张中产生的蠢动，给它们贴上这个新标签，只是促进了对性简单化的理解。显然，即使阴茎不插入阴道，外遇也充满性意味。这种情况下，还是直言不讳更好。

然而，有时，“感情出轨”也用于描述真正柏拉图式的、被认为

“过于亲密”的情感。这是深深交织在现代婚姻理想中的一个概念。因为对今天的很多人来说，婚姻与情感上的亲密和诚实紧密结合在一起，当我们向其他人敞开心扉时，好像有一种背叛的感觉。我们的浪漫爱情模式是这样的：我们期望伴侣成为我们最主要的情感伴侣——我们和他/她分享我们最深的梦想、遗憾和焦虑。

我们处在一片未知之地上。强调感情上的不忠甚至从未发生在上几代人身上，他们的婚姻概念并不是围绕情感的排他性建构的。“感情出轨”一词在世界上的许多地方仍然是陌生的。对今天的伴侣来说，这还是一个有用的概念吗？当伴侣可以向其他人倾注感情或为情感联结找到更多渠道时，婚姻反而会得到巩固。当我们把自己所有的亲密需求都压在一个人身上时，实际上我们会让这种关系更加脆弱。

显然，当我们试图分析感情背叛的微妙之处时，我们立刻如坠云雾。一方面，声称彼此心有灵犀通常只是为性爱找的借口。当一个女人抱怨伴侣完全被他的新“朋友”吸引时——时刻待在聊天软件上、发短信、给她制作播放列表——我同情她的沮丧，很显然，困扰她的不仅仅是感情，还有性。而另一方面，与他人深厚的情感联结，是情感和需求的合理宣泄渠道，而它们在婚姻中并不总能得到满足。我一次次地走在这条分界线上。考虑到这片领域的波谲云诡，无怪乎许多人坚持出轨最狭隘的含义——那就是，性禁忌。

说了这么多，我鼓励你考虑一下出轨对你来说意味着什么，以及你对此的感受——你也可以坦率地问问你的伴侣，对他/她来说意味着什么。

角色变了，故事也会变

有时，我们定义背叛；有时，背叛定义我们。我们可能会倾向于尽量把出轨三角中的角色看作是固定的——被背叛的配偶、出轨者和情人。但事实上，我们中的许多人可能会发现自己处于多个位置，我们对它的看法会随着我们角色的变化而变化，这要视情况而定。

希瑟是纽约的一名单身职业女性，处于最佳生育年龄，她仍然梦想着幸福的生活。几年前，她和未婚夫弗雷德分手了。她在他电脑上发现了一个文件夹，里面装满了稀奇古怪的女伴资料和定时约会信息。她感到自己遭到了背叛。而让她感到更颠覆的是，弗雷德还对她进行了秘密调查。她渴望一种充满活力和激情的一夫一妻制，弗雷德却出去拈花惹草，回家后对她毫无激情。咨询师告诉希瑟，弗雷德需要长大，四五年后他会成为很好的伴侣。“我觉得这不值得，”希瑟回答，“当我想象自己从 37 岁到 40 岁在做什么时，我想到的绝不是把弗雷德‘抚养’大。”

去年夏天，在从波士顿到纽约的火车上，希瑟遇到了新男友瑞安。他们一见钟情，彼此心有灵犀。他坦率地说了自己的情况：“我结婚 13 年了，有两个孩子，正准备离婚。”瑞安和妻子布莱尔已经决定分手了，只是过程有点儿慢，他们在认真考虑要不要等到某个夏令营的家庭周末或者秋天孩子们返校时再告诉他们。

我突然想到，就在不久前，希瑟还觉得自己被骗了。她意识到现在她和已婚男人有染了吗？“这是我最不想要的，”她说，“但这真的不是婚外情。瑞安的婚姻可能还没有从法律上结束，但在其他方面，它已经结束了。”

我稍微提醒她：“可是他妻子并不知道，不是吗？你也并没有对他说，回家吧，把你的事情处理好了再来找我。”

她立刻为自己辩解道：“那好吧，婚姻什么时候才能算真正结束呢？是各人睡各人的卧室吗？还是向家人和朋友宣布了这件事？还是提交了离婚申请？这个过程太漫长了，我一时想不出来哪个节点会让我满意。”我很高兴看到希瑟容光焕发，我也意识到她对出轨的看法现在变得灵活，因为她站到了另一边。

几周后，她脸上的欢乐消失了。她告诉我，经过两个月偷偷摸摸的约会，她和瑞安终于一起度过了整个周末，这是她一生中最快乐的时光之一。但是几天后瑞安打电话告诉她，布莱尔知道了一切，包括希瑟的名字，因为他的 iPad 留在了床头柜上。

布莱尔对慢慢离婚这件事不再感兴趣了。她把孩子们带走了一周，留下瑞安向父母和朋友们解释情况。两个人之间刚刚萌芽的浪漫轻而易举拆散了一个家庭。每个人都被卷入其中，每个人的命运也都有了新的转向。

对布莱尔来说，时机无关紧要。“我们已经分开了”变成了“他欺骗了我”。对瑞安来说，“我在努力做正确的事并尽力不伤害任何人”变成了“我该如何向我的孩子和父母解释”。希瑟给了瑞安夫妇最后的致命一击。被弗雷德背叛后，希瑟万万没想到自己也会变成第三者。她总是强烈批判那些出轨的人，哪怕他们对自己的情人确实是真爱。她不会去抢男人，她认为女人应该互相怜惜。现在，她正处在她过去厌恶的位置上，想象布莱尔正读着他们田园诗般偷情短信的情景，她不寒而栗。

这不是我第一次听到这样的故事：角色颠倒过来，评判变成了辩护。当涉及背叛，就像生活中的大多数事情一样，人类会产生社会心理学家所谓“行动者 – 观察者偏差”。如果你出轨，那是因为你是一个自私、软弱、不值得信任的人；但如果我这样做，是因为我发现自己陷入了困境。对我们自己，我们专注于减轻罪责；对他人，我们指控其品行。

我们对不忠的定义与我们给自己讲的故事密不可分，它们会随着时间的推移而改变。在爱的初期，我们有一双渴望聆听的耳朵，有办法越过边界，绕过障碍。当瑞安告诉希瑟，他不再和妻子睡同一张床时，她很容易就认为他离婚了，而她自己则是无辜的。被蔑视的爱则会用无情的耳朵去听，每一个举动都会被认为是动机不善。布莱尔现在确信，瑞安从来都不在乎她的感受，而且可能一直在欺骗她。

希瑟那充满幻想的爱情遭受重创。有一刻，她幻想自己怀了瑞安的孩子，拉着她喜欢的继子们的手，一起去看望瑞安的父母。现在，她将不得不以情妇这一可耻的角色去见他们。对孩子们来说，她将永远是诱使他们的父亲欺骗他们母亲的人。尽管希瑟的意图是真诚的，但她终究难辞其咎。

“这可能会很漫长，但我准备迎接挑战。”希瑟告诉我。随着时间的流逝，她的坚持得到了回报。现在她和瑞安结婚了，她和他的父母还有孩子们关系不错。明年夏天他们就要生第一个孩子了。我想知道，现在她又会怎样定义出轨。

第3章

婚外情不再是过去的样子

爱情是理想，婚姻是现实；混淆理想和现实，惩罚在所难免。

——歌德

在丈夫肯尼斯蓝色礼服的口袋里，玛利亚发现了一封情书，她把它扔了，并再也没有提起过。那是1964年。“我该怎么办？我还能去哪儿？谁会娶一个有四个孩子的女人？”当她向母亲倾诉时，她的猜想得到了证实。“你的孩子还小，婚姻需要长远考虑。不要让你的骄傲把什么都毁了。”此外，他们还都认为，男人都是这样。

转眼到了1984年。现在轮到玛利亚的大女儿西尔维娅来面对婚姻中的欺骗了。她在丈夫克拉克的美国快递账单上发现了几笔国际花店的消费——显然这些鲜花并没有送到她的办公桌上。当西尔维娅告诉母亲时，玛利亚很同情女儿，也很高兴她不必再忍受和自己一样的命运：“男人是不会变的，你没有孩子，有自己的工作。收拾好东西，离婚吧。”

两年后，西尔维娅再次坠入爱河，她再婚了，并生了一对双胞胎——米歇尔和扎克。她所经历的自由（拥有一份稳定的职业，选择是否生以及何时生孩子，不带任何污名地离婚、再婚），对她母亲那一代人来说是不可想象的，对世界各地的许多女性来说也是如此。但在西半球的大部分地区，在过去的半个世纪里，婚姻经历了一次极端的转变。它还在我们面前继续不断地变化着。当西尔维娅的儿子扎克成年后，他可以选择和他的男朋友合法结婚。当然，他也会不情愿地发现他的爱人有一份秘密档案挂在同性恋交友应用上。

人们经常会问，为什么出轨在今天倍受关注？为什么它带来的伤害这么严重？它是如何成为离婚的主要诱因之一的？只有通过回顾过去几个世纪以来爱情、性和婚姻的变化，我们才能对现代的出轨行为有一个全面了解。历史和文化共同构建了我们家庭剧的舞台。特别是，个人主义的兴起、消费文化的出现以及对幸福的追求，改变了婚姻以及与婚姻如影随形的通奸行为。出轨和从前不一样了，因为婚姻和从前不一样了。

过去的我们

几千年来，婚姻与其说是两个个体的结合，不如说是两个家庭之间的联盟，以确保它们的经济生存和促进社会凝聚力。这是务实之举。孩子们不会伤心，丈夫和妻子梦想着和睦生活。我们履行我们在婚姻中的责任，来换取急需的安全感和归属感。爱情可能会有，但并非必不可少。无论如何，要支撑这样一个重要的结构，感情太脆弱了。激情一直在人们心中燃烧，但它独立于婚姻关系之外。历史学家斯蒂芬妮·库茨提出了一个有趣的观点：当婚姻主要是一种经济联盟时，通奸反而为爱情保留了空间。“大多数社会都有浪漫的爱情，它是性冲动、迷恋和对伴侣的浪漫化这三者的组合。”她写道，“但是很多情况下，当跟婚姻连在一起时，它们会被视为是不当的。许多人认为，由于婚姻是政治的、经济的和势利的，因此婚姻中没有真正的、纯粹的爱情。”[12]

基于清晰的性别角色和劳动分工，传统婚姻有一个明确的任务。只要每个人做了自己该做的事，他们就是很好的搭档。“他工作努力，从不喝酒，赚钱养家。”“她很会做饭，给我生了许多孩子，让家里干干净净。”这是一个被刻在法律和文化 DNA 编码中的性别不平等体系。当女人结了婚，她们就放弃了自己的权利和财产，事实上，她们自己变成了财产。

值得一提的是，直到最近，婚姻忠诚和一夫一妻制都与爱情无关。前者是父权制的支柱，被强加给女性以确保遗产和血统——谁的孩子是我的，我死后谁会得到牛（或羊或骆驼）。怀孕可以证实母系血统，但如果没有亲子鉴定，当一个父亲发现他唯一的儿子和继承人是金发，而整个家族中没有一根金发，他将遗恨终生。新娘的贞操和妻子的专一是保护丈夫自尊和血统的关键。

对于女性来说，在婚外冒险是非常危险的。她们可能怀孕，被当众受辱，甚至死亡。与此同时，在多数文化中男人有一种默认的自由，可以随意拈花惹草而不会有严重后果，这已是老生常谈。男权主义为男人们的用情不专提供了支持，这种双重标准和通奸一样古老。

“我爱你。我们结婚吧。”在历史上的大部分时期，这两个句子从来没有连在一起过。浪漫主义改变了一切。18 世纪末 19 世纪初，在工业革命带来的社会变革大潮中，婚姻被重新定义。它逐渐从一个经济联盟转变为一种伙伴关系——两个个体之间自由选择的契约，不是基于责任和义务，而是基于爱和情感。在城市化的过程中，我们变得更自由，但也更孤独。个人主义征服了西方文明，让择偶充满了浪漫的渴望，意在对抗日益孤立的现代生活。

然而，尽管发生了这些变化，一些社会现实仍然完好地持续到了 20 世纪中叶。婚姻仍然是终身大事；女性在经济和法律上要依赖丈夫；宗教定义着道德准则和行为规范；离婚是少见的，而且会引起极大的耻辱和排斥。最重要的是，忠诚仍然是必要条件，至少对这个物种的雌性来说如此。

作为一个 20 世纪 50 年代出生的女人，玛利亚很清楚她的选择十分有限。她成长的环境里，她可以选择的范围仅限于四种早餐麦片、三个电视频道、两个她自己认识的也许称心如意的男人。事实上，在选择伴侣上她有自己的发言权已经是一个新的进步——即使在今天，全球还有超过一半的婚姻都是被安排好的。[13]

虽然玛利亚爱她的丈夫肯尼斯，但他们性生活的主要目的是传宗接代。她说:“坦白地说，六年生了四个孩子后，我的任务完成了。”当她偶尔履行作为妻子的义务时，快乐并没有被考虑在内。肯尼斯被她描述为“一个正派而慷慨的男人”，他从来没有探究过女性生理的奥秘，也没有人告诉他应该怎么做。但无论是他们平淡无奇的性生活，还是他后来补偿式的性征服，都不能成为他们必须离婚的理由。

尽管肯尼斯那一代男人被默许可以用偷食来弥补他们对婚姻的不满，但像玛利亚这样的女人却被期待只能在婚姻中找到幸福。对玛利亚和肯尼斯以及他们的同代人来说，婚姻是一辈子的契约，几乎没有退路。只要进入婚姻，不管是好是坏，都要维持到死。幸运的是，对于那些悲惨的人来说，死亡比今天来得要早一些。

一次只和一个人

西尔维娅没有等死亡把她和丈夫分开。如今，爱情结束，婚姻就结束了。作为婴儿潮一代，她在旧金山长大，赶上了时代文化的转折点，婚姻发生了翻天覆地的变化。女权主义、避孕法和堕胎权都赋予了女性掌控自己爱情和生活的权利。1969 年，加州通过无过错离婚法，此后不久更多州通过了相似法案，离开一个不幸福的婚姻成为女性选择的一部分。如果女人能离开，她们留下来就需要更好的理由。因此，婚姻质量的标准得到显著提高。

离婚后，西尔维娅把她的事业放在首位，在仍由男性为主导的银行业中积极奋斗。她和一些男人约会，他们都是“无聊的银行家和客户主管，就像我的第一任丈夫”——直到她遇到小提琴制造师兼音乐教师杰森，她准备再给爱神一次机会。

在我们的一次谈话中，我问西尔维娅是否奉守一夫一妻制，她惊讶地看着我：“当然。我和我所有的男朋友以及我丈夫都奉守一夫一妻制。”——她意识到她随口说出的话里隐含的文化转变了吗？

一夫一妻制曾经指一辈子只和一个人结合，现在它意味着一次只和一个人结合。

与她的第二任丈夫在一起，西尔维娅在厨房和卧室都要求平等。令她倾倒的是杰森不仅家务干得不错，也能满足她的需求。他们的依恋不是基于性别角色来定义的，而是根据灵活的劳动分工、个人实现、相互的性吸引和亲密关系来构建的。

我们先是把爱情带入婚姻，接着我们把性带入爱情，然后，我们把婚姻幸福和性满足联系起来，性的生育功能让位于性的愉悦功能。尽管婚前性行为已经成为一种常态，但婚内性行为本身却经历了一场小小的革命，从女人的婚姻义务转变为一种寻求快乐和联结的途径。

当代爱情

今天我们正在进行一项伟大的实验。有史以来第一次，我们想要和配偶发生性关系，不仅是因为我们想有六个孩子在农场干活（应该是八个，因为至少有两个可能干不了），也不是因为这是一项分配给我们的家务。不，我们想要性只是因为我们想要。我们的性根植于欲望，是我们自由的选择，甚至是我们对自己主权的表达。今天我们做爱是因为我们有心情，我们觉得想要做爱——希望和对方一起；最好两人同时都想；理想的状态是几十年激情不变。

在《亲密关系的转变》中，安东尼·吉登斯解释道，当性与生殖繁衍分离时，性不再仅仅是我们的生物学属性，还是我们身份的标志。我们的性行为已经远离了自然界，成为我们一生中不断对其定义和重新定义的“自我的属性”。[14] 它是我们的一种表达，而不仅仅是我们所做的事情。在我们这个世界的角落里，性是一项与我们的个性、个人自由和自我实现有关的人权。我们认为我们应该拥有“性福”，它已经成为我们新的亲密观念的支柱。

亲密关系在现代婚姻里的中心地位不容置疑。情感亲密已经从长期关系的副产品转变成一种硬性要求。在传统世界里，亲密关系指的是在日常生活变迁中产生的伙伴关系和情谊——一起在田间劳动，养育孩子，共同面对失去、疾病和苦难。男人和女人都更有可能在同性关系中找到友谊和依靠。男人因工作和啤酒而联系在一起，女人因做母亲和借面粉而联系在一起。

现代世界运转得越来越快。家庭往往是分散的，兄弟姐妹四散在不同的大陆，为了新工作我们往往举家搬迁，像植物一样移植别处。我们有数百个虚拟“朋友”，却找不到人来替我们喂猫。我们比祖父母更自由，但也更孤立。在我们对安全港湾不顾一切的寻找中，我们要停靠在哪里？婚姻的亲密已经成为我们生活日益原子化的解毒剂。

亲密是“看见我”（into-me-see）。我将与你交谈，我的爱人，我将与你分享我最珍贵的宝藏，它们不再是我的嫁妆和我孕育的果实，而是我的希望、我的抱负、我的恐惧、我的渴望和我的感觉，换句话说，是我的内心生活。而你，我的爱人，会与我眼神交流。我毫无保留地裸露我的灵魂。我需要感受你的同情和认可。我的意义就在于此。

在一枚婚戒的统治之下

我们对婚姻的期望从未达到如此高的程度，如同史诗一般。我们仍然想拥有传统家庭所能提供的一切——安全、孩子、财产和尊严——但现在，我们还想要我们的伴侣爱我们，渴望我们，对我们感兴趣。我们应该彼此是最好的朋友、值得信赖的知已以及充满激情的爱人。人类的想象力已经召唤出一座新的奥林匹斯山：两人之间拥有无条件的爱，既相互亲密又令人神迷，还有心旌摇荡的性，而且是长久地、只和对方在一起。此外，这种长期关系还会越来越长。

结婚戒指圈起来的是一个充满矛盾的理想。我们希望我们选择的人能提供稳定、安全、可预测性和可依靠性——所有的锚定体验。但我们又希望同一个人能带来惊奇、神秘、冒险和危险。给我安慰，也

我们对婚姻的期望从未达到如此高的程度，

人类的想象力已经召唤出一座新的奥林匹斯山……

给我刺激；给我熟悉感，也给我新奇感；给我持续的关爱，也给我意外的惊喜——今天的恋人们试图把永远对立的欲望带到婚姻的同一个屋檐下。

在我们这个世俗化的社会，正如荣格学派分析家罗伯特·约翰逊所写，浪漫爱情已经成为“西方心灵中最大的能量系统。在我们的文化中，它取代了宗教，成为男男女女寻求意义、超越、完整性和狂喜的舞台”。在我们寻找“灵魂伴侣”的过程中，我们把精神和关系混为一谈，仿佛它们是一回事。我们渴望在世俗的爱中体验到过去只能在神圣殿堂里找到的爱。当我们给配偶戴上神圣的光环，期望对方把我们从世俗生活提升至崇高之境，如约翰逊所说，我们制造了一种“两种神圣之爱的世俗混乱”，[15]深深的失望在所难免。

我们不仅有无尽的需求，最重要的是我们想要快乐，曾经那是留给来世的。我们把天堂带到了人间，让所有人都触手可及。幸福现在不再仅仅是一种追求，而是一种使命。我们希望有一个人能给予我们过去整个村子提供的东西，而我们的寿命是原来的两倍。对于两个人的结合来说，这是一项艰巨的任务。

在很多婚礼上，充满幻想的梦想家背诵着一张誓言清单，发誓要成为彼此的一切，从灵魂伴侣到爱人，再到导师和治疗师。“我保证永远做你忠诚的粉丝，你最吃苦耐劳的伴侣，与你同甘共苦，在你失望的时候给你安慰。”新郎的声音颤抖着。

新娘眼含热泪地回答：“我保证忠诚，尊重你，自立自强，不仅会在你成功时为你庆祝，也会在你失败时更加爱你。”她还微笑着补充，“我保证永远不穿高跟鞋，这样你就不会觉得自己矮了。”他们的宣言是真挚爱情的箴言。但这是一个多么巧妙的安排啊。他们许下的承诺越多，我就越想知道他们能否顺利度过蜜月（当然，也有不那么梦幻的时刻，今天的新婚夫妇都清楚婚姻的脆弱性，因此在诗意的誓言之前会有乏味的婚前协议）。

我们把曾在婚姻之外寻找的一切带入了婚姻之中——浪漫爱情的深情凝视、无拘无束的性的放纵、自由与承诺的完美平衡。但在如此幸福的伴侣关系中，为什么我们还会迷路？两性关系的演变让我们认为不忠不应该再发生，因为所有的原因都被排除了。

然而，它仍然存在。尽管无可救药的浪漫主义者不愿承认，基于性吸引和爱情的婚姻，往往比基于物质动机的婚姻更脆弱（这并不意味着过去稳定的婚姻更幸福），它们让我们更容易受到人类内心变幻莫测和背叛的伤害。

我在工作中接触的男男女女，在爱情和幸福上的投入比以往任何时候都多，但在残酷的命运转折中，由此产生的权利感正是今天出轨和离婚呈指数级上升的原因。曾经人们不忠，是因为婚姻不应该传递爱和激情；今天人们不忠，是因为婚姻没能带来它所承诺的爱、激情和一心一意的关注。

每天在办公室里，我都会遇到现代婚姻观念的消费者。他们购买了婚姻这个产品，把它带回家，发现里面少了几个部件。于是，他们来到修理店修理它，好让它看起来更像包装上的东西。他们把对关系的渴望当作一份礼物——既是他们想要的，也是他们应得的——当浪漫理想与不浪漫的现实不一致时，他们就会感到沮丧。毫不奇怪，这种乌托邦式的幻想醒来后，会汇集起越来越多的、充满幻灭的人群。

爱情消费主义

“我的需求没有得到满足。”“这段婚姻不再适合我了。”“这不是我签的那份协议。”这些是我在讲座上经常听到的感叹。正如心理学家、作家威廉·多尔蒂观察到的，这种说法将消费主义的价值观——“个人利益、低成本、权利和避险”——应用到浪漫关系中。“我们仍然相信承诺，”他写道，“但来自内部和外部的强大声音告诉我们，如果在婚姻中我们满足于接受那些低于我们认为需要的和应得的，我们就是大傻瓜。”[16]

在我们这个消费社会中，新奇才是关键。物品的可淘汰是预先设计好的，这样才能确保人们想要替换它们的欲望。对伴侣来说也不例外。我们生活在一种文化中，这种文化不断地用更好、更年轻、更活泼的东西来吸引我们。因此，我们不再是因为不快乐而离婚，我们离婚是因为我们想要更快乐。

我们已经把即时满足和不停变化视为自己的特权。前几代人被教导，生活需要牺牲。“你不能总是得到你想要的东西”，这句话半个世纪前是有道理的，但是 35 岁以下的人谁会对它产生共鸣？我们顽固地拒绝挫折。难怪一夫一妻制的约束会引起恐慌。在一个可以无限选择的世界，我们正与所谓的“信息强迫症”做斗争——害怕错过重要信息。它驱使着所谓的“享乐跑步机”，无休止地搜索着更好的东西。而一旦得到了想要的，我们的期望和欲望又会上升，最终我们将不再感到快乐。刷屏文化（swiping culture）以无限的可能性吸引着我们，但也产生了微妙的暴政。总是意识到拥有现成的可替代方案，带来的是不利的比较，削弱了承诺，也阻碍我们享受当下。

伴侣关系从生产经济转向体验经济，反映了西方社会整体上的转变。正如哲学家阿兰·德波顿所言，婚姻“从一种制度转变为一种情感的投注，从外部认可的仪式转变为对情感内在动机的反应”。[17] 对许多人来说，爱不再是一个动词，而是一个名词，用来描述持续的热情、迷恋和欲望。夫妻关系的质量现在等同于体验的质量。如果我们感到无聊，稳定的家庭、丰厚的收入和乖巧的孩子又有什么用处？我们希望我们的关系能激励我们、改变我们。它们的价值乃至它们的寿命，都取决于它们如何继续很好地满足我们对体验的渴望。

正是这些新的特权推动了当代的出轨故事。不是我们的欲望在今天有所不同，而是我们觉得自己值得——实际上，是有义务——去追求它们。我们现在的主要职责是对自己负责——即使以牺牲我们所爱的人为代价。潘蜜拉·杜克曼指出：“我们对个人幸福的高期望让我们更容易出轨。毕竟，如果出轨可以让自己获得满足，我们不是应该拥有这种权利吗？”[18] 当自我及其感觉成为中心时，古老的欲望迷途的故事便增加了一种新的辩解。

新的一代

这一切让我想起了西尔维娅的双胞胎扎克和米歇尔。现在他们都快30岁了，是典型的千禧一代。他们置身的文化景观被父母的价值观所塑造：个人主义、自我实现、平等主义。他们增加了新的关注焦点，即真实性和透明度。技术是他们所有活动的中心，包括性的多样性。他们的性欲追求在各种社交平台上得到了体现。

扎克和米歇尔都没有结婚——像他们所有的朋友一样，二十几岁时把时间都花在了完成学业、旅游、工作和玩儿上。他们在上一代人从没遇到过的性开放的环境下长大——拥有更多机会，也更模棱两可；限制更少，也更缺少指导。作为一个年轻的同性恋者，扎克从来不知道潜入一个地下同性恋俱乐部是什么体验，那里所有的男人都和女人结了婚。他不必“出柜”，因为某种意义上来说他就没有“入柜”过。他从电影中了解到艾滋病危机，但他口袋里有一颗预防药丸可以保证他的安全。当婚姻平等成为这一制度演变的最新篇章时，扎克当着他们工作的整个律师事务所同事的面，单膝下跪，向男友西奥求婚。他们希望有一天拥有一个属于自己的家庭。

米歇尔是一位企业家，经营着一家小型虚拟现实公司。她不会坐在家里等电话，如果想和某人约会，她就滑动手机。她梦想着某一天能结婚，但并不着急。事实上，她已经冷冻了卵子，这样就不必为她的生物钟烦恼了。她存了足够多的钱，让她可以永远不需要依赖别人。“即使明天就遇到对的人，我也不想在五年内要孩子。”她解释说，“我想和那个人在一起，在成为父母之前好好享受二人世界。”有些人称这段同居时期为“beta 测试”关系。“此外，”米歇尔补充道，“如果没有遇到合适的人，我不需要男人也可以当妈妈。”性、婚姻和为人父母过去是打包在一起的，现在则并非如此。婴儿潮一代把性从婚姻和生育中分离出来，他们的下一代则把生育和性分开了。

米歇尔的态度在她这一代人中非常普遍。“从文化上看，越来越多的年轻人把婚姻看作‘顶点’而非‘基石’，”研究这一课题的诺特·耶特说，“也就是说，婚姻是他们把其他事情都处理完后才考虑的事，而非进入成年和为人父母的基础。”[19]

只有当米歇尔感到情感成熟、事业稳定、经济安全，并准备好从单身的乐趣中走出来时，她才会步入婚姻殿堂。那时，她将会寻找一个与她互补且心有灵犀的伴侣。相反，对她的祖母玛利亚来说，婚姻是一段逐渐形成的经验，是她和丈夫步入成年共同建立身份的基石。

米歇尔有计划地推迟婚姻，会保护她免受玛利亚所遭遇的背叛吗？或者，还是让她更脆弱呢？雨果·施维泽在《大西洋月刊》中评论说，“基石”模式包含了对困难的预期，“顶点”模式则没有。[20] 过去，年轻夫妇会被认为一定要历经波折才能在挣扎中变强大。因此，基石模式“与其说容忍出轨，不如说承认它不可避免”。相反，他的研究发现：“顶点模式对背叛更不容忍，因为它假定那些开始考虑结婚的人应该足够成熟、能够自律和恪守诚实……然而，有证据表明，如果顶点模式的人认为丰富的婚前性行为可以预防不忠，那他们就太天真了。”

粉碎爱情的野心

玛利亚已年近八旬，寡居，下个月她将参加孙子的婚礼。或许，她的思绪还会飘回自己的婚礼上。扎克和西奥将进入的这个婚姻制度，与她和肯尼斯半个多世纪前庄严步入的那个婚姻制度已经几乎毫无相似之处。

为了跟上现代生活，婚姻已经由内而外发生了彻底的改变，呈现出更大的平等、自由和灵活性。然而，有一件事在很大程度上依然是一成不变的，那就是：不忠。

我们的社会在性方面越活跃，人们对欺骗的态度就越顽固。事实上，正是因为在婚前可以有大量的性行为，婚姻中的排他性才具有全新的内涵。今天，我们中的多数人都是经过数年的性游牧状态后才步入婚姻的。到缔结婚约时，我们已经勾搭过、约会过、同居过，分手过。过去，第一次发生性关系是结婚的时候；现在，结婚意味着以后我们不再和别人发生性关系了。

我们有意识地选择控制自己的性自由，以此证明承诺的严肃性（当然，在这个富有弹性的制度不断演变的过程中，也有人把多个伴侣带入婚姻），诚实是一种选择，是对重要性和忠诚的表达。通过抛弃其他的爱，我们确认了“另一半”的独特性。“我已经找到了那个人，我可以停止寻找了。”我们被某个人独特的吸引力所征服，对其他人的渴望奇迹一般消失了。在这个很容易因为被解雇、被抛弃、一键删除、孤立无援而感到微不足道的世界上，被选中变得前所未有的重要。一夫一妻制是浪漫主义理想的圣物，因为它证实了我们的特殊性。而不忠则意味着，你不再那么特别了。它粉碎了爱情的野心。

詹尼斯·艾布拉姆斯·斯普林在其影响深远的著作《出轨之后》里，有力地表达了这种存在主义的折磨：“你的这些信念——你和你的伴侣天生一对，没人比你能让他/她更幸福，你们形成了一个牢不可破、固若金汤的联盟——被一扫而空。婚外情标志着两种天真幻想的破灭——你的婚姻是独一无二的，你是独一无二或被选中的。”[21]

当婚姻是一种经济上的安排时，出轨威胁的是经济安全；今天，婚姻是一种罗曼蒂克的安排，出轨威胁的是我们的情感安全。

个人主义的社会产生了一个奇特的悖论：随着人们对忠诚需求的增强，不忠的吸引力也在增强。这是一个在情感上高度依赖伴侣的时代，出轨遭遇的指控也是前所未有和毁灭性的。然而，在一种个体有权自我实现并用更幸福的期望来诱惑我们的文化中，我们从未像现在这样更容易出轨。也许这就是为什么我们比以往任何时候都更多地谴责不忠，也比以往任何时候都更多地在奉行它的原因。

第二部分 完全攻略

如果把婚外情仅仅归结为性和谎言，
我们就无法向任何人提供帮助。
因为我们忽略了许多其他构成要素，
这些要素导致了痛苦之间的细微差别，
并为我们指出了治愈之路。

第4章

背叛为何如此伤人

——背叛的人应该被千刀万剐?

> 我曾经以为我知道我是谁，他是谁，突然我不认识我们了，不认识他，也不认识我……我的整个生活，到现在这一刻，崩溃了。就像地震，你逃跑的时候，大地吞噬了自己，从你脚下消失了。你没有退路。
>
> ——西蒙娜·德·波伏娃《独白》

“就像我的整个生命被抹去了，就像那样。我伤心欲绝，打电话请病假，休息了一周。我几乎站不起来了。我忘记了吃饭，对我来说这原本是件大事。”吉莉安告诉我，她50多年的人生中，从来没有经历过这样的痛苦。“又不是人死了，为什么这种伤害这么严重呢？”

婚外情的暴露令人痛心疾首。如果你真的想要破坏一段关系，摧毁它的核心，出轨是一个肯定的选择。这是多种层面上的背叛：欺骗、抛弃、拒绝、羞辱——所有这些都是爱情曾许诺保护我们免受其害的。当你所依赖的那个人成了对着你的脸撒谎的人，当你得不到基本的尊重时，你所生活的世界被颠覆了。你的人生变得支离破碎，你无法再把它拼在一起。“再说一遍，”你质问道，“这种情况有多久了？”

八年。在吉莉安的案例中，这个数字就像炸药一样有杀伤力。“这几乎占我们婚姻时间的三分之一！”她震惊了。她和科斯塔在一起25年了，他们有两个已成年的儿子。她是一家大型音乐出版社的内部法律顾问，正处于事业巅峰。而科斯塔在希腊帕洛斯岛出生和长大，拥有一家互联网安全公司，这个公司得尽力顶住经济衰退的风暴。吉莉安刚刚证实了科斯塔与其公司营销经理阿曼达的长期恋情。

“我怀疑过，”她承认，“我曾经问过他不止一次，但他肯定地、令人信服地否认了。我相信了他。”

然后她发现了电子邮件和短信、Skype帐号、自拍照和多年前的信用卡收据。

“我感到非常耻辱，而且非常、非常愚蠢。我很容易受骗、听信谎言，以至于有一次他竟然断定我可能知道，因为，嘿，谁会这么笨呢？我内心充满了震惊、愤怒和嫉妒。当愤怒平息后，只剩下纯粹的伤害。信任破碎，紧接着便是怀疑。我真的不知道该怎么处理这种情况。”

出轨总是很伤人。但对现代爱情的追随者来说，它似乎比以往任何时候造成的伤害更大。事实上，婚外情引发的情感旋涡如此势不可当，以至于许多当代心理学家借用创伤领域的词汇来描述它：强迫性穷思竭虑、警觉过度、麻木和分裂、莫名愤怒和不可控制的恐慌。处理出轨已经成为精神健康专业人士的专长（包括我），部分原因是这种经历如此具有灾难性，伴侣们无法独自处理情绪上的问题。如果他们希望顺利渡过难关，就需要有人干预。

事发后，情绪不会按部就班地按流程依次展开。相反，我的许多来访者描述了他们在一系列矛盾情绪中的剧烈摇摆。“我爱你！我讨厌你！抱着我！别碰我！把你的东西拿走，滚！不要离开我！你这个卑鄙小人！你还爱我吗？混蛋！和我亲热！”这些闪电式的反应是预料中事，而且可能会持续一段时间。

在这场突然袭击中，伴侣们经常会伸出手向我求助。“我们面临着巨大的婚姻危机，”吉莉安在她的第一封电子邮件中写道，“我丈夫也非常痛苦。他试图安慰我，也感到了内疚。如果可以的话，我们想尽量还在一起。”她的详细诉说以一句请求结尾，“我热切地希望你能帮助我们利用这次可怕的经历去往更好的地方。”我打算尽我所能，帮助他们向前迈进。但首先，我需要帮助他们找到自己所在的位置。

应激反应

事情败露是婚外情和婚姻故事中的关键时刻。这一发现产生的震惊刺激了我们的爬行脑，触发了原始反应：战斗、逃跑或呆住。一些人站在那里目瞪口呆，另一些人无法迅速逃离——而他们希望逃离剧变，重新获得对自己生活的控制感。当边缘系统被激活时，短期求生的欲望胜过深思熟虑的决定。尽管在这样的时刻很难做到，我还是经常提醒伴侣们，要他们把对婚外情的感受与他们对彼此关系的决定分开。他们的第一反应往往是出于自我保护，却能瞬间摧毁累积多年的婚姻资本。作为一名治疗师，我也必须注意我的反应。出轨冲突引出丰富的情感激荡——同情、嫉妒、好奇和怜悯，也有评判、愤怒和厌恶。情绪受到影响非常自然，但预测却毫无益处。

我把婚外情后的修复分为三个阶段：危机、寻求意义和规划愿景。吉莉安和科斯塔正处于危机阶段，他们在这个阶段不要做什么和他们做什么一样重要。这是个微妙的时刻，需要一个安全的不带偏见的容器，来承载他们体内和在他们之间汹涌澎湃的情绪。在这点上，他们需要的是冷静、透明和支撑，也需要信心和希望。之后，在寻求意义阶段，我们将有时间探究婚外情发生的原因，以及置身其中的每个人扮演的角色。最后，在规划愿景阶段，我们将分别或共同探讨他们的未来。但目前，我们正在急诊室进行分诊：什么最需要紧急关注？有人有危险吗？名誉、心理健康、安全、孩子、生计等，都必须纳入考虑。

作为第一回应者，我陪伴在这对夫妇身边，有时每天都在。它说明了现代婚姻的孤立和背叛的耻辱。在早期阶段，治疗师往往是唯一知道发生了什么的人——作为支撑他们的稳定基础。

如此多的纷飞乱絮。两个人挣扎着面对这样一个事实：他们一直生活在不同的现实中，而只有其中一个人知道这一点。除了死亡和疾病，夫妻生活中很少有其他事具有这种毁灭性的力量。婚姻治疗师米歇尔·沙因克曼强调了对夫妻双方的经验保持双重视角的重要性，这是他们现在最无法为自己做到的事情。[22]

我在会谈和通信中都是这样做的。我鼓励夫妻们写日记——写给我或写给对方——作为一种释放的阀门。日记提供了一个安全的、不受限制的净化所。写信是一个更加深思熟虑、认真琢磨的过程。夫妻通常需要分别辅导才能找到各自合适的词汇。有时候这些信会在我们的会谈中被大声朗读。有时候，它们会被发出去，顺便抄送给我。作为这些受伤灵魂之间书信往来的见证人，我能感受到一种深深的亲密感。它提供了一个审视夫妻关系的新窗口，那是你坐在沙发上无法了解到的。

某种程度上，我已经预料到了，吉莉安和科斯塔告诉我他们之间进行了深刻、坦诚的彻夜长谈。他们的过去被揭开了：没有实现的愿望、愤怒、爱以及两人之间的一切。他们互相倾听着对方。在这个重要时刻，他们都哭了，又争吵起来，他们也做爱——很多次（不可思议的是，害怕失去重新点燃了激情）。正如我的同事特里・里尔（Terry Real）说的，他们再一次彼此"面对面"——就像第一次坠入爱河、但还没有成为"肩并肩"共同生活的夫妻那样。

每一个背叛都曾是爱情故事

婚外情的暴露可能会使人筋疲力尽，以至于我们忘记了这其实只是情侣故事中的一个章节。但在治疗中，无论需要多长时间，无论两人还在一起或是分开，急性创伤都将让位于关系的修复。就像肚子上挨了一拳，打击会令人收缩。我的任务是帮助情侣们喘口气，在他们关系的更大版图中帮他们重新定位，超越眼前的痛苦。一开始，有时甚至是在第一次会面时，我会请他们给我讲讲他们是怎么认识的——追溯故事的源头。

吉莉安是在她读法学院的最后一年和科斯塔恋爱的。科斯塔把摩托车停在图书馆外，邀请她去兜风。她被他的冒失、殷勤、热情和他那奇特的口音迷住了。她跳上了摩托车，连她自己都感到很吃惊。

她深情地把他描述成"火山"——不怕冲突和对抗，毫不掩饰对生活的热情。她认为自己是一个和事佬，总是错误地站在实用主义的一面。"科斯塔对我很好，"她说，"他鼓励我摆脱新英格兰的主流做派，变得更自然。"

在科斯塔之前，吉莉安已经和克雷格订婚了。克雷格是沃顿商学院的 MBA，准备接管自家族生意。但是她在好长一段时间里都处于矛盾纠结中，“克雷格爱的是我对他的爱，胜过他爱我本身。”最后，她毁了婚约，因为她“想被人宠爱”。

她的地中海男人爱慕她，也知道怎样表达出来。他完全被这个强大、优雅和独立的女人迷住了。“我刚搬到这个州，她的做派非常美国。”他解释说。她和他童年印象中的女性完全不同，后者的女性力量往往是通过如何坚韧地终生忍耐花心丈夫的虐待来展现的。

吉莉安说她一直怀疑前未婚夫克雷格有一天会欺骗她，因为他的爱绝对自私，不可能把别人的需要放在自己的前面。她选择科斯塔的关键原因是，她确信科斯塔永远不会如此。她就是知道这一点。她看上的就是他的忠诚。她怎么会弄错呢？

他们举行了婚礼，在希腊帕洛斯科斯塔的家里。他们的家外墙雪白，遮阳篷是蓝色的，红瓦屋顶上点缀着粉红色的九重葛花。我们的新娘看着她那梳着完美发型的妈妈踉跄着快乐地跳起希塔基舞时，决定彻底放弃那个拥有学位、血统纯正的男人，而选择这个永远珍爱她的男人。这既反映了她那个时代的解放观念，却也忽视了她父母的担心。吉莉安把他们的婚姻模型看成是她的理想的实现。

当科斯塔的秘密曝光后，她的幻灭感格外强烈。那不只是对她的打击，也是对她整个信仰体系的打击——这违背了当今人们对夫妻关系根深蒂固的假设。婚姻已成为一个神话般的城堡，被设计成我们想要的一切。而婚外情使它崩溃，让我们觉得没有什么好坚持下去的。也许这在某种程度上解释了为什么现代出轨不仅仅是一种痛苦，还是巨大的创伤。

数字时代的发现

无论是被完全蒙在鼓里，还是一直在寻找蛛丝马迹，我们都没有真正为揭露不忠做好准备。多年来，吉莉安一直在寻找真相，有一天，她发现科斯塔把他的电脑忘在家里了。“我终于有机会了，”她说，“然后我就忍不住看了。”

那天被她称作“诺曼底登陆”，她坐了几个小时，翻看电脑中的证据。她被照片打得落花流水。成百上千张照片、往来邮件、欲望表达；科斯塔八年恋情的生动细节展现在她的眼前。要是几十年前，她发现的可能是装在西装口袋里的电话号码，涂在衣领上的口红，或者落满灰尘的信件。一个好管闲事的邻居可能已经开始喋喋不休。被抓住后，科斯塔会告诉她他认为合适的故事，筛选事实来保护她或他自己。而今天，拜内存技术所赐，吉莉安更容易痛苦地探查她丈夫表里不一的全部细节。她可以研究自己的耻辱，记住这些令人痛苦的电子证据。

数字时代的背叛如同千刀万剐。她看到他们大口吸着牡蛎，在陶斯大笑；她看到阿曼达摆出性感的姿势。这里，他们骑着他的雅马哈，阿曼达戴着吉莉安的头盔；那里，是一封关于在希腊浪漫旅行的电子邮件。到处都是记录阿曼达生活细节的文字。

相对于吉莉安看到的一切，她想象得更多。他吻她。他戴着结婚戒指，他的手摸着她的胸。吉莉安记得去年圣诞晚会上阿曼达注视科斯塔的样子——而她没有理会那个眼神，“像一个白痴”。她想起来科斯塔邀请阿曼达来他们家吃饭时，阿曼达对她做的巧克力大加恭维——而她则扮演着善良的女主人。“傻瓜。”现在她想，“是不是在我们的餐桌底下，他的手在摸她的膝盖？第二天他们上班的时候是不是还为此哈哈大笑？”这些画面在吉莉安脑海里一遍遍地浮现，毫不留情，一幅紧接着一幅。

可以肯定地说，今天的多数婚外情都是通过技术泄露的。当下婚外情的曝光已经发生了图形化的转变，有时甚至是实时发生的。虽然吉莉安是故意翻看了科斯塔的电脑资料，但对其他人来说，是技术自动泄露了秘密。留在家里的 iPad 让一个毫无戒心的丈夫看见了妻子和她即将见面的情人的聊天记录。女人周末出门后早早回到家时，听到婴儿监视器莫名其妙地传出呻吟声，但那根本不是孩子的声音，因为她正抱着孩子。监视小猫的摄像头，本来是为了让人对心爱的宠物放心，却让一个男人看到他的女友和陌生人之间的醉酒邂逅。

库珀正在柏林的一家夜店跳舞，手机屏幕突然亮了。那是他女朋友的照片，正在纽约的一个舞厅里和一个男人耳鬓厮磨。他的朋友在信息中说：“喂，伙计，我只是看到艾米在和这家伙亲热。”

现在谁都可以成为黑客。这么多年来，安格一直在看色情片，悉尼认为那不关她的事。但当他对她失去所有兴趣时，她认定现在跟她有关了。一个女友告诉她，她可以用间谍软件跟踪他的在线活动。“我会坐在我的桌旁观看那些视频，知道他在看它们时连续几个小时手淫。我不知道怎么面对。一开始，我把自己打扮得像色情女郎，以为能把他赢回来。最后，我感觉遭到了背叛，背叛我的不仅仅是他，还有我自己。”

你不需要再雇一个私人侦探——你口袋里就有一个。发送按钮的意外滑动导致的尴尬，“爸爸为什么发给我一张裸照？”接起电话，“背景中那沉重的呼吸是什么？”来自签证处查验伪造签证部门的“异常活动警报”，而“我从没去过蒙特利尔！”

在这群科技告密者的展示中，别忘了 GPS 的神奇。凯撒怀疑安迪已经有一段时间了，他觉得安迪延长在健身房的时间可能不只是待在举重室。“一直以来，我都相信他在举重，我希望看到他有更多肌肉！我知道他坐在桑拿房里，但是在晕堂之前你能在那儿待多久？”既然他不能很好地跟踪安迪不被发现，他就跟踪他的手机。地图上的蓝点只过了30 分钟就离开健身房，向市中心走去。

爱，从两个不同的视角……

我们的设备不仅能泄露信息，还能保存电子记录。“这已经成为一种困扰，几乎是病态的。”吉莉安告诉我，“我一直在读电子邮件，想把它们拼在一起。从早晨七点到午夜，他们一天之内发了成百上千条短信。婚外情一直存在于我们的生活中。他写那封信时，我在做什么？2009 年 8 月 5 日晚上 9 点 12 分，我们在庆祝我的 51 岁生日。他是在唱生日歌前跑进浴室给她发短信的吗，还是在唱歌之后？”

出轨直接打击的是我们最重要的心理结构之一：我们对过去的记忆。它不仅劫持了一对伴侣的希望和计划，也为他们的过去打上了问号。如果我们不能确定地回顾过去，我们也不知道明天会发生什么，那么我们又将走向何方呢？心理学家彼得·弗兰克尔强调，被背叛的伴侣如何“牢牢地被困在当下，被出轨中令人心烦意乱的事实所无情地压倒”。[23]

我们愿意承认未来不可预测，但我们希望过去是可靠的。被所爱的人背叛，我们失去了一种连贯的叙述方式。正如精神病学家安娜·费尔斯定义的那样，“内部结构帮助我们预测和调节未来的行为和感受，（创造）一种稳定的自我意识”。[24] 在一篇描述各种背叛的破坏性影响的文章中，她认为，“也许夺走他或她的故事，才是所有背叛中最大的背叛”。

过分沉溺于彻底调查婚外情的方方面面，是因为迫切需要重新编织一个人的生活织锦。我们是有意义的生物，我们依赖于连贯性。询问、回忆、反复考虑和过度警觉都是把零散的生活叙事重新拼凑起来的努力。

“我感觉心都碎了。”吉莉安说，“我思前想后，调整记忆，把所有新东西都塞到合适的位置上，以此来跟现实保持一致。”

安娜·费尔斯用的是双屏幕镜头。在一个屏幕中，人们不断回顾他们记忆中的生活；另一个画面展示的则是新披露的版本。一种疏离感油然而生。他们感到疏远的不仅是撒谎的伴侣，还有他们自己。

电影《真爱至上》深刻地捕捉到了这场危机的真相。艾玛·汤普森饰演的凯伦回到自己的卧室，开始思考丈夫给她买的金项链不在她刚打开的圣诞包裹里。她的礼物是一张乔妮·米切尔的 CD。我们听着这张 CD 播放的时候，镜头切换到年轻的女秘书穿着性感内衣，戴着那条项链。然后镜头再回到凯伦泪流满面地盯着梳妆台上的家庭照片，回忆她的生活。乔妮唱道:“我记得的是爱的幻觉 / 我真的一点都不懂爱。”

吉莉安脑海中闪现的经常是限制级的双屏镜头。“我们的性生活对应他们的性生活；我的身体，她的身体；我爱的那双手爱抚着她，我爱的嘴唇也亲吻着她的嘴唇；他在她的身体里，用不可抗拒的声音低语，告诉她她有多性感。他们有特别喜欢的姿势吗？比我们做爱时更好吗？他是不是选择隔天跟我或她上床？”

她的婚姻和她的记忆互相渗透。曾经它们是安慰和安全感的源泉，现在却让她充满了挥之不去的不确定感。即使是幸福时光也不能再被怀念了——它们都被玷污了。科斯塔坚持说，他与吉莉安和孩子们在一起时，他是完全在场的——身体和情感都在场。他断言，他们在一起的生活并不虚假。但对她来说，那就像“一面变形的镜子”。

科斯塔耐心地回答她的问题，他们的谈话帮助她重建他们的完整年表。他试图安慰她，多次表达自己的悔恨。他要永远忍受着内心折磨生活下去吗？他会背负罪名到死为止吗？从他的角度看，事情很清楚：“我想重新和你开始，而不是一遍遍重复同样的事情。”我向他解释，重复有助于恢复连贯性，是治愈的本质。然而，几天过去了，几星期过去了，他变得越来越沮丧，吉莉安也一样。

“他恳求我放下过去，继续前进，”吉莉安告诉我，“但这只会让我觉得，他正在把我的痛苦最小化。我感觉我就像绑在一个水车上，上来透口气，瞥见了未来，然后又被拉回了水里。如果我上不来，我想我会死的。”

不幸的是，对于悔过的出轨者来说，被背叛者破碎的心需要很长时间才能愈合。“你以为你承担了责任，道了歉，说了十遍万福玛利亚，就已经做了你该做的！”她说，“我知道这对你有用，但对我来说没有用。我需要再听一遍。”这是很多伴侣都会陷入的困境。我向科斯塔解释说，在危机阶段，这是预料中事。吉莉安这样做并不是为了惹他生气。“你知道这段经历已经八年了，而她才刚刚知道，她还有很多事情有待完成。”如果三年后她还在不断地质问他，那就成问题了。

不忠：身份的窃贼

对吉莉安来说，对许多其他人也一样，被背叛不仅意味着爱情的失去，也是一种自我的丧失。“我现在是弃妇俱乐部成员，”她告诉科斯塔，“这是不能改变的。无论结果如何，对于我接下来的人生，这都是事实。你把我变成了这种人。我不再知道我是谁了。”

当爱情变成复数时，合一的魔力就被打破了。对一些人来说，这种破裂超出了他们的婚姻所能承受的范围。科斯塔和吉莉安想找到一种办法继续待在一起。但即使他们很想让爱存在下去，他们也各自都有担心。他们的爱将永远带着污点。

“我爱你，我爱的一直都是你。”科斯塔向吉莉安保证，“但是阿曼达的事发生了。我本打算一年后就结束，可是接着她的女儿生病了，我感到内疚。我知道你可能不相信我，但是你是我一生的挚爱，这一点从未改变。”事实上，当她知道八年来他虽然每天晚上睡在她旁边，但第二天醒来时都会给阿曼达发短信说“早上好，亲爱的”，她为什么还要相信他呢？然而，她想去相信。

吉莉安所描述的幻灭感，是我总能从现代西方伴侣那里听到的故事，虽然并不是处处相同。我们都愿意认为痛苦就是痛苦，既大众又普遍，但事实上，是整个文化的框架塑造了我们赋予心碎以意义的方式。我和一群塞内加尔妇女交谈时得知，她们中有几个被丈夫欺骗了，但没有人觉得她们完全失去了自己的身份。她们描述了不眠之夜、嫉妒、无休止的哭泣和爆发的愤怒，但在她们看来，丈夫出轨是因为“男人都那样”，而不是因为妻子不称职。讽刺的是，她们对男人的信念既强化了她们持续遭受的压迫，也保护了她们的认同感。吉莉安可能在社会上更自由，但她的身份和自我价值已经抵押给了浪漫的爱情。当爱情要求偿还债务时，它可能是个无情的债主。

我的塞内加尔朋友从她们的社区获得了许多身份认同和归属感。从历史上看，大多数人的自我价值感都是基于宗教和家庭等级制的价值观和期望。然而，在旧的框架已经失去的情况下，现在我们每个人都得担负起建立和维护自我身份的责任，自我的负担从来没有如此沉重过。因此，我们一直在探讨我们的自我价值感。社会学家伊娃·伊鲁兹（Eva Illouz）敏锐地指出："爱情是唯一你希望停止这种价值评估的地方。在爱情中，你成为比赛的赢家，是第一个也是唯一的一个。"[25] 难怪出轨会使我们陷入自我怀疑和存在的困惑深渊。

男人和女人都认可这种叙事。当然，他们各自所强调的会有细微差别，关于出轨的谈话隐含着性别偏见。也许是因为男性总是得到更多许可去追求和夸耀他们的征服，他们的眼泪反而被抑制了。当妻子出轨后，男人更有可能表达愤怒或尴尬而不是悲伤。他们会为失去面子难受，但不会为失去自我伤痛。我们所知道的受伤的女人和出轨的男人，比受伤的男人和出轨的女人要多得多。但是，随着更多的女人进入出轨的竞技场，在文化上人们也越来越接受男人表露情感。我听到越来越多遭受背叛的男人，声称自己失去了身份认同。

"我所知道的世界结束了。"维杰在给我的信中写道。他 47 岁，英裔印度人，是一位熟食店经理，有两个孩子。他刚刚发现妻子帕蒂给她最好的朋友写的一封信中，包含了她和情人之间的一系列文字。"我感觉自己正在穿越漆黑、失重的空间，我拼命想抓住点什么可倚靠的东西。顷刻之间，她变了，我也是。她看上去很冷，向后退缩。她大哭起来，但好像并不是在为我们哭泣。"

在向我讲述时，米兰嗓音沙哑。"我深深地爱上了斯蒂法诺。我真的相信和他有未来，我付出了一切，然后他对我完全失去了性趣。他迷上了冰毒，接着还爱上了一个孩子。我回到家时，他正和那个男孩在我们的床上拧在一起。他不理我，假装我是他的室友。这种情况持续了好几个月。我感到非常羞耻，又不能离开。作为一个同性恋者，我不应该

出轨直接打击的是我们最重要的心理结构之一：
我们对过去的记忆。
它不仅劫持了一对伴侣的希望和计划，
也为他们的过去打上了问号。

嫉妒，毕竟那只是性交。我需要他。我非常看不起自己，因为我竟然允许他那样对我。我再也不认识自己了。”

“我不是那种人！”

身份认同的危机不仅笼罩着遭受背叛的伴侣。当秘密被揭穿时，震惊的不仅是发现外遇的一方，外遇的一方也同样震惊。通过受害者新睁开的眼睛来审视自己的行为，外遇的主角面对的也是一个几乎无法识别的自我形象。

科斯塔也崩溃了。面对吉莉安极度的痛苦，他意识到自己所做的一切，以及对她所做的一切。他的公共生活和私密生活之间的界墙坍塌了。

在我们私下的谈话里，他很难接受与自己完全不同的观点。他从未接受过心理治疗，对所谓的专家颇为怀疑，也不指望自己会得到同情。我告诉他我不是道德警察。“即使你有外遇，而且持续了相当长的时间，我也不会假装很了解你。我是来帮忙的，不是来评判的。”

科斯塔不得不考虑他的自我形象和他的行为之间的偏差。从童年起他就向自己保证，他永远不会像他那玩弄女人、霸道的父亲那样。科斯塔一直认为自己是个有原则的男人——道德正直，对爱情遭受亵渎的女人的痛苦感同身受。

“我不是那种人”是他梳理自己整个自我意识的支柱（并且赢得了吉莉安的心）。多年来，这句话也被用来打消吉莉安的疑虑。科斯塔决心做得比父亲好，于是他成了一个严格的、善于判断的人。不知不觉，他相信专制的作风能让他更好地控制父亲留下的遗产。但命运却驱使着他，让他以他一直希望避免的方式行事。“我觉得我的人生已经死了。

我变成了一台机器。我被结结实实地捆绑起来，就像有根棍子在打我的屁股。”他描述了他如何开始觉得自己无关紧要，事业陷入困境，和妻子的收入差距逐步扩大，而吉莉安正忙于其他。“她开始谈论退休计划和长期护理，我觉得她正在把我活埋起来！”阿曼达走入他的生活以后，带给他一种“放松和重新找回激情”的感觉。

科斯塔向我保证，他从未停止过对妻子的爱，也没打算离开她。很多次他想和阿曼达分手，但又觉得对她也有责任，尤其是当她面临一个又一个危机时。当年那个目睹母亲蒙受屈辱的敏感男孩长大后，变成了不忍抛弃遇到困难的女人的男人——他的情妇早就发现了他的这个弱点，并巧妙地加以利用。此外，他还深信，他已经改变了这么多——变得不那么沮丧，也不再整天闷在家里了——所以他们的婚姻也变得更好了（吉莉安同意这种说法，但拒绝科斯塔的辩解）。他似乎认为，因为他不像父亲那样与情妇在大庭广众之下信步街头，所以他的原则还完好无损。他的身份认同造成了一个盲点。现在，在大量证据的曝光之下，他才看到他对自身行为的合理化。吉莉安的痛苦和耻辱真的和他母亲有很大不同吗？我问他。

意识到他需要一些难以接受的东西来重新校准他的人品，我开始帮他分析婚外情对他来说意味着什么，以及在他全部的生活背景中所代表的意义。随着过程的推进，悔改的科斯塔渴望与妻子分享他的新见解。我告诫他，现在谈这个还为时过早，目前她的焦虑超过了对事情的分析。我们还处于危机阶段，这时她最需要的是同情。只有当遭受背叛的伴侣在情绪上得到了满足，他或她才能听进去解释，而不会将那当成辩解。现在还不太可能让吉莉安看到科斯塔的观点。

现在，他需要倾听。这需要一些努力，因为他如此投入地维护自己的形象使自己不像个“卑鄙小人”（他说），以至于他感到有必要为自己和自己的行为辩护。他看到她那么难过，但这只是让他对自己感到难过（羞耻），而这使他无法为她感到难过（内疚）。

从羞耻到内疚的转变至关重要。[26] 羞耻是一种对自我的关注，而内疚则是一种同理心的关联反应，由你对别人造成的伤害所激发。从创伤治疗中我们知道，只有当犯错者承认他们的过失时，修复才能开始。通常，当受害者认为自己的痛苦还没有得到认同时，即使施害者认为自己感觉很糟也无济于事，那是因为他们的反应更多出于羞耻而不是内疚，还是以自我为中心的。在背叛之后，真正的内疚会导致悔恨，是一种必要的修复工具。真诚道歉表达了对这段关系的关心和承诺，分担对方所遭的痛苦，恢复权力的平衡。

我知道这对科斯塔来说并不容易。如果你欺骗了某人，知道自己是罪魁祸首，你很难眼睁睁看着自己造成的痛苦发酵，并给你的伴侣足够的时间和空间去悲伤。但这正是她所需要的。“如果你想让吉莉安感觉好一点，”我告诉科斯塔，“首先你需要让她能够感觉糟透了。”为她的痛苦保留空间很重要，同样重要的是抱住她。科斯塔照做了。很明显，当他的妻子难过而不是富有攻击性时，他更容易对她产生同理心。尽管如此，至少在一段时间内，强烈的宣泄仍然不可避免。是时候告诉她放松下来了。这期间，他持续的共情将帮助她逐渐平息愤怒。

科斯塔尽了很大努力来缓解她的痛苦。他一遍又一遍告诉她他爱她。吉莉安暂时平静下来——一个小时；有时候是两个小时或更长时间；偶尔，会平静一整天。她相信他，她当然相信——他是她的丈夫。但是，接着，砰！她想起来：“我过去常常相信他，看看我成什么样了！”

她的疑虑又发作了。这一次，她不会闭上眼睛假装什么也没有发生。

她开始四处搜寻更多的信息。他丧失了隐私权。他在 Instagram 上喜欢她照片的那个女人是谁？看牙医的三个小时里都做了什么？他有预约吗？她会打电话去亲自查明的！恐惧和愤怒交织在一起，她爆炸了。她不遗余力地追查他的家庭、他的文化，甚至他的基因，当然还有阿曼达。

她骂他："骗子！撒谎精！"她把科斯塔逼到了崩溃边缘。他愿意承担责任，但绝不会让这成为对他身份的最终判决。他坚持说："我曾经欺骗过你一次，也曾在同一件事上多次撒谎，但我不是骗子和撒谎精。"她的痛苦反映出他无法忍受的自我形象，所以他也非常生气。当她继续感觉不好时，就证明他是坏的。紧张的气氛再次加剧。"我不是那种人！我不会让她用这次出轨或任何其他事情来定义我。"

我决定支持他。"我听见了你内心的冲突，也看到了你的良心。但是考虑到年复一年的口是心非，你离'那种人'的距离比你愿意承认的还要近。"

修复的行为

至少可以说，婚外情后治疗的早期阶段是非常不稳定的。几周的精心重建，可能会因为一句话而毁于一旦。两人都很紧张，互相盯着对方，害怕下一次感情上的打击。玛利亚·波波瓦写道："愤怒与宽恕之舞，演奏着关于信任的不可控制的节奏，也许是人类生活中最难的，也是最古老的节奏。"[27]

在危机阶段，修复的责任主要落在出轨者身上。除了表达忏悔和接受对方的痛苦，他或她还可以做一些其他重要的事情。

詹尼斯·艾布拉姆斯·斯普林将其中的一个步骤标识为"转移警

惕”。[29] 从本质上来说，这意味着在关系之外的人承担了提醒和保持意识的任务。通常情况下，遭受背叛的一方会强迫性提问，心神不宁，想确保这件可怕的事情没有被遮遮掩掩地藏起来。出轨的一方则通常急于把不愉快的经历抛诸脑后。

通过转换双方的立场，我们可以改变事情的动态。监视不可能产生信任。如果科斯塔自己记得婚外情，吉莉安就不再是那个确保这件事不会被遗忘的人。如果他自己提起这件事，邀请她一起谈论，那么就表明他并没有想要隐藏或者最小化它。如果他自愿提供信息，他就可以把她从不断的自我折磨中解放出来。有一次，阿曼达给他打电话，他立刻告诉了吉莉安，消除了潜在的不信任。还有一次，在一家餐馆，他感觉到吉莉安正在想他是否和阿曼达去过那里，不等她问，他就主动告诉了她，确保她在那里待得舒服。所有这些，充分地展示出来，有助于恢复信任，因为这让她觉得他们是站在同一边的。

对吉莉安而言，她需要开始遏制她的愤怒——不是因为愤怒没有道理，而是因为它们不会带给她真正想要的东西。愤怒可能使她暂时感到强大，但心理学家斯蒂芬·斯托尼指出：“如果失去权力是亲密背叛的问题，那么愤怒就是解决办法。但亲密背叛带来的巨大痛苦与权力的丧失无关。价值感的丧失才是导致痛苦的根源——你觉得自己不那么惹人爱了。”[29]

在被背叛之后，我们需要找到恢复自我价值感的方法——将我们对自己的感受与别人给我们的感受区分开。当你的整个生命似乎都被劫持，你的自我定义落在了劫持者手中时，最重要的是记住，你还有其他部分可以决定你是谁。

你并非被抛弃，尽管你的一部分被拒绝了；你不是受害者，尽管你的一部分没有被珍视；你仍被人爱着，被重视、尊重和珍惜，甚至被你不忠诚的伴侣珍惜，尽管你现在可能感觉不到。一个女人把自己的整个生活和男友融合在一起，现在她的男友离开了她，她才意识到自己与朋友们失去了联系。她列出清单，准备把五个朋友重新带回她的生活。她花了两周时间进行长途旅行，重新点燃友谊，唤起了他们每个人都珍视的她的一部分自我。通过这种方式，她把伤害与自己的本质区分开来。

大屠杀幸存者维克多·弗兰克尔讲过一个深刻的道理："别人可以拿走你的所有，但除了一样，那就是人类的终极自由——在任何情况下你都能选择自己的态度，选择自己的道路。"[30]

即使你不喜欢，也要精心打扮。让你的朋友为你做一顿美味晚餐。去上你一直想上的绘画课。做一些让自己感觉良好的事照顾好自己，来对抗羞辱和隐藏的冲动。许多人被抛弃后都羞于做这些事，而这正是我敦促他们去做的。

吉莉安需要用自己的方式重新找回她的价值。科斯塔的悔悟还不足以减轻这种痛苦。对受伤的人来说，表达内疚和同情至关重要，但不足以治愈受损的自我价值。科斯塔可以做的是抵制他对自我的关注，重申她在他生活中的重要性和中心地位。当他把对自己的担忧放在一边，开始找回多年前那个坐在他摩托车后座上的女孩时，便与爱神达成了协议。当他毫不含糊地告诉她"我想和你在一起，一直都是你"时，他就重新定义了她的价值，珍惜着她的存在。她第一次开始相信他不是出于原则才留下来，而是他选择了她。

两分钟后，他的手机响了。我看到她眼中闪过一丝怀疑，她退缩了。又一个导火索，又一个问题。我们在这里，在浪漫复苏的战壕里。我们还会在这里待上一段时间。

第5章

有些出轨更伤人吗?

> 的确，有一件奇怪的事：有些话，不过是在空气中远远地说出的几个词而已，却可以撕裂一颗心，好像它们真的已经刺穿了它，让一个人像喝了毒药一样倒地不起。
>
> ——马塞尔·普鲁斯特《追忆似水年华》

有些出轨比另一些“更糟糕”吗？有些出轨造成的伤害较小并更容易恢复吗？尽管我试图找出行为和反应之间相互作用的模式，但我还没有发现冒犯的严重程度和反应强度之间明确的对应关系。

人们很容易根据对婚姻冒犯的等级来为出轨分类。其中，看色情片和手淫是最轻微的犯规，它们当然比去按摩院做特殊按摩服务伤害要轻，而后者又比跟一个俄罗斯妓女发生性关系伤害小，但这仍然比发现你的女朋友和你的朋友上床或者发现你丈夫有一个四岁的儿子住在三个街区远的地方所造成的伤害要温和得多。当然，并非所有的出轨行为都是一样的。尽管设立背叛的等级很有吸引力，但通过冒犯的严重程度来衡量反应的合理性，并不是特别有帮助。

当我们穿越爱情的苦涩风景时，无数的因素在操纵着一对伴侣关系的发展。打击来自不同的层面。即使做过几十年的治疗师，我仍然无法预测人们在发现伴侣出轨时会怎么做。事实上，很多人告诉我，他们的反应与自己的预期也相去甚远。

一桩婚外情的影响不一定与时间长度或严重程度成正比。有的关系会因为极小的犯规而破裂。在毫无戒心的亲密时分，一个女人想起几十年前发生的短暂恋情，并告诉了她的丈夫。当后者迅速决定结束他们30年的婚姻时，她大吃一惊。而另一些人，则会在经历严重背叛后表现出强劲的修复关系的能力。令人惊讶的是，一些人对能改变人生的启示毫无反应，一些人哪怕对一个飘忽的眼神也反应剧烈。我看到有人因为得知伴侣对别人有性幻想或者看色情片手淫而崩溃，而有人则冷静地接受了那些借出差之名到外地的幽会。

在错综复杂的出轨故事中，每一个细微之处都很重要。作为一名治疗师，我需要情感上的细节。研究者布琳·布朗说：在经历了震惊或巨大的创伤性事件之后，“我们的感情出现了第一道裂痕，产生了痛苦的感觉”，有些事情令人心碎、怒火中烧（“他做了什么？”），而另一些事情则成了宽慰的标志（“至少她没那么做”）。[31] 借用医疗企业家亚历山德拉·迪兰（Alexandra Drane）的术语，有些是“放大镜”——增加痛苦的特殊因素；另一些则是“缓冲器”——防止受伤害的保护盾。

不忠会如何降临到你身上，你会如何回应，这不仅与伴侣的恶劣行为有关，也与你自己的期望、敏感性和过往的经历有关。性别、文化、阶层、种族和性取向，构成了不忠经验的框架并塑造了你的痛苦。

“放大镜”可能是环境因素。怀孕、经济上的依赖、失业、健康问题、移民身份以及无数其他生活状况，都会增加背叛的负担。我们的原生家庭是一个主要的“放大镜”——婚外情和我们从小到大成长中遭受的信任危机，会让我们更容易受到影响。出轨总是发生在人际关系网中，故事早在严重伤害发生之前就开始了。对一些人来说，它证实了一个根深蒂固的恐惧：“不是他不爱我了，是我觉得自己不可爱了。”对另一些人来说，它粉碎了他们和伴侣的形象：“我选择你是因为我曾经相信你不是那种人。”

“缓冲器”包括一个由家人和朋友构成的强大关系网，他们耐心地为复杂的情况提供一个安全空间。良好的自我意识、精神或宗教信仰也可以减轻影响。在危机之前，关系本身的质量总是起主要作用。如果一个人觉得自己有选择的余地——房产、储蓄、工作前景和约会可能——不仅可以缓解其脆弱的情绪，还可以给自己一个回旋余地，不管是内在的还是外在的。解析背叛的痛苦有助于找到加强这些保护性“缓冲器”的机会。

在我和不忠受害者的早期会面中，我会仔细检查他们的“伤口”，直到弄清他们具体的情感特质，找出“放大镜”并制定缓冲策略。哪儿伤得最厉害？是什么在往伤口上撒盐？是轻蔑、不忠、抛弃、违背诺言、说谎还是羞辱？是失去还是拒绝？是幻灭感还是羞耻感？是解脱、屈服还是愤怒？围绕着你的特定的感觉或一系列情绪是什么？

“在所有人中，为什么是他？”

有些人能够立即表达自己的感受。他们的情感素养使他们能够认识、说出和掌握自己所遭受的痛苦细节。但是我也遇见很多人，他们在没有明确自己情感痛点的情况下就把自己封闭了起来。他们生活在无名的情绪中，这种无名的感觉同样强大。“你是第二个听我倾诉故事的人。”26 岁的凯文在 Facebook 上向我求助，他写道：“已经 10 年了。也许把这一切都写出来是我的疗愈方式。”

对于生活在西雅图的程序员凯文来说，最大的伤害不是他的初恋欺骗了他，而是他们一起促成了这个伤害。多年来背负着“无知”的耻辱，让凯文面临着严重的信任问题。他 16 岁时认识了泰勒——她是一位美丽动人的学姐，高中时代，他把童贞和大部分精力都给了她。凯文把泰勒介绍给他的哥哥亨特，三个人形影不离。

最初，当泰勒与他断绝关系时，凯文大吃一惊。他“很受伤，但并没有心碎”。奇怪的是，泰勒和亨特还在一起玩。“就连我妈妈也问我能不能接受。但是我无条件地信任亨特，当他告诉我他们正在学习时，我相信了他。我无法想象在所有人中他会背叛我。”

回顾过去，他问自己：“我怎么会没看出来呢？”但是，人类的本性就是坚持自己的现实感，即使面对无可辩驳的证据，也要抵制它破碎的可能。我向他保证，他的“无知”不是什么羞耻的事情。这种回避不是白痴行为，而是一种自我保护。实际上，它是一种复杂的自我保护机制，被称为“创伤否认”——当我们面临太多危险或可能有太多损失时，我们就会使用这种自我欺骗。大脑需要连贯性，所以它会处理那些威胁我们生活结构的不一致性。当我们被最亲近和依赖的人背叛时，这一点变得更加明显——我们会竭尽全力去保持我们的依恋，不管它们可能多么令人担忧。

终于有一天，一个同学在学校对凯文脱口而出：“你知道你哥哥在和泰勒睡觉吗？”“这对我来说毫无意义。”凯文回忆道，但几分钟后，他走到一个安静的地方，打电话问他哥哥这是不是真的。“他知道自己把事情搞砸了，并为此道歉。我记得我把头埋进一个蓝色的枕头里，哭了好几个小时。我和哥哥之间的关系永远改变了。”

在他的来信中，我可以听到他 16 岁时的心声。他的故事被定格了，有着生动的细节——那一天具体的时间、告诉他耻辱真相的孩子的名字、他哥哥接电话前他等待的几分钟、他埋头痛哭时枕头的颜色。心理学家称这些为“屏幕记忆”——当我们专注于具体的细节时，经历中更令人痛苦的情绪会被隐藏起来，从而使创伤变得更可忍受。

在凯文的下一封电子邮件中，我听出了宽慰，因为他开始明白为什么比起泰勒的脸，他看得更清楚的是枕头。背叛的深度与依恋的深度密切相关。对于很多人来说，朋友的背叛比伴侣的背叛更严重。泰勒的表里不一让人心痛，但亨特的横刀夺爱伤害更深。当那个人是自己社交圈子里的成员，是自己的家人，或一个信任的人（保姆、老师、牧师、邻居、医生）时，破裂的痛苦是指数级的。我们该怎么办？我听过不止一个这样的故事，朋友和知己变成了情侣。联结的突触断裂得越多，人们会感到越疯狂，恢复需要的时间也就越长。

多年来，凯文一直为自己的“愚蠢”而尴尬和羞愧。这导致他无法相信自己的感知能力。“每当我搭上一个女孩或和一个女孩约会时，我总是在想‘一定还有其他人’。”对凯文来说，关键是要明白，问题并不在于他看不出征兆，而是他哥哥严重辜负了他的信任。现在他正在处理和亨特的关系，他开始对年轻时的自己有了新的同情。这让他在和女孩的关系变得认真时，不再立刻封闭自己。

从怀疑到确定

确定伴侣出轨令人痛苦，但怀疑本身也是一种折磨。当我们怀疑爱人脚踩两只船，我们就开始四处嗅探蛛丝马迹。我们成了老练的监视专家，捕捉他脸上的细微变化、她声音中的冷漠、他衬衫上的陌生气味、她那平淡的吻。最微小的不一致也被我们总结出来。“我一直很纳闷，她本应该10点钟才上班，她哪来那么多早会？”“她在Instagram上显示的位置与她说的不符。GPS不会说谎。”“很奇怪他跑步前得先洗个澡，还要喷香水。”“她忽然想邀请布拉德和朱蒂一起吃晚餐，可她一直都不喜欢他们呀。”“他真的需要在浴室里打电话吗？”

首先，我们可能会把问题藏在心里。因为我们会担心如果猜错了，伴侣会指责我们胡乱猜疑；如果猜对了，我们甚至更害怕面对事实。但最终，渴望真相的欲望会战胜对真相的恐惧。我们开始探寻和审问。我们试探着，问一些GPS已经给出确凿答案的问题。我们也设置陷阱。“通过伪装我可以更好地发现每一个黑暗的秘密。”莫扎特的经典戏剧中诡计多端的费加罗如此唱道。我们表现得好像我们什么都知道了，其实我们只是害怕。安东告诉乔西，他有证据表明她一直在鬼混，她没必要再继续撒谎。“你可以告诉我，”他说，“我已经什么都知道了。”这是虚张声势，但乔西感觉自己被抓住了，她告诉安东的事比他预料得还要多。现在他满脑子都是那些场景。乔西后来告诉我，安东最初的怀疑毫无根据，但是随着他的窥探越来越多，她的沮丧和逃避也越来越多。最终，她憎恶自己在监视下的生活，她说：“他确信我一直在骗他，我干脆决定真这么做了。”

有时候，怀疑伴侣忠诚所带来的折磨会因为“煤气灯”*的残忍做法

* 原文Gaslighting，本意是煤气灯，来自英格丽·褒曼主演的电影《煤气灯下》，男方靠操纵煤气灯光来控制环境的变化，当女方发现时，男方坚称那只是女方的幻想。因为女方无法做出准确的解释，男方又显得非常自信，女方便开始怀疑自己。后来在心理学上用“煤气灯”来表示试图去改变他人对现实的认知的一种行为。——译注

变得更糟。几个月以来，鲁比一直在问JP是不是有什么事。他不停告诉她，她疯了，她多么嫉妒和多疑。要不是有一天他把手机忘在家里，她差点儿就相信了他。事后来看，他吵吵嚷嚷大声否认就足够说明问题了。现在她感到了双重背叛：他不仅让她生疑，还让她怀疑自己的智商。

当怀疑变成肯定时，可能会有片刻的宽慰，但随后会有一支新的利箭射来。揭发的那一刻，往往会留下难以磨灭的伤痕。你是怎么发现婚外情的？是有人确定无疑地告诉了你？或者是你亲眼看见？西蒙发现他的妻子和情人睡在他的床上，从那以后他再也没睡过那张床。

贾米埃对这一发现早有准备，但对它发生的方式却毫无准备。她察觉到了某些迹象，因为泰伦斯之前就曾这样做过：突然对梳洗打扮、新衬衫和干净的指甲很上心，工作上有大量紧急会议。“你可能会想下次他会好一点儿，但他总是在犯同样的错。”不过，他坚决否认。最终她得到了证据：一封来自那个女人丈夫的电子邮件。“他寄给我一段他们的短信，其中包括一些对我的非常恶毒的评论。我生双胞胎的时候如何拒绝了他。我长歪的牙齿。我的黑人口音。全是蔑视和嘲笑，简直让我恶心。”

贾米埃看到泰伦斯短信里的口气，简直气疯了，但是她也为这些主动送上门来、毫无删节的短信感到恼怒。她决定不让任何男人再继续摆布她。她找了泰伦斯对峙，然后给那个发邮件的男人写了回信——这个男人假装是为了她的利益而把信息发给她，实际上只是“报复”罢了。现在，我们的工作重点是帮助她重建自尊。

确定伴侣出轨令人痛苦，

但怀疑本身也是一种折磨。

秘密、流言蜚语以及糟糕的建议

人们不仅会发现伴侣的秘密，有时候还会不情愿地也变成欺骗者。害怕让朋友、父母、孩子、同事、邻居，有时甚至是媒体知情，遭受背叛的一方成了秘密的同谋。他们必须撒谎——为了保护对他们撒谎的人。

“我站在那儿，拿着两对一模一样的耳环。”琳恩回忆道，“我问他为什么两次给我买了同样的礼物，他的回答就像幽灵现形了一样。他和他的秘书交往六年了，这样成对的耳环还有很多。”

为了孩子们，琳恩和米奇决定继续待在一起。琳恩隐瞒了丈夫出轨这件事。“我不想让任何人知道，”她告诉我，“现在我是对我的父母、女儿说谎的人。和平时一样，我早上做华夫饼，然后和他吻别。真是个闹剧！我想保护孩子们，但是后来我觉得我是在保护他——太荒谬了！”过去瞒着她的秘密，现在成了她必须瞒着别人的秘密。似乎米奇通过婚外情的曝光被解放了，琳恩反而受到了束缚。有时她不得不提醒自己，她不是那个犯错的人。

对琳恩和米奇都有帮助的是，小心地选择一两个值得信赖的知己倾诉，让伤口不再恶化。他们可能不想让整个村庄家喻户晓，但解除沉默的耻辱意义重大。邀请一两个人分担他们的悲伤，就像让一些空气进入密封的空间一样。

秘密曝光后，当事人的痛苦往往会被社会的反对和同情所强化。迪塔恨那些女人看她时表现出来的虚假同情——背地里为没有发生在她们身上而幸灾乐祸。“她怎么可能不知道？”她们低声说，“她在全球各地工作，让他一个人和孩子们在一起，她还想指望什么？”周围的谴责声从温和的批评到对受害者的全面指责，不一而足——因为她竟然“允许”这种事发生，因为没有充分地阻止它，因为没有看到它什么时候发生，因为让它持续了这么长时间，当然，还因为在一切发生之后仍然继续待在一起。流言四起。

一段婚外情不仅可以毁掉婚姻，还能瓦解整个社交系统。它的情感轨迹往往与许多其他社会关系（朋友、家人和同事）交织在一起。九年之后，莫再也不跟最要好的三个哥们儿一起参加每年的划船旅行了。他刚刚得知，其中一个曾是他妻子的密友，另一个是约会地点提供者，第三个是沉默的见证人。他们全部背叛了他，他问道：“现在我该去跟谁倾诉呢？”

对这些人来说，具体的伤害是耻辱和孤立。一段婚外情的曝光会让毫无戒心的伴侣陷入困境：这时候他们最需要别人的安慰和肯定，也最束手无策。无法得到朋友的支持，会让他们倍感孤独。

社交上的孤立和保持沉默是艰难的，其他人的建议也是如此。朋友常常会给出草率的判断、过于简单的解决方案，以及不请自来的批判——“我从来都不喜欢他 / 她。”在一些极端情况下，朋友和家人会非常愤怒，反应过于强烈，就像他们本人是受害者，让夫妻中受骗的一方处于保护伤害他们的人的奇怪境地。“我妈妈张嘴就是‘我早就告诉过你’，然后列举一大堆萨拉的缺点，这当然是她从一开始就看到的。”亚瑟苦笑道，“我让她后退一步，提醒她萨拉是一个很棒的妈妈，工作上也很出色。然后我说：‘等等，我才是受伤的人！’”

似乎每个人都知道该怎么做。朋友们提供他们的沙发，帮忙收拾东西或更换锁具，带孩子去度周末。他们向治疗师、调解员、侦探、律师打电话。有时候这正是当事人需要的，但有些时候，这些行为尽管可能出于好意，却没有为这个困境的全面解决留出空间。

“为什么是现在？”

婚外情已经够伤人了，但有时候时机才是致命一击。像“我刚刚流产了”一样，“我们的孩子才两个月大”的情况也十分常见。莉齐在怀孕三个月时发现丹出轨了，但是她觉得自己什么也不能说，因为那会伤害肚子里的胎儿，干扰胎儿的发育。她只想让孩子不受负能量的污染。

汤姆告诉我：“我妈妈快要死了，我老婆正在外面和人鬼混。”德雷克不在乎时机，但这并不能减少他受到的伤害：“在结婚 10 周年纪念日发现婚外情其实无关紧要，但这种讽刺意味让我更加绝望。”

当谴责某个特定的时机时，重点就落在了“那个时候他 / 她怎么能这样对我？”上。“那个时候”几乎压倒了所发生的事。

“难道你从没有考虑过我吗？”

某些情况下，是故意的口是心非——完成一系列骗局需要的精心策划的程度——造成了这种伤害。审慎意味着不忠的伴侣权衡了自己的欲望和后果，决定无论如何都要继续下去。此外，时间、精力、金钱和心机的大量投入，都表明了追求私欲的有意识的动机，代价是牺牲伴侣或家庭的利益。

“给我详细讲讲。”夏洛特质问史蒂夫，她发现史蒂夫出入高端会所。“你是怎么去找妓女的？碰巧你身边有 5000 美元？还是你去自动提款机取了十次？你知道会花多少钱吗？你经常这样做吗？”这一行为中每一步谋划，都意味着对妻子的漠视。谈到史蒂夫在高端会所中的越轨行为时，夏洛特非常生气，但真正让她伤心的是，他能如此彻底地将她从他的头脑中抹去。

他在银行时没有想到她吗？在餐前小吃的时候呢？在换床单的时候呢？在他倒垃圾的时候呢？“这个发现本身就令人痛苦，”她告诉我，“但是，当清楚地知道他要花那么多精力去谋划这一切时，更令人痛心。难怪他为我们付出的时间和精力那么少。”

夏洛特了解风月场，自己也有机会一试，但她从来没有采取行动。“我知道你做了什么，因为那是我没有做的。”她告诉史蒂夫，“即使很容易去做，我也无法做到这一点，因为我不能不想到你。我知道那对你的伤害有多深。你怎么会不知道呢？还是你根本就不在乎？”

精心谋划的出轨令人痛心，相反的情况可能同样糟糕。在这种情况下，漫不经心的背叛只是出于偶然。“她告诉我那是一时冲动，没有任何意义。”瑞克苦笑道，“我说，‘我应该为此感觉好受点吗？你为了一些毫无意义的事情，伤害我这么深？’”

“对于他的真爱，我只是备胎？”

今天，多数人想当然地认为，虽然我们成不了自己所选择的伴侣的初恋，但我们希望是他的最后一位爱人。我们能够接受爱人有其他的恋爱关系，甚至其他的婚姻，但我们愿意把它们看成是短暂的、过去的。它们结束了，不存在于现实中。我们知道自己不是唯一，但我们相信我们是那个人。正因为如此，出轨故事中一个特别令人痛苦的转折是旧情复燃。

海伦和迈尔斯在一起 18 年了，结婚 14 年。在过去的两年里，迈尔斯与前妻莫拉有染——当年莫拉和另一个男人离开时几乎把他摧毁了。

“为什么是她？”海伦不停地问，“为什么是他的前任？她把他伤得那么深，你会认为他不想和她有任何关系了。”当我问迈尔斯时，他承认他从没有接受莫拉不再爱他的事实，他的一部分仍然相信命运之手在指引着他们的关系。“这么多年过去了，我竟然在太平洋翠园步道徒步旅行时遇到了她。怎么这么巧！”

海伦一直知道莫拉是迈尔斯的初恋——他在大学里娶了她，他们一起生活了 12 年。现在海伦发现自己在想：“他真的爱过我吗？尽管我们有孩子，我们建立了一切，我真的是他爱的人吗？还是他一直爱着她？也许我只是他的真爱的备胎。”被取代总是很残酷，但当前任回归，新人实际上又成了旧人。节外生枝的转折让我们感到，也许我们是在和命运竞争。

孩子与血液检测

当出轨碰上生老病死时，会露出它独特的锋刃。我们早已知道：一时风流，后患无穷。历史上，通奸带来的不可避免的后果是私生子。尽管有避孕措施，在很多案例中，仍然留下了非法私通的活证据，这给当事人带来了更多的耻辱和长久的提醒。男人抚养和他们没有血缘关系的孩子——“多数时候，我都不去想它，我只是她的爸爸。然而，每隔一段时间，我就会感到心痛，因为我知道这个我最爱的小女孩带着那个我鄙视的男人的 DNA。”女性在生活中知道伴侣在其他地方生了孩子。“起初他不想要孩子。当我们开始尝试的时候，即使是试管婴儿也已经晚了。接受无子女是痛苦的，但我想我们要一起努力。后来我发现，他不仅得到了一个年轻女子的安慰，还从她那里得到了我给不了的东西。

当他告诉那个女人他不会离开我时，那个女人为了发泄和报复，把胎儿的超声波照片发给了我。出轨的事我可以处理，但孩子的问题，我处理不了。”

婚外情可以创造新生命，也可能对生命构成威胁。如今，让出轨的伴侣进行性病测试已成为标准做法。但有时也为时已晚。一开始，提姆得知迈克有多个性伴侣气炸了。他明确告诉过迈克，他想要的是一对一的关系。而更令人不快的是，提姆正在焦急地等着他的血液检测结果。“我们发生性行为时一直采取安全措施。我难以理解的是他一点也不关心我的健康，以及他给我们两人带来的风险。一想到这些，我的胃就疼。我不知道他是否后悔做过的事，还是他只是很遗憾自己被抓住了。”

花心的代价

经济环境对我们如何经历和应对背叛起着重要作用。对有财务依赖的一方而言，它可能是“我不能离开”的真实原因。对赚钱养家的一方而言，“这些年我一直在努力工作养活你和这个家，而现在你要去和那个笨蛋生活，我还必须支付赡养费”的状况也无法忍受。就任何一方而言，关键不只是家庭和他们一起建立的生活，还有他们已经习惯的生活方式。德文第二次欺骗安妮时，她勒令他必须 24 小时内“从我的公寓滚出去”，后来她告诉我：“我付了所有账单，包括他的车款，所以他可以全心致力于他的音乐。我以前大方过了头，现在我受够了。”她的经济自由是一种缓冲，给了她其他人无法企及的选择。

达琳甚至不能参加互助小组，因为她负担不起孩子的保姆费。她没有说“我准备好了”，而是：“我被困住了。”尽管许多治疗师和教友都在敦促她，但她还没有准备好离婚。因此，我们努力为她找一个有支持她的牧师的新教堂，以及一个尊重她的选择并倾听她意见的在线社区。除非找到能为自己考虑的空间，否则她几乎没有选择。

伊迪丝 50 多岁时，发现丈夫有长达数十年的嫖妓习惯。这可怕的一切让她深受困扰，而让她真正痛断肝肠的是花费。“我不想让自己听起来像个唯利是图的人，”她告诉我，“但是 20 年的付费性交，相当于一笔抵押贷款！”当她坐在他们租来的一间小卧室里，盯着信用卡账单发呆时，那数万美元带来的伤害，远远超过了它们所偿付的性行为带来的伤害。

钱、孩子、性病、预谋、疏忽、耻辱、自我怀疑、流言蜚语和指责评判。特定的人、性别、时间、地点和社会背景。这个简要的爱情恐怖故事向我们展示了一切：尽管所有的背叛行为都有共同特征，但每一个背叛又都独一无二。如果我们把婚外情仅仅归结为性和谎言，我们就无法向任何人提供帮助。因为我们忽略了许多其他构成要素，这些要素导致了痛苦之间的细微差别，并为我们指出了治愈之路。

第6章

嫉妒是爱神的火花

问：保持长久恋情有什么秘诀吗？
答：不忠。不是行为本身，而是它的威胁。对普鲁斯特来说，注入嫉妒是唯一能够挽救一段被习以为常毁掉的恋情的方法。

——阿兰·德·波顿《拥抱似水年华》

欧里庇得斯、奥维德、莎士比亚、托尔斯泰、普鲁斯特、福楼拜、司汤达、D. H. 劳伦斯、奥斯丁、勃朗特、阿特伍德——无数文学巨擘都曾对不忠这一主题进行过深入研究。故事不断涌现，新作源源不断，这些作品的中心是最复杂的情感之一：嫉妒——"当你想到你的情敌时，占有欲、猜疑、愤怒和屈辱，纠结成令人作呕的一团，打败你的理智，威胁你的内心。"[32] 进化人类学家海伦·费希尔这样描述。事实上，如果文学经典（包括戏剧、歌剧、音乐和电影）摆脱了不忠和与之如影随形的嫉妒，那么它将几乎被摧毁。大师的笔下和舞台上遍布被这种极度痛苦和负面情绪所扭曲的人物。

然而，当在治疗师的办公室里谈及不忠时，突然间，嫉妒不见了，尤其是在美国。我的同事，巴西夫妻治疗师米歇尔·沙因克曼和丹尼斯·韦尔内克，强调了这一有趣的差别："关于不忠的资料，从揭露和发现的创伤、忏悔、关于第三方的决定、宽恕和补偿等方面论述了背叛和婚外情的影响——所有这些都与此时此地背叛的具体情况有关。然而，却并不涉及嫉妒。在被广泛阅读的关于不忠的书中，目录和索引中都找不到嫉妒一词。"[33]

沙因克曼和韦尔内克在解释嫉妒时，特别提到了文化差异。他们写道："作为世界公认的激情犯罪的动机，嫉妒在一些文化中被认为是一种需要遏制的破坏性力量，而在另一些文化中则被认为是伴侣和一夫一妻制的守门人，对于保护夫妻共同体至关重要。"

我在美国和世界各地的工作经验证实了沙因克曼和韦尔内克的观察。在拉丁美洲，"嫉妒"一词与生俱来。"在我们的文化中，嫉妒是本能之事。"布宜诺斯艾利斯的一位妇女告诉我，"我想知道，他还爱我吗？她拥有的什么是我所没有的？"

"撒谎呢？"我问。她轻蔑地一笑："自从西班牙人来了以后，我们就一直在撒谎！"

这种文化倾向于强调爱的失落和被爱神抛弃，而不是欺骗。因此，用意大利历史学家和哲学家朱利亚·西萨的话来说，嫉妒是一种"情欲的愤怒"。[34] 在罗马，29 岁的西罗愤愤地告诉我，他计划扎破他女朋友的车胎，这样就能缩短她和热恋情人的夜晚幽会。"至少现在我不必想象她在他怀里，我看见的是他们在雨中等待拖车。"

然而，在美国和其他盎格鲁－撒克逊文化（往往是新教徒）中，人们对这种爱的痼疾却保持着出奇的沉默。他们更愿意谈论的是背叛、违背信任和撒谎。为了保护受害者的道德优越感，嫉妒被否认了。我们很自豪摆脱了这种散发着依赖和软弱气息的琐碎情绪。“我嫉妒？从来没有！我只是生气！”在从芝加哥起飞的航班上，我遇见了斯图尔特，他承认，看到他的女朋友和一个男人在他眼皮底下调情，他气炸了。“但我永远不会让她知道我嫉妒，”他说，“我不想让她觉得她对我有那么大的权力。”斯图尔特没有意识到的是，激起我们嫉妒情绪的人总是比我们更明白我们在试图隐藏自己的嫉妒，他们有时甚至喜欢故意煽风点火。

嫉妒并不总是被否认。社会学家戈登·克兰顿研究了美国 45 年来流行杂志上有关这个话题的文章。直到 20 世纪 70 年代，人们还普遍认为它是和爱与生俱来的一种自然情感。毫不奇怪，对这个话题的建议完全是针对女性的，她们被鼓励要控制它以避免在丈夫身上挑起愤怒。70 年代以后，嫉妒逐渐失去了关注，被越来越多视为旧婚姻模式的残余。在旧婚姻模式中，所有权是核心（对男性而言），依赖是不可避免的（对女性而言）。而在自由选择和平等主义的新时代，嫉妒失去了它的合法性，成了一件令人羞耻的事情。“如果我自由地选择了你，放弃了所有其他人，而你也自由地选择了我，我就不需要有占有欲。”[35]

正如西萨在她关于嫉妒的新书中指出的：“嫉妒有一个内在的悖论——我们需要爱了才能嫉妒，但是如果我们爱了，我们就不应该嫉妒。人人都说嫉妒的坏话，所以我们把它看成是一种‘不可接受的激情’。”[36] 我们不仅被禁止承认嫉妒，我们也不被允许感到嫉妒。西萨警告我们，如今，嫉妒是政治不正确的。

尽管我们围绕嫉妒的社会再平衡是超越父权这一重要转变的一部分，但也许它已经走得太远了。我们的文化理想对人类的不安全感有时太不耐烦了，它可能没有考虑到爱的内在脆弱性，以及我们内心需要自我保护的脆弱性。当我们把所有希望寄托在一个人身上时，我们的依赖感就会上升。无论是否承认，每一对伴侣都活在第三者的阴影之下，从某种意义上说，是潜在的其他人的存在巩固了他们的关系。亚当・菲利普斯在他的《一夫一妻制》一书中写道："两个人只是相伴，三个人才成眷属。"[37] 了解了这一点，我对现代恋人试图压制嫉妒这种情感更加同情。

嫉妒充满了矛盾。正如罗兰・巴特（Roland Barthes）精准的笔触所捕捉到的，嫉妒的人"忍受着四重痛苦——因为我嫉妒，因为我责怪自己嫉妒，因为我担心我的嫉妒伤害他人，因为我自甘平庸，所以，我因受人冷落而痛苦，因别人盛气凌人而痛苦，因自己疯狂而痛苦，因自己平庸而痛苦。"[38]

此外，尽管我们不愿意承认自己嫉妒，却会担心我们的伴侣是不是毫无嫉妒心。一句古老的拉丁谚语说："不嫉妒的人没有在恋爱。"当谈到别人时，我们倾向于同意这个观点，但对自己却不会使用同样的逻辑。

电影《虎豹小霸王》中有一个场景。一天，布奇带着好友圣丹斯的女朋友埃塔去骑自行车。他把她送回住处后，两人拥抱在一起。圣丹斯出现在门廊，问道："你们在做什么？""偷你的女人。"布奇回答。"带她走吧。"圣丹斯面无表情地说道。看到这一幕时，我还是个年轻女孩，当大家似乎都很欣赏这种兄弟般的信任时，我发现自己想的是：如果圣丹斯能多表现出一点儿抗议，埃塔会不会感到自己更被爱呢？

占有欲的困境

波莉横跨大洋与我取得了联系。30 年来，她对丈夫奈吉尔的品行深信不疑，然而她却震惊地发现，连他也会屈服于一种中年补品——与一位年轻女人克拉丽莎保持着暧昧关系。“我愿意把我的生命押在他的忠诚上！”她告诉我。但是，这位有着四个孩子的骄傲的父亲并不认为自己有外遇——他觉得自己恋爱了，他认真地考虑要离开波莉，去寻求新的生活。令他懊恼的是，他那黑眼睛的情妇认为他带的行李太多了，她宁愿轻装上路。奈吉尔很沮丧，但也松了一口气。他决定回家，结束他所谓的“暂时的疯狂”。

在我和这对将近 50 岁的英国夫妇的第一次谈话中，我对另一个女人的了解比我对他们的了解还要多。波莉不停地谈起克拉丽莎。

“我真希望能把那个女人从我脑海赶走。”她告诉我，“但我不断回想起他给她的电子邮件中描述的场景。我想让他告诉她，那只是一种愚蠢的身体迷恋。我想象她对他们分享的东西洋洋得意，相信那比我们的夫妻关系更有意义。我认为他应该明确地告诉她，他爱的是我而不是她。也许这能把我从创伤中解脱出来。”我倾听着她的苦水，在她的要求中，明显地听到了嫉妒之声。

当我指出这一点时，波莉感到自己暴露了。她没有否认这一点，但显然她的内心有波动。嫉妒的人知道自己的痛苦可能招致更多的批评而非同情。因此，普鲁斯特所谓的“无法驱除的恶魔”，[39] 只是在寻找一种社会可以接受的词汇。“创伤”“胡思乱想”“闪回”“执念”“警惕”和“依恋伤害”是爱情背叛的现代词汇。这种创伤后应激障碍的框架，把我们罗曼蒂克的痛苦合理化了，但也剥夺了它浪漫的本质。

我让波莉看到：她的嫉妒是一种自然的反应，并不可耻。承认嫉妒就是承认爱、竞争和比较——所有这些都暴露了人的脆弱性。当你把自己暴露给那个伤害你的人时，更是如此。

嫉妒心在我们最无助的时候嘲笑我们，让我们直面自己的不安全感、对失去的恐惧和自我价值感的匮乏。这不是妄想或病态的嫉妒（有时被称为黑眼怪物），其中毫无根据的怀疑更多地源自童年创伤而不是当前的任何原因。嫉妒是爱的本质，也是不忠的本质。这个简单的词包含了许多强烈的情感和反应，从悲痛、自我怀疑、羞辱，到占有欲和竞争、唤起和兴奋、斗气和复仇，甚至暴力行为。

我请波莉多告诉我一些她的感受。“有时候我觉得自己就像是个安慰奖。”她承认。作为她那个时代的女人，她想要更多。“我想让那个女人知道，他回来是因为他爱的是我，而不是出于内疚或责任，也不是因为她甩了他。”

在这里，我们陷入了占有欲的窘境。拥有和控制的欲望既是爱情饥渴的一部分，也是对爱情的扭曲。一方面，我们想迫使我们的伴侣回到自己身边，另一方面又希望他们回来不是出于义务。我们想要被选择。我们知道，如果爱被剥夺了自由和心甘情愿的臣服，就不再是爱。然而，为这种自由腾出空间，又是令人不安的。

如果我是几年前见到波莉和奈吉尔，我可能还无法领悟嫉妒之爱的神圣意味，会把注意力放在创伤和背叛上。我十分感谢沙因克曼的工作，她为这种流亡的情感提供了一个新线索，提醒我：毕竟，出轨不仅仅是一种违约，而是伤到了人的心。

创伤，还是冲突？

鉴于当今的文化思潮，承认爱情在不忠叙事中的核心地位是很重要的，而嫉妒则是进入这场谈话的一扇门。当然，嫉妒有时会走得太远——它会消耗和侵蚀我们，在极端情况下还会导致冲突甚至攻击。但在某些情况下，它可能是一段毁掉的关系中爱神最后一颗炽热的火星。因此，它也是重燃爱火的一种方式。

艾亚拉·马拉可·派因斯在《浪漫的嫉妒：原因、症状和治疗》一书中写道："嫉妒是爱的影子。"[40]因为它向我们证实，我们重视自己的伴侣以及我们的关系。通过引入这一观点，我提醒像波莉和奈吉尔这样的夫妇，婚外情不仅是一种违约，更是一种挫败的爱的体验。

西萨把嫉妒描述为"一种诚实的感觉"，[41]因为它无法掩饰自己。她写道："它勇敢地承受着自己的痛苦，能够认识到自己的脆弱性，这是它谦卑的尊严。"有趣的是，当我们追溯这个词的起源时，它把我们带回到古希腊语"泽洛斯"（zelos），意思是热情。我喜欢这个概念，因为它让人们去争取，而不是作为受害者处在支配之下。

许多伴侣对这样的重构表示欢迎——把自己看作是一场绝望爱情的主角，而非一次失败婚姻中的受害者。在追求个人幸福的阶段，"你是我的丈夫，你欠我忠诚"这句强调违背盟约的话语已不再适用；"我爱你，我需要你回来"的脚本尽管有风险，却也承载着情感和爱欲的能量，增添了受害者的尊严。

“见鬼，他的出轨让我性致盎然？”

“有时候，我们做爱时，我想象自己就是她——一个 35 岁的性感女人，一个大胸、带口音的西班牙酒保。”波莉克服了最初的犹豫，畅所欲言地谈起了她充满嫉妒的想象。“我们赤身裸体，在酒店打烊后的柜台后面，在公园的灌木丛里，在月光照耀的大海中。真令人兴奋。我一直想让他和我一起做这些事——希望他如此想要我而不得不冒被抓住的风险。现在我觉得他们偷走了我的幻想。他的出轨让我感到沮丧、羞辱，但我总忍不住会想到她。”

她告诉我，她希望奈吉尔像和情人做爱时那样和她做爱。“我想知道她的感受。”她说。真是这样吗？我告诉波莉：“我觉得你想知道他和你在一起时的感觉，是否和他和她在一起时的感觉一样。”

我问波莉自从婚外情暴露以来，他们的性生活如何。波莉有些尴尬地告诉我：“我们的性生活从没有像现在这样充满情欲、疯狂、热情和迫切。”

我见到的许多夫妻都羞于承认，在发现一段婚外情后，有时会产生更强烈的性冲动。“我怎么能对辜负我信任的人产生欲望呢？我对你太生气了，但是我希望你抱紧我。”与刚刚抛弃我们的人建立身体联系的需求出人意料地普遍。

爱欲不遵从我们的理性。在《情欲之心》中，性学家杰克·莫林指出了“性爱的四大基石”。[42] 渴望——对不拥有的东西的渴望——排第一位。我们因此就能理解，出轨引发的对失去的恐惧为什么会重燃休眠多年的火焰。而且，对于像波莉这样的人，痴迷地想象情人们交织在一起的身体，本身就是一剂意想不到的春药。众所周知，嫉妒能创造奇

嫉妒是爱的本质，也是不忠的本质。
这个简单的词包含了许多强烈的情感和反应，
从悲痛、自我怀疑、羞辱，
到占有欲和竞争、唤起和兴奋、斗气和复仇，
甚至暴力行为。

迹。奈吉尔在他们长期关系的中途制造的这个绯闻，对性起到了刺激的作用。他承认那不仅仅是一桩风流韵事，也激起了波莉的兴奋。嫉妒实际上是一种情欲的愤怒，她的适者生存的战斗准备不仅是创伤的症状，也是对爱的宣言。在波莉的案例中，我认为这可能是他们婚姻复活的关键。

“味道跟你的很像，但更甜”

当然，不忠并不总能激活情欲——通常情况下，恰恰相反。嫉妒会贪得无厌地刨根问底。我们对每一个性细节挖掘得越多，就越能证实那些不利的比较。在迈克·尼科尔斯 2004 年的电影《偷心》中，拉里在得知妻子安娜和丹有染后对她进行了种种盘问。“你是在这儿做的吗？”他问道，“什么时候？多少次？怎么做的？”

当她穿上外套时，他跟着她在公寓里转来转去，随着她的回答使他更加愤怒，他的质问越来越多也越来越露骨。最后，她在门阶上转身面对着他，说：“做爱的人做的事，我们都做了！”

他仍不满意。“你喜欢舔他吗？你喜欢他射你的脸吗？尝起来味道怎么样？”

她火冒三丈，冲着他吼道：“味道跟你的很像，但更甜！”

他的愤怒变成了尖刻的讽刺，他沮丧起来。“滚开，去死吧。”正如弗朗索瓦·德·罗什福考尔德所说：“嫉妒助长怀疑，一旦怀疑变成了确定性，它就会变得疯狂或不复存在。”[43]

不只有男人想知道身体的细节。我听过嫉妒心强的女人会像男人一样，把自己和竞争对手进行比较。她穿 D 罩杯，我的乳房平平；她高潮迭起，我勉勉强强；她潮喷，我需要润滑剂；她大方地口交，我讨厌那种气味。我们都听过女歌手艾拉妮丝·莫莉塞特（Alanis Morissette）唱出那句令人难忘的台词："她像我一样放荡吗？她会在剧院为你献殷勤吗？"

羡慕和嫉妒交织在一起

人们经常问，羡慕和嫉妒有什么区别？一个有用的定义是，羡慕跟你想要但没有的东西有关，嫉妒跟你拥有但害怕失去的东西有关。因此，羡慕是两个人之间的探戈，而嫉妒之舞需要三个人。羡慕和嫉妒是近亲，经常交织在一起。

我的朋友摩根，一位成熟、聪敏的五十多岁的记者，发现很难将她对丈夫伊桑的情人克莱奥的嫉妒，与对他们所分享的东西的羡慕区分开。起初，伊桑只是承认他有了外遇，接着摩根发现了他的秘密电子档案。"我是怎么应对的呢？我退缩到了另一种痴迷的现实中。"她回忆道。如果她不能拥有伊桑，至少可以从网上窥探他的恋情。在"受虐式的狂欢"中，她仔细研究了他情妇网上的照片和她的网页。

"克莱奥是凡间的女神。她身材紧致，眼中闪烁着爱的光芒；那会心的微笑，如此自然、年轻、迷人。这个完美的尤物还是一位独立电影制作人、一位瑜伽修行者、一位进步事业拥护者、一个冒险家、一个戴脚趾环的人、一个最有趣的精灵。从她内心深处洋溢出来的快乐，感染着周围每个人。"每一重理想化的外表下都隐藏着一层自我克制。"如果这一切的教训是，作为一个女人，我还不够好，至少我可以通过间接地感受这位超级女性而生活下去。我偷听过多少次他们的越洋电话？为了他想象中的形象，我已经死过上千次。”

我问摩根，为什么她更关注克莱奥而不是伊桑的背叛时，她回答：“与其说他越界了，不如说我被他更好的新情人超越了。每张带文字的照片都在我发热的头脑中烙下一种印象，证明他找到了生命中伟大的爱情，而我们只是做爱。这就是为什么像‘背叛’‘出轨’这样的字眼对我来说毫无意义：他们身上承受着我这个受害者的谴责，但也摆脱了我感受到的自我模糊、缺少魅力的感觉。”摩根自己造成的痛苦的暴力，源于羡慕和嫉妒的炼金术。在她的注视下，隐藏着自我怀疑和羞愧。在进一步的自虐中，她想象伊桑和克莱奥谈到她时把她说成是“一个黑暗的女妖，谢天谢地，他逃脱了魔爪”。

当我们想象伴侣和情人谈论我们时——暴露我们的私人世界、我们的秘密、我们的弱点——我们是多么的赤裸裸。我们会执迷于这样的问题：“他说了我什么？”“她是不是把自己说成是不幸婚姻的受害者？”“他有没有为了让自己看起来不错而诽谤我？”我们无法控制伴侣，更不用说他们会选择如何讲我们的故事。

摩根告诉我，回顾整整一年的悲痛，她就像个寡妇一样。“画面和感觉像一堆乱七八糟的梦一遍遍播放着。起初，它们每时每刻都占据着我的思想。随着时间推移，每隔三十秒钟。后来我可以熬过整整一分钟，然后是隔几个小时、隔几天。你知道无法自由思想是什么感觉吗？”

摩根对失去自我的生动描述，让人想起法国作家安妮·埃尔诺的话。她的小说《占领》描述了一种被另一个女人完全吞噬的状态。她把嫉妒比作被占领的领土：你的整个生命被另一个你可能从未见过的人侵犯了。“在这个词的两种意义上，我都被占领了……一方面是痛苦；另一方面是我的思想，无法专注于任何事情，也无法分析这种痛苦。”[44]

摩根在朋友、书籍和电影的帮助下找到了安慰。她感觉自己像是“上瘾了”，想知道别人是怎么摆脱这种控制的。她需要知道的是，她并没有疯。她也确实没有。人类学家海伦·费希尔对恋爱中的大脑进行了功能性核磁共振研究，她告诉我们，浪漫的爱情就像可卡因或尼古丁一样能成瘾，它们照亮的是大脑的同一片区域。一个人被爱人拒绝时，成瘾依然存在——当他们看见伴侣的照片时，大脑的那些相同区域会继续亮起来。她总结道，让一个人摆脱对失去的爱的强迫性思考，就像摆脱毒品依赖一样。恋人们一直都知道这一点，早在我们拥有核磁共振成像仪之前，这个比喻就已经抓住了我们的想象力。[45]

除了这些被激活的生物电路，摩根还陷入了幼年失怙的心理状态。她重温了早年所遭受的多次遗弃，其中一些甚至发生在她还不记事的时候，但正如精神病学家贝塞尔·范德·科尔克（Bessel van der Kolk）所说的，她的身体却清晰地“记得”。受伤的爱重重叠加，就像跨越时间的一种弹跳效应，当下的一个缺口触发了过去所有伤口的共鸣。

摩根回忆道，随着时间的推移，“神经元开始冷却了”，她“不再疯狂”。两年后，伊桑的邮件突然出现在她的收件箱里，寻求第二次机会。生存本能让她说了“不”。“我投入了太多精力从废墟中自我重建。但我还有一个问题没有答案：怎样才能再次信任别人？”

对爱的挽回

对摩根来说，与情敌的竞争把她带到了自我毁灭的边缘，她需要打破另一个女人的控制来恢复自信。而对波莉来说，竞争正在被激发。另一个女人对奈吉尔的觊觎，把她从婚姻的麻木中拉了出来。奈吉尔再次被定位为性欲的对象，而她自己则成了一个追求中的女人。没有什么比第三者的凝视更能挑战我们对彼此的固有认知。

摊牌一年后，我有机会回访波莉和奈吉尔。他们告诉我他们过得很好。奈吉尔表达了真诚的悔意，并全心全意地致力于重建他们的关系。只有一个痛点还在：波莉依然不停地想着“那个女人”。

她告诉我，她一直去当地一位治疗师那里治疗她的创伤后遗症。她在用正念、呼吸疗法以及与奈吉尔长时间对视来对抗她的侵入性想法，恢复他们之间的沟通和信任。“我希望当我感到更安全的时候，就不再有这些念头了。”

“当然，如果这块特殊的石板被擦干净，你会感到极大的宽慰。”我对她说。但想起之前我和波莉的对话，我提出了另一种看待问题的视角。“为什么要清除这些想法呢？它们看上去再自然不过，并且似乎也给你带来了许多好处！”如今她看起来不像是受害者，而像一个受到爱和嫉妒滋润的女人。“请允许我说‘那个女人’已经成了你的灵感来源。现在的你容光焕发，更活泼、投入、精力充沛，在性方面也更具有冒险精神——一切都对你们的关系大有益处。”

奈吉尔惊恐地看着我，不确定波莉会怎么想。但她笑了。我经常发现，在这种情况下，情侣们终于可以从无助的创伤叙事中解脱出来，重新回到破镜重圆的老故事中。

波莉的会心微笑给了我鼓励，我向她回之以微笑。我突然想到：这件事虽然有违常规，但也许能给波莉带来解脱。“让我们更进一步，”我告诉他们，“也许，你们不应该驱逐克拉丽莎，而是应该记住她。想象一下，为这个女人建一座祭坛，向她为你们所做的一切表达感激之情。

每天早晨在离家之前，可以花点儿时间鞠躬致谢，感谢你最不可思议的恩人。”

我不知道这个颇具颠覆性的建议是否能让波莉摆脱困境。但我知道我在做什么：把她的权力交还给她。举行仪式给旧的痛苦赋予了新的意义。这里的转折是让侵害者变成了“救星”。几个月后，我对波莉进行了一次简短的回访，证实了这一恶作剧的成功。显然，这种方法并不适合所有人，但它比我想象的要奏效得多。

我们能不能（或应不应该）进化到超越嫉妒?

所有关于嫉妒的谈话都绕不开先天与后天的争论。嫉妒是与生俱来、深入到我们进化过程中的吗？还是一种后天习得的反应，一种源于过时的一夫一妻制观念的社会化建构？这一争论是当代关于这一主题论述的前沿。

进化心理学家认识到嫉妒在所有社会中的普遍性。他们认为，它一定是一种先天的感觉，受基因的控制，用研究者大卫·巴斯的话来说：“是一种精心设计的适应机制，符合我们祖先的利益，并可能继续为我们今天的利益服务。”[46]

发展心理学家告诉我们，嫉妒出现在婴儿生命的早期，大约 18 个月大时，但又晚于欢乐、悲伤、愤怒和恐惧。为什么出现得这么晚？就像羞耻和内疚一样，嫉妒这种感觉需要一定程度的认知发展，要能够认识自己和他人。

嫉妒之争中的另一个重点是性别。在传统中，男性要承担父亲身份不确定的风险，而女性则要承担失去照顾孩子所需的承诺和资源的风险。因此，一种流行的理论认为，女性的嫉妒主要是情感方面的，而男性的嫉妒则是性方面的。有趣的是，研究表明，同性恋者的情况刚好相反：女同性恋比男同性恋更容易表现出性嫉妒，男同性恋则比女同性恋有更多的情感嫉妒。这种反转突显了一点：我们在最不安全的地方最容易感到受威胁。

在过去几年里，我遇到很多决心要打破嫉妒的传统观念和态度的人，特别是那些实行非一夫一妻制的人。一些人把波莉的经验提升到了新高度，故意用嫉妒来增强性欲。另一些人则努力去超越它。许多自认是多角恋的人声称，他们已经形成了一种新的情感反应，叫作“虐喜”（compersion）——目睹自己的伴侣与其他人发生性关系而获取愉悦感。在他们对多角恋爱的承诺中，他们积极地克服嫉妒，把它看作是他们所努力的占有关系范式的重要组成部分。

“有时候，当我看到她和其他女朋友在一起时，我确实感到嫉妒，”安娜告诉我，“但是我提醒自己，这些都是我的感受，取决于我怎么应对它们。我不怪她激发了我的嫉妒，我也不允许自己表现出嫉妒从而限制了她的自由。我知道她很小心，不会故意在我身上引发这些反应，我也是这样为她做的，但我们并不对彼此的感受负责任。”这不是我从传统夫妻那里通常了解到的态度——他们更倾向于希望对方避免不必要的骚动。这也意味着，我遇到的很多非一夫一妻制的伴侣也在激烈的嫉妒中挣扎。

我们是否能够——或者应该——超越这种人类共有的特质，还有待观察。当然，植根于宗法观念的嫉妒可能需要重新审视。夫妻之间寻求对彼此每个想法都拥有所有权的关系，往往可以通过放松控制来加强。在我们把嫉妒心丢给历史之前，让我们也听听爱神的耳语。在这个世界上，如此多的长期关系忍受着单调和习惯——而不是嫉妒这种令人不安的情感——的折磨。如果我们愿意承受随之而来的脆弱，那么这种“爱欲的愤怒”也许自有其目的。

第7章

自责或报复的双刃剑

不把心里的愤怒说出来，我的心会碎的。

——莎士比亚《驯悍记》

爱情的背叛是把双刃剑。我们可以用它来划伤自己，找出我们的缺点，强化自我厌恶；也可以用它来报复，让那个“杀手”遭受他们对我们造成的同样的折磨。有些人把剑锋朝内，有些人则将剑尖指向现实或幻想中的肇事者。我们在沮丧和愤慨、绝望和怒吼、崩溃和反击之间不停摇摆。

“今天我觉得我们能挺过去，但第二天我就对她恨之入骨，我不认为我还能再看见她。”盖亚告诉我，“我对自己太宽容和善解人意感到愤怒，我觉得自己是个傻瓜。我想把钥匙拿回来，告诉女儿她都做了什么。我讨厌她在我脑海中造成的大起大落。我恨她动摇了我的世界，全都是因为她需要‘自我感觉更好’，她的自私毁了我！”

对巴迪而言，自卑和对不忠妻子的怨恨在绝望中达到了顶点。“我发现自己躺在床上，哭得吓人，把枪插进嘴里，手指扣在扳机上。这是我人生的至暗时刻。”他告诉我。然而，他的下一句话暴露了双刃剑的另一面。“当我的妻子发短信问我是否没事时，我回答说：‘当然，如果你认为嘴里含着一把枪算是没事的话。’”在自杀边缘，巴迪没有看到的是，他把自我毁灭和责怪混在了一起——“看看你都让我做了什么！”

我们的反应往往不可预测，甚至对自己来说也是如此。明是一个温和的女人，一个从不大声说话的完美管家。她完善了自责的艺术。她不记得一生之中什么时候事情出了错不是因为她。她回忆说：“我的童年可以用五个字概括：‘那是我的错。’”但是，当她发现丈夫在网上偷情时，她的怒吼让自己都感到震惊。多年来她从未如此爆发过。“每次他想为自己辩解，我都叫他闭嘴，就像另一个我跳出来保护我一样。很长时间以来，他表现得像个混蛋，我却把一切怪在自己身上，我的回应总是更加努力。他竟然把他的出轨归咎于我，他说他所有的朋友都为他感到难过，因为他每周只有两次性生活。我把他拆穿了！”

自责的残酷逻辑

“淋浴头在哗哗作响，为了让她知道我到家了，我进了浴室。她在那里，赤身裸体，和我最好的朋友一起。”回想到这里，迪伦浑身发抖，“令我惊讶的是，她告诉我什么都没有发生，他们只是刚跑完步正在淋浴。我竟然相信了。一个人还能有多蠢？”

迪伦和纳奥米的关系从这次事件中缓了过来，一切似乎恢复了正常。然后有一天，迪伦遛狗的时候，“我有了一种直觉，她和他有染”。他找到她的日记，一切都揭开了。“她一直在说谎，我一直在狙击。我们接受了糟糕的治疗和朋友们糟糕的建议。最糟糕的是，我总觉得她不像我爱她那样爱我，但她一直告诉我，我只是缺乏安全感而已。现在我知道了，我不是没有安全感，我是对的——或者至少我没有安全感是对的。”

在被背叛之后，我们常常感到深深的不值得，我们害怕的终于得到证实。那个熟悉的声音会从混乱中跳出来提醒我们，这可能是我们自己的错。我们自身的一部分怀疑我们是罪有应得。

在多数情况下，一个人选择出轨，两个人都要对相关情境负责。如果时机合适，在治疗过程中，伴侣双方需要进行双向检查。在这个过程中，必须做一个区分：为可能促成这一事件发生的条件承担责任，与为这一事件责怪自己截然不同。在震惊之下，人很容易混淆二者。过分的自我谴责会迅速把你不喜欢的自己的一切都当成伴侣不忠的原因。

迪伦很容易夸大这种消极影响。他的自怜很快演变成了自我谴责：“我觉得是我把她赶进了他的怀抱，她抱怨我吸干了她的生活。她说她想要一个有好胜心的男人，而不是缺乏自信的敏感男孩。”

迪伦意识到，近一年来他身边的大多数人都知道发生了什么，而他是“最后一个知道的人”，他受到了羞辱性的一击，他感到缺乏自信和自卑——这就好像在说，“没有人重视或尊重你，所以没有人告诉你”。他不仅被女朋友和最好的朋友背叛了，在朋友们眼中他也失去了地位。他想象他们在背后说着他的闲话，往好里说是可怜他，往坏里说是嘲笑他。

“你让我痛苦，你也要付出代价！”

迪伦把愤怒堆积在自己身上。我一直在等待他对纳奥米的愤怒出现。他知道义愤填膺的力量，但用了足足一年才表达出来。不过，对于其他很多人来说，情况恰恰相反：首先是愤怒，然后才是悲痛和自我反省。愤怒激起了报复的强烈愿望——这是被伤害者古老的惯例。

复仇之心充满邪恶的想象力。“我找到了他的法庭记录，并寄给了她的父母。我认为他们应该知道他们的宝贝女儿在跟谁上床。”“有一天，我把他最喜欢的衣服和床单一起煮了。”“我告诉育儿小组的女人们她对我做了什么。我不想让我的孩子去有这种母亲的家里。”“周末他和那个荡妇出去鬼混的时候，我在院子里摆摊卖掉了他所有的东西。”“我把我们的性爱录像带传到了网上。”被抛弃的爱寻求报复。“你不会逍遥法外的，我要让你付出代价。”

复仇意味着企图“得到平衡”，通常带有报复心理和预期的满足感。复仇的英雄们贯穿希腊神话、旧约和无数伟大的爱情故事。当代文化可能声称没有那么粗野，但我们有自己的报复形式，尤其是报复出轨行为时。我们乐于看到一个混蛋得到报应。当嘉丽·安德伍德描述她如何用一根棒球棍敲碎了她男朋友的车头灯，因为他正在酒吧里和一个“漂亮的金发女郎”跳舞时，我们也会拍手称快。即使是最致命的形式，所谓的激情犯罪也常常会比冷血谋杀得到更宽大的对待，尤其在拉丁文化中。

报　复

随着婚外情的曝光，婚姻的记分板突然亮了起来：给予和索取，让步和要求，关于金钱、性、时间、亲戚、孩子、家务分配。所有那些我们从不会真正想做却以爱之名做过的事，它们的意义现在都被剥夺了。“当然，我会搬到新加坡，这样你就能得到你梦寐以求的工作。我确信我可以交到新朋友。”“我会让儿子受割礼，因为你的宗教认为这是正确的。”“我愿意为你暂停我的事业，回归家庭。”“我会让你的母亲与我们同住，尽管那意味着我得照顾她。”“如果对你来说意义重大，就让我们再生一个孩子。”当出轨行为夺走了我们为之奋斗的未来时，也让我们过去的付出失去了价值。

当一段关系中一切顺利时，会有一种富足和爱的精神，这种精神孕育着慷慨。只要对“我们”这个基本组合有信心，“我是为我们做的”就是有道理的。但背叛使这些优雅的妥协变成了一场闹剧。昨天还行之有效的忍让，今天转眼变成了我们不再做出的牺牲；健康的边界成为不可逾越的壁垒，昨天和谐的权力分配成了今天全面的拉锯战。堆积如山的遗憾和愤恨轰然倒塌，被背叛的一方要求得到赔偿。

当肖恩发现珍妮一直和一名博士生睡觉时，他觉得多年来对珍妮无条件的支持换来的是一记耳光。“我设法克制自己不把那个家伙打得屁滚尿流，只是差一点儿。”但是，他打电话给珍妮的父母（不那么危险，但更有破坏性），因为他觉得他们需要知道自己的女儿干了什么。“我努力工作，让她得到她想要的——辞掉全职工作，去攻读那个又贵又没用的中世纪历史博士学位，这就是我得到的吗？那狗娘养的了解她吗？他鼓励她？ 10 万美元的学费还不够鼓舞人心？”肖恩觉得被抢劫了，现在他想像她洗劫他的生活一样洗劫她。他们分手了，但仇恨让他紧盯着她，甚至比他们在一起时还多。

报复往往显得难以启齿，而我关心的是它隐藏的伤害的深度。我们无法再收回付出的感情，于是我们抓住了婚戒。如果这还不够，我们总还可以改变遗嘱。所有这些都是绝望的企图，要收回权力，要索取补偿，要毁灭以毁灭我们来自保的人。我们从废墟中取出的每一美元、每一件礼物、每一本珍贵的书，都意味着里面有相应的碎片。但最终，这将是一场零和游戏。想要算账的冲动与吞噬我们的羞耻感的强烈程度是一致的。而最羞耻的，是我们曾一直愚蠢地相信对方。

试图跟肖恩讲道理是没用的。理智上他知道报复徒劳，但在情感上，他怒不可遏。在这个阶段，我的关注点有两个层面。首先，遏制。我请他把“想对她做的最坏的事情”列个单子给我，我妥善保存起来。第二，挑战修正主义。他现在讲述的这段经过剪辑的感情故事，很大程度忽略了他和珍妮做决定时的背景，那就是她也曾经支持他完成学业，以及共同承担无数其他的责任。当我们解构这种片面的观点时，其实揭示的是这种愤怒背后的痛苦。

对背叛者的背叛

复仇的心并不总是愿意听从理性，有时，只有造成同等痛苦才能获得满足。在古老的以牙还牙的复仇传统中，报复性出轨是最常见的惩罚策略。两位女性让我了解到很多与此相关的暗黑艺术。

杰丝爱上了比她大 20 岁的巴特，巴特为她离开了妻子。巴特已成年的子女们对这个“拜金女”篡夺了母亲的位置感到愤怒，他们巧妙地向杰丝透露了一些消息：有更年轻的女人在巴特所谓的商务旅行中陪伴着他。“他怎么能这样对我？”她问。但在和几位前任的关系中，杰丝也并非圣人。实际上，她一直依靠三角恋来维护脆弱的二人关系。但她认为这一次对巴特却是不同的，这次她是“全身心投入”。

现在她沉浸在被拒绝中：“他不仅骗了我，还是在蜜月期！如果几年后感到无聊我可以理解，但一开始就这样，我们成了发情的兔子了吗？”

杰丝想要夺回她的权力。为了让巴特感受到她的感受，她决定“以牙还牙”。她的前男友罗布很高兴看到她出现在自家门口。“那有什么用？”我问她。“我需要一个朋友。”她辩解说。但我很清楚的是，杰丝不只是在寻求同情，她还在寻找筹码。“你告诉我诚实对你很重要，”我说，“那么，我们能承认罗布就是一个备胎吗？”

值得称赞的是，杰丝很快承认了这一点：“我不认为我正在做的就对，我知道这对我不好。但这是对付巴特的一个办法，他对我那么做了，他活该。”事实上，巴特的出轨让杰丝感到自己的报复性出轨行为完全合理。

我们经常听说复仇是甜蜜的，但研究和实际生活证明并非如此。行为科学家观察到，报复非但不能消除敌意、伸张正义或让事情终结，反而会让糟糕的感受继续存在。自以为是的喜悦只是一种肤浅的快乐，会使我们陷入对过去的迷恋。事实上，当我们不去惩罚谁，我们会更快地转向其他事情，继续前进。

杰丝和我讨论了她想要回到前男友身边的意义。我建议她不要把前男友当成阴谋诡计的工具。她希望和巴特在一起，而罗布仍希望和她复合。会找到更好的办法治愈她的心灵，同时也不去伤罗布的心。

莱拉尼比杰丝年轻十几岁，她的策略却如出一辙。她自称是个问题女孩，来自加利福尼亚奥克兰贫困社区。她总是用自己的身体去得到想要的东西，从“13 岁时和一个替我写作业的有车的男朋友”开始。

莱拉尼很早就学会了用男人们的那一套来打败他们。“我料到他们会甩了我，所以我先把他们甩了。”29 岁时，她决定是时候寻找别的东西了。她在约会网站上遇见了卡梅伦，立刻觉得他和她之前认识的家伙都不一样。“他值得信赖，负责任，长得很帅。”

两年来，一切看起来很完美。和杰丝一样，她放弃了以前恋爱的方式，让自己去信任。“这是我第一次不再寻找出口。然后有一天，在我毫无戒备的幸福中，我收到了一个陌生女人的消息：‘我不认识你，但是你应该知道你男朋友一直和我在约会。他从来没有提过你，我在网上找到了你的照片。我想让你知道，我再也不跟他来往了。对不起。’”

莱拉尼上网查看时，卡梅伦已经删除了他的全部网络数据。她当面质问他，他矢口否认，而她并没有因此罢手。“骗子应该知道自己是骗子。”她说，“我决定等到我掌握一堆筹码后再行动。我给了他机会澄清，而他一再说谎，这让我很震惊。”她回信那个女人，要求她提供一些证据。被卡梅伦一脚踢开的情人也同样感到被欺骗，很愿意效劳。手握网络证据——短消息、色情信息和聊天记录，莱拉尼终于把卡梅伦逼到了墙角。

在卡梅伦被迫承认事实的那一刻，“我从震惊到崩溃。”莱拉尼说，“我一直是个婊子，利用男人来得到我能得到的，然后离开他们。这是我认真对待的第一段感情，我给了它一个真正的机会。我以为我遇到了一个好男人，结果证明所有男人都一样。我被耍了。真是因果报应。”

莱拉尼曾一度想：“这是不是我对其他男人做过同样的事而遭受的惩罚？”但后来她和同性、异性朋友聊起来，他们都说：“给他一个教训，否则他会继续下去。”

莱拉尼表示赞成，并有了一个计划：“他应该得到报应。我一直想尝试三人行，现在我觉得我有资格了。要是他发现了，我会更高兴。伤害他让我感觉很好。他活该。”

对于莱拉尼和杰丝，你可能会认为，她们的出轨会让背叛的伴侣感同身受。但人们心里往往有杆自己的秤，认为别人做的事比他们自己做的要过分的多——这是一个有趣的双重标准。

我为莱拉尼和杰丝感到难过。她们的反应可以理解，但她们的博弈计划最终是无效的。她们习惯了胜人一筹，就像许多女人在男人的世界里争取平等一样，她们都在努力地“软”“硬”兼施，在“我想让你回到我身边”和“我不会让你回到我身边”之间纠结。这是很危险的。

她们都抓住了一个机会，相信这段似乎不同于以往的感情具有某种救赎的性质。现在，她们都感到五雷轰顶，面临着因为一次背叛而重回自我保护的墙后的危险。没有哪个女人应该给一个男人全部的权力去粉碎她的浪漫理想。“他让我失望，我受伤了”和“我再也不会爱了”有很大区别，而这两位女性还没有准备好做出区分。她们认为世界只提供两种选择——伤害和被伤害。正如莱拉尼所说：“我应该当个荡妇，因为没人能让荡妇受伤。”

与报复搏斗

即使对我们中最开明的人来说，复仇的欲望也可能出乎意料地袭来。我的朋友亚历山大曾与我就这些问题进行过深入探讨。他认为自己是一个进化了的、非一夫一妻制的人。他和女友艾琳是职业舞者，在世界各地一起或分开演出。在过去的五年中，他们是一对伴侣——在跨越多个时区的异地恋的挑战中前行。他们很快意识到，就他们的生活方式而言，会时时面临诱惑，所以他们从一开始就选择了开放关系。他们对彼此的承诺是：他们的身体是自由的。亚历山大总结了他们“不要问，不要说”的约定：“我知道她和其他男人睡觉，但我真的不想听到这件事。”

此外，在紧密联系的舞蹈圈中，他们都不喜欢与伴侣的爱人无意中

复仇的心并不总是愿意听从理性，

有时，只有造成同等的痛苦才能获得满足。

共用舞台、更衣室或酒店房间。亚历山大说："我告诉她，'我永远不想去看你的巡演，不想参加你的晚宴，那里每个人都知道你在和别人上床，也许就是派对上的某个人，而我看起来像个傻瓜。同样，你也永远不要在我巡演时来看我，不用担心我和公司里的女孩上床，担心所有人都知道你，同情你，认为你被耍了。'"他们已经设定了明确的界限：在小而封闭的舞蹈圈里没有恋人，也不许坠入爱河。"如果真有情况发生，我们会聊一聊。"

"例如，麦卡是我常常禁止提起的家伙。"亚历山大告诉我。麦卡是亚历山大长期的舞蹈同伴和竞争对手，一直扮演着亚历山大觉得应该属于他的角色。虽然亚历山大不得不在舞台上忍受这些失败，但他绝不能容忍麦卡在现实生活中再扮演艾琳的情人。

直到现在，他们的"道德上的非一夫一妻制"仍然奏效。像许多选择开放关系的夫妻或伴侣一样，他们并不认同进化心理学家对嫉妒的观点，即嫉妒是与生俱来、不可避免的。他们认为，嫉妒是一种能够被遗忘的习得反应。不过，他们对这个充满挑战的过程却并非一味天真。艾亚拉·派因斯研究了那些开放婚姻、多角恋群体和浪荡子中罗曼蒂克式的嫉妒，得出结论："人们很难忘掉嫉妒的反应，尤其是如果你生活在一个鼓励占有欲和嫉妒的社会里。"亚历山大和艾琳明白需要通过谈判划定界限，并制定协议来遏制这种过于人性化的情感。

艾琳破坏了协议。在她最近的一次巡演中，她和麦卡同台演出。"我怎么知道她和他上床了？就像我说的，我们在一个很小的圈子里工作，人们会说闲话。"亚历山大苦笑着说。他愤怒的想象充满了画面感："我不仅认识那个家伙，还花过好几个小时看他穿衣服、脱衣服、跳舞。我知道他的动作。所以我能确切地想象出他们在一起的样子。这些形象在我脑海里就像秃鹰围着猎物不停盘旋。”

亚历山大感到挫败，想要发泄一下。他嘲笑她糟糕的选择：“这真的是你能做的最好的吗？还是你想故意伤害我？”接着，他谋划着如何反击。他想象着走到麦卡面前，把他胖揍一顿，朝他的脸吐口水，辱骂他。“我在蔑视和报复之间寻找着一种完美的平衡——表明他并没有真的伤害到我，但是他的鼻子仍然流着血，让他看起来像街头流窜的黄鼠狼。我围着桌子踱来踱去，陷入一种狂暴的幻想，心跳加速，呼吸急促，紧握双拳。”

愤怒是一种止痛药，能够暂时麻痹疼痛，也是一种兴奋剂，提供汹涌而来的能量和信心。愤怒从生理上而不是心理上，暂时减轻了失落、自我怀疑和无力感。虽然有时它是一个积极的激励因素，但更多时候，正如心理学家斯蒂芬·斯托尼警告的：“一次次的愤怒和怨恨就像风一样总是把你抛高再摔下，抛得越高摔得越惨。”[47]

亚历山大告诉我：“我怒不可遏。这是一种爬行动物式的生理反应。我试图用更成熟的方式回应，但这是一个艰难的过程。”

他所描述的感受和想法并不疯狂——我们都是人。然而，如果一怒之下采取行动，我们并不会更强大。多数时候，爱情中的报复行为往往会弄巧成拙。打击报复并不会让对方回心转意。

亚历山大需要为他的出离愤怒和显而易见的痛苦找到一个安全的发泄口。首先，他需要知道，在他没有选择时怎样稳定情绪并最终摆脱它们。

在情绪激动的时候，知道如何自我调节是很重要的。做呼吸练习、舒缓地淋热水浴、在冰冷的湖里静站、随着音乐唱歌跳舞和积极的运动都是有帮助的。静止和运动都是放松的源泉。

但是复仇的欲望根深蒂固，像嫉妒一样很难完全消除，所以我更喜欢帮助人们学会以健康的方式把它排解掉。正如精神分析学家斯蒂芬·米切尔（Stephen Mitchell）所指出的那样，没有仇恨就没有爱，我们必须释放我们的攻击性，而不是根除它。这样做的一个方法是为冲动而不是行动腾出空间。报复的幻想可能不可遏制，但躲进我们心灵的避难所或写进私人日记中，可以成为清除诽谤思想和满腔狂怒的方法。让你的想象力自由驰骋。买一个小笔记本，并贴上“我的复仇”标签，在里面记录你最糟糕的想法。但给你自己一个时间限制，一天最多七分钟，然后放下笔记本，放下这些想法。

创造性的复仇幻想可以令人惊讶地满足。问问自己：什么会让你感觉好些？五年每天小剂量的中国式滴水酷刑？还是你想出来的一个一劳永逸的完美惩罚？

如果光幻想不够，有时施加报复行为是适当的。我已经帮助许多夫妇达成了对双方都公平的还击协议，并付诸实施——这将使马基雅维利脸红。别忘了幽默。有一次，这位从政的丈夫不得不从他的资金账户中把巨额支票寄给他在地方选举中最鄙视的对手。“我宁愿看到把支票给他，而不是给了妓女。”他的妻子兴高采烈地说。她满足了。恰到好处的报复是一门艺术。

亚历山大在他的幻想中找到了一个缓刑令，但是他正处于待令状态。艾琳需要明确自己想要的东西。“等待的感觉让人太心力交瘁，”他说，“她拥有所有的权力。当她权衡她所有的选择时，我就像个人质一样坐在这里。”

他的不知所措反映了大男子主义的后遗症。什么样的男人会让女人发号施令？伟大的戏剧和歌剧中，戴绿帽子的英雄会杀死他们的爱人而不是给她选择的自由，这绝非偶然。死——她死，他死，或他们都死——是唯一光荣的出路。“流血的心要用血来洗去耻辱。”卡尼奥在雷翁卡洛瓦的歌剧《丑角》(*Pagliacci*)中低声吟唱。

我让亚历山大换个角度思考，等艾琳下定决心不是放弃自尊或自己的权力，而是一种爱的表达。慢慢地，他不再打算报复艾琳，而是告诉她他有多沮丧。他们开始重新磨合，投入更多去创造对他们都有利的安排。他告诉我，最近他看到麦卡和艾琳一起演出：“那个黑暗的地方在召唤我，但我有意识地决定放手。”

报复的艺术

复仇并不总是甜蜜的，但偶尔也会触及甜蜜之处，赋予受伤的一方力量，让一对伴侣把过去抛诸身后。我们都需要正义，但区分报复式正义和修复式正义很重要。前者只追求惩罚，后者进行修补。

我观察到，来访者对出轨的反应和他们寻求的正义之间有一个有趣的关系。有人痛苦的是失去的关系。“因为我失去了你，我受伤了。”有人痛苦的是失去脸面。“我真不敢相信你竟然把我当成傻瓜。”前者是关系受损，后者是自恋受损；前者是心受伤，后者是自尊心受伤。毫不奇怪，专注于伴侣关系的人，更能在伴侣出轨中体验到同情和好奇，无论他们是否决定在一起，都可以得到修复式回应。对于自恋受伤的人来说，和解的可能性要低得多。当陷入斗气模式时，他们很难对伴侣出轨的原因有兴趣。

修复式正义可以很有创意。一位年轻的法国女人卡米尔，参加讲座后给我写信，分享了“我丈夫的出轨、我的反应以及这一切的好处”的故事。

卡米尔 36 岁，来自一个古老的波尔多家庭，她和阿马度结婚十年了。阿马度 45 岁，在马里长大，20 多岁时移居法国。他们有三个孩子。麻烦是从五年前开始的。卡米尔清晰地记得那一刻：“我的朋友打电话告诉我，我丈夫与他的女同事有染，当时我正和孩子们坐在餐桌旁。”

尽管感到受伤和愤怒，卡米尔真的不想失去她的男人。曾经她不顾父母的阻挠和他结了婚。她冷静地面对发生的事情，并向闺蜜寻求道义上的支持：“我像陷入了一个深深的洞穴，经历了所有典型的感受。我请了一个星期的病假。我趴在闺蜜的肩膀上痛哭，跺地板，喝了很多咖啡和烈酒。她们安慰我，听我诉说，分担我的痛苦。”

然后，她向她的丈夫解释，在她的文化中，他的行为是不可接受的。“他是在一夫多妻制的文化背景下长大的。”她说，“他听着，为我那么难过感到难过，但可以看出来他对自己的所作所为毫无愧疚。”卡米尔也去了解丈夫的成长背景：他在一个深信万物有灵的文化中长大。有了这些知识，她明白了需要做什么：“我决定进入他的世界，用他的语言和他说话。我从受害者转变成演员，这完全改变了我的感受。因为我可以用行动帮助自己减轻压力。”

卡米尔的复仇故事富有创意、令人愉悦。“首先，我联系了丈夫的朋友，一位在非洲社区广受尊重的老人。他来找阿马度并谴责了他的选择——不是因为有两个女人，而是两个女人生活在同一个圈子。”她知道她无法说服他反对多妻的想法，但也知道在他的文化中，一夫多妻制的条件是男人必须能在物质和性上同时满足两个女人。所以，她特意抱怨他们的性生活不足。

第二天，卡米尔去了清真屠宰场。“我买了两条羊腿，一条送给我丈夫老朋友的妻子，另一条带回家给阿马度。我知道，等他回家时已经从朋友那里听说了我的礼物。果然，他一进门就询问起来。我告诉他，我去宰了一只羊羔，作为拯救我们婚姻的祭品。嘿，他相信了。更棒的是，他印象深刻。”

接下来，她想要一个法宝。“我拿了一些牛油树脂（一种在非洲有很多用途的天然产品，也是一种润滑剂），把它和一种非常辣的胡椒粉混合在一起。我把它藏在卧室衣柜里，决定如果再发现他和她在一起，就用这种混合物给他按摩。”

她的干涉还不止于此。她还去找那个女人对话。“我告诉她，如果她再敢靠近他，我会出现在她办公室，制造一个大丑闻。抱歉，我就像一只狗，标记了自己的领土。”

卡米尔还不罢休。“最后，我还从屠宰场拿回来一瓶血，藏在花园里。总有一天他有可能会在那里发现它。根据非洲传统，这可能预示着巫术或好运。”不过这个瓶子至今还没被发现。

这些仪式来自一种与卡米尔截然不同的文化，但它们给她带来了和平，而且更加有力。不是简单地惩罚他，而是强化和改善了他们的关系。“我必须学会生活。不能肯定他永远不会再那样做，但我得到了另一种确定性：信任和自信。”

怒火并没有熄灭，只是暂时休眠。去年，卡米尔去音乐课上接孩子时，遇到了那个女人，她的孩子也在上音乐课。一股怒火朝她涌来：“我仍然有那么多攻击性——我想对她马上使出空手道。不过当我意识到时，我想向她展示的是我过得很开心：我自己，和阿马度，以及孩子们，我都很开心。”卡米尔认为，关于报复，最重要的是记住：如果在此过程中你自己受到的伤害比给对方的惩罚还要多，一点也不值得。报复的艺术是提升自己，而不是简单地诋毁那些伤害你的人。

接下来的一周，在去音乐课前，卡米尔会穿上充满活力的非洲服饰，涂上口红，喷上香水，等等。她昂着头走过那个女人的车。“高兴的是，这报复比任何空手道动作都要好得多。”

第8章

说，还是不说？

——在保密和揭穿之间权衡

恶意吐露的真相，
胜过你能捏造的所有谎言。
——威廉·布莱克《天真的预言》

秘密和谎言以各种形式出现在我的办公室。通常，一对夫妇刚来时，会带着出轨刚刚暴露造成的明显伤口。也有一些伴侣怀着他们之间的秘密坐在我的沙发上，两个人谁都不想说什么或去揭穿对方。我也无数次置身于这样的对谈中，情侣中的一方问另一方："你有外遇吗？"哪怕询问者手握无可辩驳的证据，还是会遭到否认。有时，出轨的一方会故意留下一些蛛丝马迹，但配偶似乎并没有多想；有时，猜忌的一方会紧追线索，因为证据不足而在等待合适的时机。

我见过各种各样的不忠行为，从一时的松懈、遮遮掩掩和白色谎言，到公然迷惑和心理操纵。不论是在冷酷还是善意的版本中，我都看到了秘密。有人说谎是为了保护自己，有人说谎是为了保护他们的伴侣。还有具有讽刺意味的角色逆转——被欺骗的人通过撒谎来保护欺骗他们的人。

谎言的曲折和纠缠永无止境。许多出轨的配偶告诉我，他们的外遇意味着他们第一次不再对自己说谎。这充满了悖论，在一种基于欺骗的关系中，他们常常觉得自己第一次触到了真实，与他们现实的生活相比，这更为本质、真实和真诚。

与当地自行车店老板有两年的外遇后，梅根厌倦了躲避周围的人。然而，结束这种双重生活后，她的感觉更糟了："现在我的内心在说谎。我在欺骗自己，假装不跟他在一起也可以很好。"

并不是只有夫妻才与秘密做斗争。秘密充斥在生活的各个角落。一位女士借用她已婚朋友的电话，发现了一个陌生男人发来的轻浮短信；一位母亲知道儿子上周六没有和她在一起，但他告诉妻子是和婆婆在一起。当然还有"另一个女人"和"另一个男人"，他们不只是有秘密，他们本身就是秘密。

秘密和谎言是每一段外遇的核心，它们让情人更兴奋，也让被背叛的人更痛苦。它们让我们不知所措。它们必须揭穿吗？ 如果是的话，该怎么做呢？从"不问就不说"到详细的事后解析，对秘密的揭露是一个系统工程。诚实需要仔细审查。这样的事还有很多吗？不说出来是不是更好一点？ "你不知道的事无法伤害你"这句老话正确吗？

对某些人来说，答案很简单：保密就是说谎，说谎就是错的。唯一可以接受的做法是承认错误，完全坦白、悔改和接受惩罚。主流的观点认为，开诚布公是婚外情后恢复亲密和信任的必要条件。撒谎如今甚至被视为侵犯人权。我们都应该知道真相，没有任何理由可以隐瞒事实。

我希望事情能如此简单，用这些绝对的原则整齐划一地组织我们纷乱的生活。但是，治疗师们却并没有遵循这些原则——因为他们是与真实的人和真实的生活在打交道。

曝光的困境

“和我上床的研究生怀孕了，她决定把孩子生下来。”大学教授杰米瑞说，他认为自己只是偶尔放纵，“我无意破坏我的婚姻，我也不想让我的孩子作为一个秘密长大。”

“一个和我勾搭过的家伙告诉我他得了疱疹。”露看上去很尴尬，“我男朋友有可能被传染，我是不是必须告诉他？”

“在我告诉她我不会再见她后，那个我开过玩笑的女孩在 Instagram 我的一张照片上加了标签。”安妮说，“我们只是接吻而已，但我的女朋友不这么认为。她一直在关注我，她肯定会看到这张照片的。”

许多人可能认为，在这种情况下，正确的决定是坦陈事实。但并非所有的情况都如此明确。

“那只是一时的判断失误——我喝醉了，非常后悔。”丽娜说。在大学同学聚会结束后的晚上，她睡到了前男友的床上，那时她刚刚订婚几个月。“如果我告诉我的未婚夫，一定会毁了他。他的第一任妻子和他最好的朋友出轨了，他总是说如果我对他不忠，一切就会结束。”是的，她提前就应该想到这点。但是，她的失误是否应该毁掉他们的整个生活呢？

“我为什么要告诉我妻子？”尤里问道，“自从我遇见阿纳特，我们就不再因为性吵架了。我不求她，也不烦她，家里一切都还不错。”

作为一种反抗，霍莉疯狂地爱上了她在公园遛狗时遇到的一只约克夏犬的主人。她想告诉她那“讨厌、霸道的”丈夫“他这是活该”，但诚实的代价也会很高：“按照他让我签的婚前协议，我会失去孩子的抚养权。”

南希在观看儿子的足球比赛时跟一位同学的父亲调情，这重新点燃了她沉睡已久的情欲：“我很感激自己的那部分苏醒了，我不仅仅是一位妈妈、妻子或仆人。但我更感激自己没有采取行动。”她丈夫很高兴她重新找回了性活力，而她则在疑惑，要不要把自己的“精神出轨”告诉丈夫？南希坚信诚实意味着完全透明。

在这种情况下，当事伴侣保持沉默、独自处理问题是否更为明智？真相的确能够治愈，有时坦白是唯一恰当的回应。我的同事丽莎·施皮格尔（Lisa Spiegel）在向来访者讲坦露真相的智慧时，用了一个简单有效的方法：问问自己，这是诚实的吗？是有帮助的吗？是善良的吗？

但真相也可能带来难以弥补的破坏性甚至攻击性，并伴随着施虐狂般的快感。不止一次，看到诚实的做法弊大于利，我不禁会问：说谎有时是不是可以起到保护作用？对很多人来说，这个概念似乎不可思议。话说回来，我也听到过知情后的伴侣尖叫：“我希望你永远不要告诉我！”

在一次治疗师培训中，一位在临终关怀中心工作的参与者向我寻求建议。“一位身患绝症的病人想在临死前向妻子坦白自己一生的不忠，我该怎么回应他呢？”我回答道：“虽然我明白对他来说这么多年后的‘坦白’，似乎是表达一种深深的爱意和尊重，但他需要知道，他可能会死得安心，而他的妻子将活在焦虑中。当他安息时，她会辗转反侧，在脑海里重复那些画面，失眠好几个月，这可能比外遇带来的折磨糟糕得多。这是他想留下的遗产吗？”

有时候，沉默就是关心。在你向毫无戒备的伴侣倾诉你的罪恶感前，考虑一下，你真正在意的是谁的幸福？你的灵魂净化真的像它看起来那样无私吗？你的另一半该怎么处理这些信息呢？

在我的办公室，我看到了情况的另一面。我曾努力帮助一位寡妇处理她的双重痛苦，一是她失去了因癌症去世的丈夫，二是她丈夫的临终忏悔让她失去了他们幸福婚姻的美好形象。尊重并不一定要把一切都说出来，而是要考虑对方知道后的感受。在权衡坦陈事实的利弊时，不要只从非此即彼的角度或抽象地思考，而要试着想象自己与另一半的实际情境，模拟对话：你们在哪儿，你们说了什么，从对方的脸上你读到了什么？对方会做何回应？

当社会规范让人们变得愈加脆弱时，“说，还是不说”的问题变得更加重要。只要世界上还有一些国家，妇女仅仅被怀疑偷情就会被石头砸死或活活烧死，或者同性恋者被禁止见自己的孩子，那么诚实和透明度问题就应该在特定的背景和具体情况下来考虑。

治疗师应该保密吗？

与不忠行为打交道的治疗师，必须解决棘手的保密问题。传统的做法规定，给夫妻做治疗的临床医生不能为事情保密；为了让治疗更有效，出轨的一方必须停止婚外情或者如实坦白。否则，他们将被称作是个体治疗。我经常听美国的同事说，你不能把秘密藏在房子正中间。有趣的是，我的国际同行的说法截然不同——只要秘密还没有暴露，你就还有很多事可以做。一旦你揭开纱幕，就没有回头路了。他们警告，不要做不必要的揭露，因为这会给对方带来无谓的痛苦，也会损害双方的关系。

近年来，美国少数治疗师已经开始挑战美国关于秘密的正统观念，发现传统做法的局限性甚至是破坏性。我选择了所谓有策略地公开秘密。当我第一次见到一对伴侣时，我让他们知道我会与他们分开面谈，也会和他们一起面谈，并且我们的个人会谈是保密的。每个人都保证有一个私人空间来解决他们的问题。夫妇两人都必须签字确认。我把公开还是不公开秘密的决定看作是治疗本身，而不是治疗的先决条件。

这种方法并非没有副作用，我一直在努力克服它。当夫妻中的一方发现他们受骗了，会问我“你一直都知道吗？”而我必须回答“是”。虽然在这种情况下有关各方都很痛苦，但根据我们的协议这并不违背道德。就目前而言，我认为这是一种更有成效的立场。正如沙因克曼所说：“不能保密的策略会让治疗师成为人质，无法在夫妻关系中的关键时刻提供帮助。”[48]

这个策略不仅适用于外遇。实际上，对我来说，转折点是和一位女士的谈话。她告诉我，在过去 20 年里，她和丈夫做爱时总是迫不及待地想结束。她不喜欢他的气味，假装高潮。她知道这不会改变，也不认为这会破坏婚姻，所以觉得没必要告诉对方。我意识到她的伪装，愿意继续为她治疗。我因此不得不问自己：这个秘密和别的秘密本质上有什么不同？

这难道不比隐藏一桩外遇更严重吗？她的丈夫如果知道她一直在对自己说谎，会比知道她和别人上床，受到的伤害更少吗？为了能继续治疗，我应该坚持让她说出自己的厌恶吗？性秘密有很多种形式。然而，比起几十年来对婚内性行为撒谎，治疗师们更纠结于对婚外性行为撒谎。但在信息披露的重要性层级中，不忠可能并不总是排第一位。

坦白真相，在不同的文化中

我们生活在这样一种文化中，其关于保密的信息令人困扰。埃文·伊布尔－布莱克在她的《家庭成员的秘密生活》一书中写道："如果文化规范曾把人类生活中的许多事情变成令人羞耻的秘密，那么现在我们正与相反的情况做斗争——假设无论如何、无论何时、无论向谁坦露秘密，在道德上都优于保守秘密，并假设这种做法会自动地治愈。"[49]

要理解对保密和实话实说的看法，我们需要研究当下对亲密关系的定义。现代亲密关系沐浴在自我表露中，要求真正地共享我们最个人、最私密的东西——我们的感情。从小时候起，我们最好的朋友就是我们倾诉秘密的人。既然伴侣被认为是我们最好的朋友，我们相信："我应该能够告诉你任何事，我有权立即、持续地了解你的想法和感受。"这种知情权，以及"知道等于亲密"的假设，是现代爱情的特征之一。

我们的文化崇尚绝对坦率的精神，讲真话被提升到了道德完美的层面。而另一些文化则认为，当一切都被公开、模棱两可被彻底消除时，带来的也许并不是亲密度的增加，而是不得不妥协。

作为文化上的混血儿，我使用多种语言。在沟通方面，我的许多美国来访者都更喜欢明确、坦率和"开诚布公"，而不是隐晦和暗示；来自西非、菲律宾和比利时的咨询者则更可能在模棱两可的情况下徘徊，而不是选择赤裸裸的揭露。他们绕道而行，而非直言不讳。

当考虑这些对比时，我们必须考虑隐私和秘密之间的差别。正如精神病学家斯蒂芬·莱文解释的，隐私是我们通过社会约定达成的功能边界。有些事情我们知道存在，但选择不去讨论，如月经、手淫或幻想；而秘密则是我们故意误导别人的事情。同样的性饥渴，对一对夫妇来说是隐私，对另一对夫妇则是秘密。[50] 在一些文化中，出轨行为通常被当作隐私问题（至少对男人如此），但在我们的文化中，它通常是一个秘密。

不花点儿时间去观察法国人——美国人最喜欢的比较对象——去讨论文化差异几乎不可能。德布拉·奥利维尔描述了法国人如何“喜欢含蓄而不是直率，喜欢潜台词而不是所直接听到的，喜欢深思熟虑而不是轻举妄为，喜欢隐而不显而不是显而易见，这与美国人完全相反”。[51] 记者潘蜜拉·杜克曼因其著作《外遇不用翻译》采访了全球各地的人，详述了这些偏好如何塑造了法国人对不忠的态度。她写道：“在法国，谨慎似乎是通奸的基石，”她指出，与她交谈过的许多人似乎更愿意不说，也不愿知道。“法式出轨看起来像冷战冲突，双方都不会动用武力。”[52]

回到牧场，四处弥漫着火药味。虽然美国人对婚外性行为的容忍度很低，但欺骗往往比它试图掩盖的越轨行为受到更严厉的谴责。隐瞒、掩饰和满口谎言是主要的冒犯，被视为缺乏基本的尊重。这里的言外之意是，我们只对比我们弱小的孩子、选民和雇员撒谎。因此，从私人卧室到公众听证会，一句话反复回响：“不是你出轨了，而是你对我撒谎了！”但是，如果我们的伴侣提前告知他们的行为，我们真的会感觉好一些吗？

对秘密的解读

阿米拉，33 岁，巴基斯坦裔美国社会工作研究生，至今仍清楚地记得她揭开父亲秘密的那一天。“爸爸在教我开车。他的后视镜上挂着一个奇怪的日本小饰品。一天，我想把它拿下来，他拦住我，告诉我那是

当出轨被揭露后，困境才刚刚开始。

每走一步，问题都会不断涌现：

该承认什么？承认多少？怎么做呢？

他的秘书悠美送给他的礼物。七年后，爸爸让我在他的手机里找一个地址时，我又听到了那个名字。我找到了一连串来自悠美的信息。然后我就明白了。”

“他知道你知道这些吗？”我问她。她摇摇头。

“你会告诉他吗？”

“我真正想告诉他的是‘学会删除你的短信！’也许有一天我会告诉他怎么做。我只希望他藏好自己的行为。我不喜欢他在欺骗我妈妈时我给他当同谋。”

“你考虑过告诉你妈妈吗？”我问。她马上说没有。

身为第二代移民，她的父母在她出生前就来到了美国，所以阿米拉接触的是两种文化。她知道她的沉默不合常规。“我的美国朋友会马上去找他们的妈妈，会把揭露秘密当作是正确的和应该关心的事。”但是，尽管她在堪萨斯郊区上学，当谈到家庭问题，阿米拉的思维根植于巴基斯坦城市卡拉奇。“没错，我们重视诚实和信任，”她说，“但我们更重视保护家庭。”

阿米拉的决定几乎理所当然。逻辑如下：“如果我告诉她，然后呢？家庭破裂？让我们努力建立的一切分崩离析？像冲动、自私的美国人一样最终与父母中的一个过周一至周五，与另一个过周末？”

她确实替妈妈感到愤怒和怨恨。“但是我的父母彼此相爱。”她补充道，“要知道，他们是包办婚姻。我知道我妈妈对于性的话题感到非常不舒服，而我爸爸好得多。我的直觉告诉我，他选择了一种让我们一家在一起的方式。也许我妈妈宁愿不被打扰。这感觉很公平，所以我能和它和解。除了这个污点，我爸爸是最正直的父亲、丈夫和公民。我为什么想要毁了他所有这些重要的东西呢？”

“这对你妈妈不尊重怎么办呢？”我问。

“在我看来，我父亲认为，不向我们谈论一些我们无法承受的事，动摇家庭的核心，也是尊重我们的做法。对我来说，我发现无论遇到什么，对自己守口如瓶就是尊重。我不敢把这个真相公之于众，使父母感到羞耻。我为什么要那么做？那样我们就‘诚实’了吗？”

显然，认为讲真话代表着尊重的信念，并不是普遍适用。在许多文化中，尊重更可能用温和的谎言来表达，目的是保持颜面和内心的平静。这种保护性的不透明被认为比可能导致公开羞辱的披露更可取。

阿米拉的逻辑是一种悠久的文化遗产的一部分，这种文化遗产已从巴基斯坦延伸到所有以家庭为导向的社会。她的框架是集体主义的，在这种框架下，家庭忠诚要求在不忠和秘密之间做出妥协。当然，我们可以从性别政治的视角来看待她的处境，把她的解释看作一种对父权制悲哀而巧妙的辩护。此外，我们也不能低估保密可能对儿童造成的破坏性影响。正如我的同事哈里特·勒纳所强调的，保密“在与父母关系的基础上造成了裂痕，就像一条充满困惑和痛苦的地下河，影响着一切。这往往导致幼儿和青少年的问题行为，然后他们被送去治疗，而焦虑和痛苦的真正根源却从来没有明确”。[53]

可是，阿米拉的选择比她的同学玛妮更痛苦吗？那个24岁的纽约姑娘仍旧深受那一天的折磨。那天，她抓到了妈妈的“秘密电话”，把它丢到了楼下她爸爸的手中。“他应该知道她在欺骗他！”

玛妮知道她妈妈和她的推拿师有几年的地下情。“她把自己的秘密电话藏在洗衣篮里，花好几个小时‘熨烫衣服’。是的，没错，她不是那种家庭主妇型的。”在那灾难性的一天，“我妈妈开始疯狂地哭泣，说道：‘天哪，你做了什么？你做了什么？’我的世界在几个小时内轰然崩塌。现在，我们的家庭完全分裂了。星期五美式餐厅不再有四人晚餐，假期也不再有大型家庭聚会。我最后一次看到爸爸妈妈在一个房间里，是我 15 岁的时候。”

玛妮还在为手机所带来的痛苦和不可逆转的后果而苦恼，但她从来没有想过要质疑自己当时为什么要做那么做。她的价值体系与阿米拉截然不同，只是出于一种本能。在个人主义的框架下，个人的“知情权”胜过了家庭和谐。撒谎对玛妮来说是绝对错误的，而对于阿米拉，则取决于具体的情况。

我经常目睹这两种世界观之间的紧张对立。一方指责另一方表里不一、口是心非，另一方则以诚实的名义破坏性地泄密；一方为另一方在男女之间建立的距离感到震惊，另一方则认为，单一的直截了当也是对爱的伤害。集体主义和个人主义文化各有利弊。由于我们往往会陷入自己的思维模式，因此了解来自其他国家的邻居是如何用完全不同的伦理和逻辑来处置相同情况的，是一件很有意义的事。也就是说，在这个全球化的世界里，我们许多人都是多元文化之子，这些对话已经发生在我们的内心和思想中。

什么能说，什么不能说？

当出轨被揭露后，困境才刚刚开始。每走一步，问题都会不断涌现：该承认什么？承认多少？怎么做呢？此外，我们告诉别人什么，取决于我们愿意向自己承认什么。我遇到的人很少会冷血地对他们的爱人撒谎。通常，他们会通过各种方式精心地把自己的行为合理化。

行为经济学专家丹·艾瑞里写道：“某人是否倾向于不忠，很大程度上取决于他能否为自己辩护。”[54]他解释说，我们都乐于照镜子并对镜子里的自己感觉良好，但我们也想做一些自己知道不太诚实的事。为了保持积极的自我形象，我们的内心会对自己的各种欺骗行为进行合理化，这是被艾瑞里称为“自我蒙骗”的道德诡计。

在处理不忠行为的影响时，重要的是把这些合理化解开。否则，我们会以真相的名义把它们倾泻在伴侣身上。一直以来，凯瑟琳都有所觉察，当她再也无法容忍丈夫唐的情绪和性缺失时，她仔细查看了他的iPad。她的怀疑得到了证实，她现在想要的只有真相，全部的真相，除了真相什么也不要。唐来找我咨询该如何回答她的问题。

唐是一位60岁的芝加哥本地人，看上去很年轻。他从小生活贫困，有一位努力工作的父亲和同时打两份工、受人尊敬的母亲。他的努力工作创造了舒适的生活。他还作为社区的领导人物为选民服务。凯瑟琳是他的第二任妻子，他们已经结婚22年了。从唐进入我的办公室起我就发现，很显然他是一个矛盾重重的人。他一直爱着他的妻子，却从来没有对她忠诚过。

首先，我请他告诉我究竟发生了什么。凯瑟琳知道他的两个情妇莉迪亚和谢丽尔。她也知道，她们和他在一起几十年了。她们住在对面的海岸上，离他家既方便又有一段安全距离。当他为自己的三重人生规划出一套逻辑时，我感觉到他对事情败露有点恼怒。毕竟，他非常小心谨慎地处理着自己的三重生活。他承认，风流韵事带给他的乐趣在于，当他拥有一个不为人知的私人世界时，他获得了一种控制感。

现在凯瑟琳知道了基本的事实。她问他的问题是：为什么会这样?

“那你要怎么跟她说呢？”我问。

“呃，事实是，我在家里没有满意的亲密关系，所以我才找了其他女人。”

在他还没有告诉妻子的数百种事实中，他要选择从这一点说起吗？显然我们还有一些工作要做。我请唐考虑这会让她有什么感受。更重要的是，这是否像他认为的那样真实？或者这只是他的一种合理化解释？

“你真的认为，如果你和妻子有更好的性关系，你就不会找情人吗？”我半信半疑地问。

“我会。”他坚持说。接着他告诉我了一个又长又复杂的故事，关于更年期、荷尔蒙、妻子自我意识增强和他很难维持勃起。而与他的情妇们，他就没有这样的麻烦。这一点儿也不让我感到惊讶。但是，在告诉妻子他这么做是因为她缺少什么之前，他需要先问问自己，他自己的行为中缺少了什么。我怀疑，如果问凯瑟琳的话，她可能会认为，由于他长期的情绪消沉，他们的性生活变得沉闷而缺乏想象。唐看上去有点儿不自在。我继续推进。

“想象，是这里的关键词。有了外遇，性兴奋在你动身赴约时就被唤醒了。你不需要蓝色药丸，因为让你兴奋的是情节、计划和精心挑选的衣服。所有期待都是欲望的燃料。而当你回到家，你做的第一件事是脱下漂亮的衣服，穿上旧运动裤，没有人会对你感兴趣。”

唐似乎被我的直率吓了一跳，但他听得很认真。他绝不是第一个到我这里来抱怨家里性无聊的男人或女人。我不否认家庭生活对性欲的抑制作用。但是，当他把所有精力集中在婚外情的时候，与妻子就更不可能有性生活了。与其把自己的婚外情归罪于家中平淡无奇的性生活，或许更应该把与妻子性生活的乏味归罪于婚外情。此外，在他第一次婚姻和之后的每一段关系中，他都一直长期出轨。这和荷尔蒙、年龄或性兴奋无关。这是他自己的问题。

“你现在明白你想对妻子说的话不是真的了吗？这些是你的合理化解释——你讲给自己的故事，用来证明继续做你想做的事是正确的。现在，我们试着找一些更诚实的事情来告诉她。”

在我们谈话的过程中，我逐渐了解并喜欢上了唐。他不是一个陶醉于征服的唐璜。听起来似乎很奇怪，但他是一个真正爱女人、尊重女人的男人。他的母亲、姐姐、姨妈和老师抚养并塑造了他。当他还是个十几岁的男孩时，他十分缺乏自信，敏锐地意识到自己的教育水平低下和出身卑微。他发现，让自己感觉更有男子气概的方法之一，是和强大、有成就的女性在一起。他的长期情人（和他妻子一样）都是高学历、“年龄适宜”、有自己的孩子、不再寻求更多的完美伴侣——既然他清楚地告诉她们他永远不会离开妻子。他细心，尊重人，忠诚。有人会称他为真正的绅士。

她们互相知道吗？我问他。他承认，他的第一个情妇知道他有第二个情妇，而第二个情妇只知道他有妻子。他向第一个情妇保证他不再和第二个情妇上床了，却并没有遵守承诺。同时，就像他告诉我的那样，他也告诉她们俩同样的半真半假的话：他的性需求在家里得不到满足。慢慢地，当我们揭开他错综复杂的恋情关系网时，他意识到自己一直在对三个人说谎。

在三个人之间周旋生活，付出了巨大的代价。早年唐的生活中只有一个小秘密，但随着时间的推移，这种困扰越来越多地构成了他的整个生活。秘密像蘑菇一样四处泛滥。你不能告诉你的伴侣 6 点到 8 点你在哪儿，因为你可能不得不告诉对方从 4 点到 5 点你在哪儿。你以为把一切都放在一起了，实际上却变得更加破碎。如果唐能把碎片重新整合成一个有凝聚力的整体，他将不再那么游离，对自己和妻子也会更加坦诚。

“凯瑟琳还问了什么？”我问道。

“我答应她，我再也不会那样做了，但是她问我，‘如果你有机会这么做，什么会阻止你？’我告诉她我不会再这样做，因为我知道如果她发现，我们的关系就没有希望了。”

唐强调的是被抓住的恐惧。这是实话，但还有更多。如果他直接跟凯瑟琳坦白自己天生就不属于一个女人，会发生什么？

他对这个想法很吃惊。“不，我从没有那样说过。我总是害怕她的反应。我想她会说她可没有签这样的合约。”

“很对。我不是建议你把你的后宫强加给她。问题是，她也没有同意你说谎。你从来没有给过她选择的机会。按约定，如果你背着别人行动，你的行为就是单边的。”

唐的惊讶逐渐缓解。“我爱我的妻子，但我也爱别的女人。这就是我一直以来的样子。承认这一点很有帮助。我从来没说过这句话，对凯瑟琳也没说过，甚至对我自己也没说过。”现在我们达到了说真话的一个新高度。在出轨暴露的情况下，我经常听到悔过的伴侣承诺再也不会被别人吸引。这其实只会导致更多的谎言。更现实的说法是：“是的，我可能会觉得被吸引，但因为我爱你，尊重你，我不想再伤害你，所以我会选择不采取行动。”这是一种更诚实可靠的说法。

既然我们已经清楚唐想对妻子说什么了，接着我们就把注意力转移到怎样去做。我建议他先写一封信。手写（因为这样更个人化）并且亲手递交。

这个目标是三重的。首先，要对他造成的伤害负责，特别是对他在亲密关系中只给妻子分配他的一小部分自我负责。其次，向她展现他的脆弱，关于他的癖好，多年来他如何以她为代价为自己辩护。第三，向她倾诉他的爱，为他们的关系努力。

多年来我发现，比起让不忠的伴侣列出一份详尽的修复清单——酒店、约会、旅行、礼物——情书更有助于关系的修复。我认为唐需要承认他是一个欺骗大师，而了解每一个谎言的细节对他的妻子没有益处。

一周后，唐又来找我，告诉我凯瑟琳被他信中的真诚和努力感动了，但她仍然很谨慎——想要相信，却又害怕去相信。我对这对夫妇充满期待。尽管唐给了自己隐瞒和自私的权利，但他也一直爱着他的妻子。从第一次会谈开始，我从他谈论妻子的方式中就听出来，他对她充满崇敬、喜爱和钦佩。凯瑟琳受到了很深的伤害，但唐的秘密生活并没有破坏她对他的爱和尊重，也没有破坏她对自己的尊重。她决心不让这场危机改写他们整个的历史。

在接下来的几个月里，我指导唐尽可能小心真诚地结束了与两位情人的长期关系，并继续与妻子重建亲密。不止一次，当凯瑟琳问起他的行踪时，他下意识的反应是说谎——这个坏习惯需要付出努力才能改变，但他承诺完成任务。每次他给她一个直截了当的回答，他都对沟通的简单感到惊讶。他们的磨难还没有结束，但我有一种感觉，他们将会更坚强、更紧密地走出这场危机。

你想知道多少?

我既为唐这样惯于说谎的人提供心理辅导，也为那些被欺骗的人提供心理咨询。通常认为，人们想要了解一切，但我们很快就能判断出哪些人是自愿选择视而不见、自欺欺人的。

卡罗尔一直都知道她丈夫是个酒鬼，但她现在才知道，他喜欢喝酒时找应召女郎。在考虑自己的选择时，她告诉我，她不确定自己是否想知道更多。“那是你的选择，”我告诉她，“如果你不想知道所有细节也没关系。让他自己承担责任，负责去明确他想要成为什么样的男人、什么样的人。”

另一些人则觉得有必要知道详尽的细节。为了保护他们免受信息过载的影响，我提醒他们：一旦你知道了，就必须处理知道的后果。我经常问：你真的想要知道答案，还是想让你的伴侣知道你有这个问题？

我把两种探询区分开来，一种是侦探式的问题，意在挖掘肮脏的细节，另一种是探究式的问题，意在搞清楚意义和动机。

侦探式探询包括：你和他睡了多少次？你们在我们的床上做了吗？她高潮来的时候尖叫吗？她多大了？你舔他了吗？她刮毛了吗？侦探式询问会留下更深的伤疤，而且往往会让人再次受到伤害，联想到你总是失败者。没错，你需要知道他是否采取安全措施或你是否需要去医院检查，你需要知道你是否应该担心自己的银行账户，但也许你不需要知道她是金发还是黑发，她的乳房是不是真的，他的阴茎是不是更大。审讯、禁令甚至法医证据，都无法从根本上缓和你的恐惧。而且，它们使和解更困难。如果你选择离婚，它们将成为法律诉讼的材料。而另一种询问方式则可能更有利于重建信任。

探究式询问认识到真相往往超出事实。它们包括：帮助我理解外遇对你来说意味着什么？是你在寻找外遇，还是它只是碰巧发生？为什么是现在？你回家时会是什么样？没有跟我在一起时，你在那里遇到了什么？你觉得你有资格出轨吗？你想让我发现吗？如果我没有发现，你们会结束吗？你会因为公开松一口气，还是宁愿保持沉默？你想离开我吗？你认为你应该被原谅吗？如果我原谅你，你会更尊重我吗？你是否希望我离开，这样你就不必为家庭破裂负责任？探究式询问提出了更多启发性的问题，探讨事件的意义，侧重于分析而不是事实。

有时我们会问一个问题，而真正的问题却藏在背后。“你跟他有什么样的性关系？”背后的问题是“你是不是不喜欢我们的性生活？”你想知道这一意图是合理的，但怎么去问，却会对你内心的平静造成不同的影响。建议把所有侦探式询问转变成探究式询问，不妨先问问自己：如果我知道所有问题的答案，会对我有什么帮助？这可以使你获得更有益的询问方法，既尊重想要追问的原始意图，也能避免落入不必要信息的陷阱。

我的来访者马库斯觉得，要再次信任对方，他需要知道一切。他痴迷于不住拷问帕维尔，让他精确描述他的同志交友活动。虽然我理解马库斯需要重新调整自己，但我认为这是一种“掘宝”行为，不仅不能让人安心，还会导致更多的愤怒、更少的亲密感以及更多的管制。

合乎情理的是，事情发生后夫妻在某些限制上达成一致来保持内心的平静——例如，不再与出轨情人见面和交流，或下班后直接回家而不是去泡吧。但人们往往认为，骗子丧失了所有的隐私权。在网络时代，以重建信任的名义，受骗的伴侣要求对方公开手机、电子邮件密码、社交媒体账号等。心理学家和作家马蒂·克莱因指出，这不但不能增强信任，还会阻碍信任：“你无法‘阻止’别人再次出卖你。他们要么选择忠诚，要么不选择。如果他们想不忠诚，世上所有的监控都无法阻止他们。”[55]

信任和真相是一对亲密的伙伴，但也必须承认，真相有各种形式。根据我们可能做出的选择，对我们个人和伴侣来说，什么是有用的真相呢？知情会让人感到清晰，而另一些则只是给了我们幻想用于折磨自己而已。把我们的问题指向出轨的意义——渴望、恐惧、情欲和希望——提供了一个替代受害者成为警察的角色。真正的好奇心会创建一座桥梁，成为迈向亲密关系的第一步。我们成为了解和修补的合作者。出轨是私人企业，而创造意义是合资企业。

第三部分

意义和动机

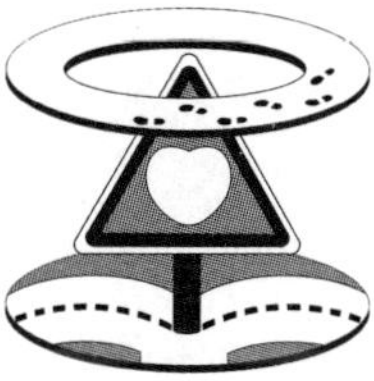

但首先要认识到的是，
我们永远无法消除这种困境。
调和情欲和家庭的矛盾
并不是一个需要解决的问题，
而是一个需要面对的悖论。

第9章

幸福的人也出轨

——婚外情的意义

有时候，我感到骨头在所有我没有度过的生活的重压之下咔咔作响。

——乔纳森·萨弗朗·弗尔（Jonathan Safran Foer）

《特别响，非常近》

如果出轨跟你无关怎么办？

对于一个因为秘密情人而被抛弃、受到自己“唯一的爱人”欺骗的伴侣来说，这个问题常常显得十分可笑。亲密的背叛会让人感到在最脆弱的地方遭受了暴击。然而，通过它对伴侣所造成的伤害这一视角，我们看到的只是故事的一面。他们欺骗了自己的伴侣，他们为自己又做了什么呢？他们为什么要这么做？

保持双重视角——意义和后果——是我工作的核心部分。在第一阶段我主要关注的是：危机、后果、伤害和口是心非。在第二阶段，我会转向出轨的原因：意义、动机、邪念和经历本身。对相关各方而言，以开放的心态倾听它们带来的启示，是关系修复过程的重要组成部分。

人们为什么会迷失？这是我在过去几年里一直追问的问题。在文学作品中，我们被邀请去窃听已婚的“行为不端者”的复杂渴望。而在我的职业领域里，他们的动机往往被简化为以下两者之一：要么是婚姻出了问题，要么是个人出了问题。因此，正如米歇尔·沙因克曼指出的：“包法利夫人曾经寻找的浪漫爱情，今天则处在‘背叛’的框架里，与爱和欲望无关，更多的是需要治疗的症状。”

“症状”理论是这么说的：一段婚外情只是提醒我们已经存在的状况，要么是一段已经出了问题的关系，要么是一个有问题的人。在很多情况下，这些都是成立的。许多关系以婚外情告终，以弥补缺憾，填补空虚，或建立一个出口。不安全的依恋，回避冲突，长期缺乏性生活，孤独，或者仅仅是多年来为同样的问题争吵不休——许多出轨者的动机也是婚姻出现了异常。然而，治疗师每天也面临着与这些相反的情况，我们该如何解释呢？

在没有严重婚姻问题的情况下不忠也会发生，这种想法很难被人们接受。我们的文化不相信没有过错的外遇。因此，当我们不能责怪一段关系时，我们倾向于责怪个人。临床文献充斥着出轨者的类型学——仿佛性格能胜过环境。心理学术语已经取代了宗教的空谈，而病理学则使罪恶黯然失色。我们不再是罪人，我们只是生病了。讽刺的是，洗清自己的罪过要比摆脱诊断容易得多。

奇怪的是，在“出轨后修复”的市场中，临床条件已成为一种令人追捧的货币。一些夫妇手里拿着诊断报告来到我的办公室。布伦特急于披上病理学的外衣，如果这意味着为他 20 年来的风流成性找个借口的话。他的妻子琼却不那么热情，她告诉了我她的想法：“他的治疗师告诉他，他患有依恋障碍，因为他父亲抛弃了他，让他独自照顾母亲和妹妹。但是我告诉他：‘你不再只做一头猪了吗？你现在需要诊断了？’”

杰夫的妻子谢丽尔发现了大量证据，证明杰夫一直在逛施虐受虐的色情网站，并与陌生人发生过性关系。经过与治疗师的多次会谈，杰夫确信自己是一个在地牢里自我治疗抑郁症的“性成瘾者”。他的妻子同意了——也许吧。但是，对他的行为进行医学治疗，不应该用作亲身探索他那古怪嗜好的借口。贴标签很容易，深入研究却很难。

如果心理诊断还不够令人信服的话，那么流行的神经科学正欣欣向荣。尼古拉斯的妻子佐伊有婚外情一年多了，我们最后一次会谈时，尼古拉斯挥舞着《纽约时报》，看上去精神振奋。“瞧！”他指着标题，“‘不忠，潜伏在你的基因里’，我知道她父母是开放式婚姻，所以她的道德感也比较弱。这是遗传！”

毫无疑问，许多出轨者确实表现出抑郁、强迫、自恋、依恋障碍或普通的社会病征。因此，有时候，正确的诊断会使一种无法解释、令人痛苦的行为变得清晰，无论是对实施这种行为的人，还是对承受其后果的人。在这些情况下，它是一种有用的工具，可以帮你找到一条通往洞察和关系修复的途径。但是，当过快地跳到诊断结果时，我们往往缩短了意义形成的过程。

我的经验迫使我超出普遍的观点去看得更远。一般认为，出轨是夫妻关系有问题或个人有缺陷的反映，但显而易见的因果关系并不总是准确。这是我在写《亲密陷阱》时学到的。我总是被告知，性问题是夫妻关系有问题的后果，如果夫妻关系得到了修复，那么性问题就会迎刃而解。虽然很多伴侣的确如此，但也有无数人不断告诉我：“我们彼此非常相爱，我们关系很好——除了没有性生活。”显然，他们在性方面的僵局不仅仅是感情出了问题。我们必须在不那么明显的地方寻找他们性欲消亡的根源——这意味着需要直接谈论性，而这是夫妻治疗师通常宁愿避免的。

同样，传统观点认为，良好的亲密关系可以保证忠诚。我们的婚恋模式假设，如果一对组合足够健康，就没必要再去别处另觅新欢。如果家是一个你感到安全、受重视、被欣赏、被尊重和被渴望的地方，你就没有必要出轨。按照这一观点，婚外情实际上是欠缺的产物。因此，成功的治疗方法旨在首先确定和解决导致出轨的原因，这样夫妻双方最终就可以彻底免疫。但是，这种解决问题的方法能否消除爱的局限性和复杂性?

我不这么认为。首先，因为它表明有一种完美的婚姻可以防止出轨。其次，因为在一次次会谈中，我遇到的一些人都向我保证："我很爱我的另一半。我们是最好的朋友，在一起很幸福，但是我有外遇。"

这些人中的许多人多年保持对婚姻的忠诚，有时甚至几十年。他们似乎是心态平衡、人格成熟、充满爱心的成年男女，在他们的情感关系中也投入甚多。然而有一天，他们越过了他们从未想象要越过的界线，冒着破坏他们所建造的一切的风险。这究竟是为什么呢?

从一夜情到充满激情的婚外情，我越听这些不可思议的出轨故事，越觉得自己被吸引着去寻找其背后的解释。为什么原本生活幸福的人也会偷情?

为此，我鼓励那些不忠的人告诉我他们的故事。我想知道婚外情对他们来说意味着什么。你为什么那么做？为什么是他？为什么是她？为什么是现在？这是第一次吗？你们开始了吗？你试着抗拒了吗？你感觉如何？你在寻找什么吗？你发现了什么？所有这些问题都帮助我探究不忠行为的意义和动机。

人们出轨的理由数不胜数，每次我想我已经知道得够多了，却总会有新的答案打破我的想法。不过，也有一个主题会反复出现：婚外情是自我发现的一种形式，是对新（或失去的）身份的一种探索。对这些追寻者来说，不忠不是问题的一个征兆，而是更常被描述为有关成长、探索和转变的扩展性经验。

“扩展经验？！”我会听到一些人惊呼，“自我发现？别胡扯了！当然，这听起来比在汽车旅馆里乱搞好多了。但是欺骗就是欺骗，不管给它贴上多时髦的标签！它都是残忍、自私、不诚实，而且是侮辱性的！”的确，对受骗的人来说，这可能就是所发生的一切。但这对另一方意味着什么呢？

一旦最初的危机平息，重要的是在痛苦的同时留出空间去探索婚外情的主观体验。对于伴侣的一方来说可能是一种痛苦的背叛，对于另一方来说则可能是一场变革。了解出轨为什么会发生和它所代表的意义，不论对选择结束还是想继续在一起生活的伴侣，都至关重要。

寻找一个新的自我

有时，当我们寻求他人关注时，我们背离的不是伴侣，而是我们已经成为的那个人。我们并不是在寻找另一个爱人，而是在寻找另一个版本的自己。墨西哥散文家奥克塔维奥·帕兹将性爱描述为对差异性的渴望。[56] 通常，人们在婚外情中发现的最令人陶醉的他者并不是新伴侣，而是新的自我。

普丽娅的第一封信充满了困惑和苦恼。她说：“大多数对婚姻问题的描述似乎都不符合我的处境。科林和我的关系很好。我们有三个很棒的孩子，没有经济压力，我们有热爱的事业和好朋友。他是一个职场精英，长得很帅，也是一个贴心的爱人，身体健康，对包括我父母在内的每个人都慷慨大方。我的生活很美满。”

然而，普丽娅却与一位树商有了婚外情。一场飓风过后，邻居家的车库被树木压倒了，那个男人过来把树木移走。“我从来没跟什么人约会过——从来没有，真的从来没有。他开着一辆卡车，身上有文身。故事很老套，说出来太痛苦了——就像中年老板和年轻秘书一样。这很危险，会毁了我的一切，我不想这样做。我的治疗师是唯一一个知道的人，她告诉我不要接他的电话，不要再和他说话。我知道她是对的，也试过了，但我总是忍不住。”

她告诉我她的经历，一半是着迷，一半是恐惧。“我们无处可去，所以总是躲在他的卡车或我的车里，在电影院，在公园的长椅上——他把手伸进我的裤子里。我感觉自己就像和男朋友在一起的少女。”她再怎么强调高中的教育质量也不为过——在他们整个相处的过程中，只发生了六次性关系。感觉到性感比做爱本身更重要。她陷入了出轨者常见的困境：“不能再这样下去了，但我停不下来。”

普丽娅不明白她为什么会一片混乱。她也接受了这样的观念：只有在婚姻中缺少某些东西的时候，这种事情才会发生。然而，当她陈述自己婚姻生活的美满时，我开始怀疑她的婚外情与她丈夫或他们的感情并没有关系。

在这一类案例中，固执地在婚姻中寻找原因就是所谓的“街灯效应”：醉汉寻找丢失的钥匙，不是去他掉落钥匙的地方找，而是去亮着灯的地方找。人类倾向于在最容易找到东西的地方寻找事物，而不是去有真相的地方寻找。也许这解释了为什么许多夫妻治疗师会完全赞同症状理论。这样，他们就可以专注于两性关系中熟悉的领域，而不是让自己淹没在跨界的泥潭中。把责任归咎于失败的婚姻，要比纠缠于我们的野心、渴望和厌倦等不确定因素容易得多。问题是，醉汉们的搜索往往是徒劳的，而治疗师总能在婚姻中发现问题，即使这些可能并不是解锁婚外情意义的正确钥匙。

对普丽娅的婚姻进行鉴定肯定会得出一些结论：由于收入较少导致了她的无权地位；她倾向于压抑愤怒，避免冲突；她有时候会有幽闭恐惧症；两个独立的个体渐渐融合成“我们”——可以简洁地概括为“我们喜欢那个餐馆吗？”如果这样继续顺势聊下去，我们可能会聊得很开心，但却不是我们需要的谈话。事实上，一对伴侣有“问题”，并不意味着一定会导致婚外情。

“我认为跟这件事有关系的是你，而不是你的婚姻。”我对普丽娅建议道，“说说你自己吧。”

“我一直都做得很好。我是一个好女儿、好妻子、好妈妈。孝顺，直率。”普丽娅来自一个中等收入的印度移民家庭。对她来说，“我想要什么”的意思就是“他们想从我这里得到什么”。她从不聚会、喝酒或在外面待到很晚。22 岁时，她有了第一次约会。从医学院毕业后，她嫁给了对的人，丈夫给她父母买了退休公寓，并邀请他们一起生活。在 47 岁时，普丽娅开始面对一个恼人的问题：“如果我不完美，他们还会爱我吗？”在她的内心深处，有一个声音：对于那些不那么“好”的人来说，生活是什么样的？他们更孤独吗？更自由吗？有更多乐趣吗？

普丽娅的风流韵事既不是症状，也不是病态；它是一场身份认同的危机，是她人格的内部重组。在面谈中，我们谈到了责任和欲望、年龄和青春。她的女儿们长成了少女，享受着她从未体验过的自由。普丽娅既支持又嫉妒。在快 50 岁的时候，她迎来了自己迟来的青春叛逆期。

这些反思看起来似乎相当肤浅。普丽娅自己也说过同样的话。人们都认为她的生活令人羡慕。然而，她正在冒着一切风险。这足以说服我不要轻视它。我的角色是帮助她理解自己的行为。很明显，这不是一个爱情故事，而是一个人生故事（某些婚外情确实如此）。这段恋情从开始到结束都是这样——希望不会在这个过程中破坏她的婚姻。

与日常生活的责任相隔绝，婚外情的平行宇宙往往是理想化的，充满了超越性的承诺。对一些人来说，这是一个充满可能性的世界——在这里人们可以重新想象和重塑自我。然而，正因为它被包含在秘密结构的限制之内，它才被体验为无限。它是一段光芒四射的插叙，是生活散文中一段诗意的插曲。

因此，禁忌的爱情故事本质上是乌托邦式的，尤其与婚姻和家庭的世俗制约形成对比。[57] 这个有限宇宙的主要特征（以及它不可抗拒的力量的关键）是：它是无法实现的。按照定义，婚外情是不稳定、难以捉摸和暧昧不清的。不明确、不确定、不知道什么时候能再见到对方——我们在主要关系中无法容忍的感受——在一段隐秘的爱情中点燃了我们的期待。我们无法拥有爱人这一点，确保了我们保持着渴望，因为我们总是想要那些不能拥有的东西。正是这种遥不可及的特质，赋予婚外情以情爱的神秘感，保证了欲望之火的持续燃烧。

许多人，像普丽娅一样，选择了那些不能或不愿成为终身伴侣的人，这一事实加强了婚外情与现实的阻隔。通过爱上一个来自截然不同的阶层、文化或代际的人，我们在与那些我们不会当作现实考虑的可能性进行游戏。

正如记者安娜·普利在一篇关于她和一个已婚女人的婚外情的优美散文中所写的那样，不忠承诺了“永远不属于我的生活”。[58] 她写道：“我是她永远都不会选择结婚的人……我们的爱建立在可能性的基础上——我们给彼此的是无限的潜能。现实从来没有机会反对这种承诺……她代表了一种非凡的完美。她不得不这样做，因为她不包含任何现实关系的标志……她之所以完美，部分原因在于她是一个逃避者，她似乎总能提供更多。”

有趣的是，很少有婚外情被发现后还能继续下去。有人可能认为，一段冒着如此大风险的关系，将会经历向光明过渡的过程。在激情的魔力下，情侣们充满渴望地谈论着将来在一起时能做的所有事。然而，当禁令解除、离婚到来的时候，崇高与普通混在一起，婚外情进入现实世界，然后呢？一些人合法而幸福地在一起了，但是更多的人却没有。据我的经验，大多数婚外情会结束，即使婚姻也已经结束了。爱的感觉现实化以后，露水情缘只是曾经的一个美丽幻影。

婚外情存在于婚姻的阴影中，婚姻也存在于婚外情的中心。如果没有充满诱惑的非法性，与情人的关系是否依旧有吸引力？如果普丽娅和她的文身男友有他们自己的卧室，他们会不会还像在他的卡车里那样疯狂呢？

我遇到过无数像普丽娅这样的成年男女，我承认他们经验中的分量，不认为它是小气、自私或不成熟的表现。但同时，我也要挑战这些傲慢的情侣，他们认为，他们之间关系的顿悟使他们生活中的其他一切都平淡无奇。弗朗切斯科·阿尔贝罗尼写道：坠入爱河“重新安排我们所有的优先事项，把多余的东西抛诸脑后，在肤浅的东西上投射出耀眼的光芒，接着又立刻扔掉它”。[59] 我警告普丽娅，当诗意的飞行坠落

与日常生活的责任相隔绝，
婚外情的平行宇宙往往是理想化的，
充满了超越性的承诺。

时，她可能会意识到原来平淡的生活对她来说才是最重要的。

越轨的诱惑力量

任何关于人际关系的对话都无法避免规则这一棘手话题，以及人们想要打破它们的强烈欲望。违反规则是一种对自由超越规矩、可能性超越限制、自我超越社会的主张。普丽娅可能会因为她拿自己的婚姻冒险感到困惑和尴尬，但这恰恰也是越界的力量所在：冒着破坏我们最珍视的东西的风险。我们敏锐地觉察到万有引力定律，梦想着飞翔。结果既可能是变革性的，也可能是破坏性的，有时你无法把两者分开。

普丽娅常常感觉自己是一个活生生的矛盾体：时而为自己的鲁莽感到沮丧，时而为自己的一腔孤勇陶醉，时而为害怕被发现备受折磨，但又无法（或不愿意）克制。神经学家无疑会解释说，在她的日常生活中，她遵循的是大脑额叶皮层的理性指示，而在婚外情中，她的大脑边缘系统牢牢控制着她。

从心理学的角度来看，我们与禁忌的关系揭示了人性中晦暗不明的一面。越轨是人性的核心。此外，正如我们许多人从小就记得的那样，躲藏、偷偷摸摸、变坏、害怕被发现并侥幸逃脱都是一种刺激。作为成年人，我们会发现这是一种强效催情剂。冒险做一些下流或肮脏的事情，打破禁忌、拓展界限——所有这些都是令人兴奋的经历。性学家杰克·莫林观察到，我们多数人从童年起就有一种冲动，想要证明自己比规则优越。“也许，”他说，“这就是为什么带有冒犯意味的艳遇和幻想往往会让越界者产生自我认可甚至骄傲的感觉。”[60]

莫林著名的“性爱方程式”指出，“吸引力加障碍等于兴奋”。他解释说，持续的问题和成功的解决方案之间的紧张关系，会让人产生高度兴奋。当我们处于一种不平衡、不确定的状态，“处在狂喜和灾难之间的危险边缘”时，我们是最兴奋的。

这种对人类倾向的洞见，有助于解释为什么处于幸福稳定关系中的人会受到越轨行为的引诱。对普丽娅来说，这个问题令人着迷：如果这一次我表现得好像规则对我不再适用，又将如何？

尽管对有的人来说，打破规则是一个长期推迟的梦想，但对另一些人来说，权利却是一种生活方式。他们认为自己超越于规则。他们的自恋给了他们打破常规的自由。对他们来说，出轨是一种投机——他们欺骗而不受惩罚，仅仅因为他们就是能做到。

所有婚外情都是关于权利的阴谋。我特别感兴趣的是，对于那些活得负责任、尽职尽责、信守承诺的人来说，权利意味着什么。对正直的人来说，背叛代表着什么？当他们反抗的约束正是他们自己亲手创造出来时，我们如何看待他们的越界行为自相矛盾的本质？

我们的对话帮助普丽娅理清了她混乱的思路。不必拆散她和科林的关系，让她松了一口气，但不得不承担全部责任，又使她深感内疚：“我最不愿意做的事就是伤害他。如果他知道了会崩溃的，即使知道出轨与他无关也无济于事。他永远也不会相信的。”

普丽娅正处在一个十字路口。她可以告诉丈夫这段婚外情，许多人会建议她这样做，然后处理后果。她也可以保守秘密，结束这一切，希望他永远不发现。或者，她可以暂时在两条轨道上继续前行。我对第一种选择的担忧是，尽管我不纵容欺骗，但我知道婚外情一旦被揭露，事情将不可逆转地发生改变。这将不再是一个自我发现的故事，而是一个背叛的故事。我不确定他们能从中得到什么。

那么第二个选择，悄悄地结束又怎样呢？她已经尝试过多次：删除他的电话号码，从另一条路开车送孩子上学，告诉自己整个事情多么荒谬。但是，自我强加的限制会变成需要打破的、令人激动的新规则。三天后，假名字又回到了她的电话里。

至于第三种选择，普丽娅的痛苦与她所承担的风险成正比。她开始一天比一天更感受到这个秘密的腐蚀作用。每个电影院和隐蔽的停车场，危险都跟随着她。

考虑到这一切，我希望能引导她走向第四种选择。实际上，她告诉我的是：我需要结束这一切，但我不想。我能看到的是，她还没有意识到，她真正害怕失去的不是他，而是他唤醒的她的那部分自己。“你以为你和卡车司机有关系，”我告诉她，“实际上，是你和自己有了亲密的接触，是他所促成的。”

把人与经历区分开来，对于帮助人们摆脱婚外情至关重要。婚外恋情将结束，但他们的纪念品将继续与他们一起旅行。“我不指望你马上相信我，但你可以终止你们的关系，并保留它给你的一切，”我告诉她，“你重新和一种能量、一个年轻人建立了联结。我知道离开他的感觉就像切断了一条生命线。但是，我想让你知道，随着时间推移，你会发现其中的一部分会留在你的内心深处。”

我们讨论如何去分手。直接了断不起作用，因为它只强调消极的方面，并不承认这一经历的深度。普丽娅和她的情人也尝试了缓慢而温和的方法，花几个小时讨论如何结束这段感情。我知道这样的谈话是怎样的：两人整晚都在计划分手，但是马上要分开的时候，他们却感到前所未有的亲密，彼此更难分难舍。

我向他们介绍了另外一种对话：一个恰当的告别，不否认一段关系所有积极的方面，但却蕴藏着这样的矛盾："我不想结束这一切，但这正是我必须做的。"她应该感激他们的关系已经给了她什么，并告诉他她将永远怀念他们在一起的时光。

她问我："我今天就要这么做，对吗？"

"你得做很多天，"我告诉她，"你得学着从他那里把你自己重新找回来。这可不容易。有时你会感到你们的关系像根吸管。他已经在你的生活中如此重要，当你见不到他时，你会感到麻木和空虚。这是意料之中的，你可能需要时间。"

某些情况下，这个过程可能只是一场具有启发性的对话；在另一些情况下，它可能需要几周或几个月的时间。当意义被消解，婚外情可能会自然死亡，因为它已经达到了目的。对普丽娅来说，我怀疑会是后者。"你必须强迫自己不发短信、打电话、不跟他走或者开车去他家。你偶尔会忍不住，但总有一天会坚持住的。你会感到失落、悲伤，但渐渐地你会接受它。你会体验到不再支离破碎的感觉。有时，当你想起他时，你会觉得自己充满了青春活力。"

我说的也许会是真的，普丽娅将会深情地记住这位卡车情人。但我知道，同样有可能的是，一年以后当她回头去想时会感到很惊讶："我到底在想什么？我疯了吗？"在她的秘密花园里，他可能仍被看作一朵美丽的花，也可能被视作一株杂草。现在，只要允许她把他内在化，就足以帮她放手了。

人们经常问我："一对夫妇中有一方保守这样的秘密，他们真的还能体验到一种真实、安全的联结吗？难道不会导致整个关系的虚假吗？"对于这些问题，我并没有明确的答案。许多情况下，我一直致力于寻找启示，希望能为一对夫妇开辟新的沟通渠道。我看到过一个不小心泄露的秘密，会留下永不消退的疤痕。当我为普丽娅做咨询时，我的重点是让她拥有她的经历，并尽可能用体贴的方式来处理它。这些天来，我发给她的消息已取代了她情人的留言。我扮演了援手的角色，她断掉了和他的日常联络，逐渐开始追求自己的目标，那就是重新融入她的生活。

非现实生活的诱惑

寻找未被探索的自我，是不忠故事中一个强有力的主题。普丽娅的平行宇宙把她带到了她从未真正体验过的少女时代。另一些人则发现他们被过去的记忆所吸引。还有一些人，他们的白日梦把他们引向错过的机会、离开的人或他们本可以成为的人。著名社会学家齐格蒙特·鲍曼写道，在现代生活中，“总是存在着一种怀疑……一个人有可能生活在谎言或错误中；那些至关重要的事情被忽视了，错过了，遗忘了，没去尝试和探索；我们没有能够满足对真实自我的重要义务，一些未知的、与之前体验到的完全不同的幸福机会，没有被及时抓住，如果继续忽视，这些机会将注定永远失去。”[61] 他直接说出了我们对非现实生活、未经探索的身份和没有走过的路的怀恋。

作为孩子，我们有机会扮演其他角色；成人后，我们常常发现自己被安排或选择的角色所限制。当我们选择某个伴侣时，我们必须有所承诺。然而我们仍然有好奇：我们还能进入其他什么样的故事呢？婚外情为我们打开了一扇，让我们得以窥探他人的生活和陌生人的内心。而不忠往往是对被遗弃的可能性的报复。

德韦恩一直很怀念他大学时代的恋人凯莎。她给了他有过的最好的性爱，至今仍然是他幻想生活中的重要角色。他们都知道自己太年轻还不能结婚，于是不情愿地分手了。多年来，他经常问自己，如果他们相遇的时机不同，会发生什么。

如今，网络世界为我们提供了前所未有的机会，让我们与那些早已离开我们生活的人重新建立联系。我们从未有过如此多机会接触到自己的前任，也从未有过如此多好奇心。“某某发生了什么？我想知道她是不是结婚了？”“我听说他的感情出了问题。”“她还像我印象中那样可爱吗？”点击一下鼠标就能找到答案。一天，德韦恩搜索了凯莎的资料。真想不到，他们都住在奥斯汀。她还是那么性感，但已经离婚了。而另一方面，他婚姻幸福，但他的好奇心越来越重，于是“加了朋友”，很快她成了他的秘密女友。

在我看来，由于社交媒体的助力，与前任的婚外情比率激增。这些怀旧式的邂逅在已知和未知之间占据了一席之地——把你对曾经认识的某人的熟悉度和随着时间推移产生的新鲜感交织在一起。旧情复燃提供了一种内在信任、冒险和脆弱的独特组合。此外，它也是我们挥之不去的怀旧之情的磁石。那个我曾是如今却失去了的人，正是你曾认识的那个人。

我们都有很多个自我，但在亲密关系中，随着时间的推移，我们倾向于将自我的复杂性降低到一个缩小版的自我。恢复自我的一个重要方法，就是重新找回一路上遗弃或放逐的许多碎片。

流放情感的回归

有人会惊讶地发现他们由多个部分构成，而阿悠却很熟悉他的多重自我。他总是通过与朋友、导师和亲密伴侣的关系来定义、重新定义和发展自己。他告诉我："在世界的不同地方，我有不同层次或圈子的朋友，他们对应着我人生的不同阶段。每个人都能召唤出我在这些关系形成过程中的那个自我。我发现，仅仅通过选择与这个或那个圈子里的朋友共度时光，就能重新体验人生的不同阶段，这让我很兴奋。"

然而，在过去的两年中，对阿悠的成长最有影响力的人是辛西娅，一位国家发展顾问。他把他们两年的婚外情描述为"一个至关重要的发展加速器"——推动他进入一种新的自我体验。

阿悠的不忠讲述了一个不太为人所知却并不罕见的男人故事。有一种类型的男人，一生都生活在情感光谱强硬的一端，无所畏惧，总是在掌控。阿悠在肯尼亚长大，在动荡的童年时代搬过几次家。"我似乎想要许多美好的爱——温暖、保护、关怀、友谊和浪漫，而不是那些流露出来的部分——脆弱、虚弱、恐惧和悲伤。"他反思道，鉴于他的童年经历，这样的想法不无道理。

他的妻子朱莉，给他的就是这个。他们 27 年前在伦敦相遇，当时两人在同一领域工作。"她漂亮、聪明，有运动天赋，既不过分内省，也不脆弱，这些都很适合我。"生了五个孩子之后，朱莉决定辞职抚养孩子，而阿悠则继续为了工作前往世界各地。

他们的婚姻很幸福。正如阿悠所描述的，建立在"以尊重婚外自由为前提"的基础上。多年来，他多次享有这样的自由，享受在每个时区的偶然邂逅。朱莉对他的"劈腿"视而不见，甚至认为"她们减轻了我的压力"，连她自己也有过一段短暂的婚外情，并且她告诉了阿悠。

阿悠第一次遇见辛西娅是通过她的作品。他认为她"才华横溢"，她的声音"迷人、有趣、真诚且睿智"。当他们真正见面时，她正是他想的那样，优雅而大方。“我们坠入了爱河，”他说，“我们通过工作见面，两年内相互写了无数信件，有数千页。”他们的关系包括许多方面：深刻的对职业的敬重、创造性的伴侣关系、充满知性的友爱、性的激情以及幽默。

最初，阿悠和辛西娅打算告诉各自的伴侣，希望婚姻的灵活边界可以延伸到容纳他们的关系。但他们也知道，他们的这种关系比以往任何一段外遇都更郑重，很可能会“考验配偶的容忍限度”。

还没有来得及实施这项计划，意外出现了：辛西娅得了癌症。告诉配偶的决定被抛到了九霄云外，其他的界限也一样。“我投入了她的生活，尽可能多地和她待在一起。”阿悠回忆道，“我爱得越来越深。第一次，我允许自己害怕、悲伤。”

阿悠的描述与那些一直被压抑的情绪联系了起来，找到了新的好奇心、同理心和对不确定的宽容。他总是自我反省，总结如下：“在我所缺乏的情感空间里，我终于不再一无所知了。”这个男人的温柔也体现在他的性爱中：“更有趣，更平衡，更少受结果的驱动。”

当朱莉发现辛西娅的存在时，阿悠仍然希望她能“耸耸肩”，接受这是一份新的多角恋协议的一部分。令他吃惊和沮丧的是，相反的情况发生了。“她陷入了痛苦之中。”他写信来要求进行一次夫妻会谈，试图找到一条摆脱僵局的途径。

“其实我爱朱莉，”他写道，“她精力无限，对我们的婚姻和家庭做出了毋庸置疑的承诺。她有毅力，体贴，信念坚定，价值观丰富。我们有很多共同点，这会让我们相伴到老。实际上，我也爱上了辛西娅，爱她的优雅、她细腻的情感、她的才华、她的脆弱、她本身的不可捉摸，以及她复杂的心思。我喜欢和她在一起时我的样子，那是我最大可能的自我。现在，我身体的不同部分被拉向相反的方向。她俩都在我的生命里，我感觉自己是有史以来最幸运的人。”

我们见面时，阿悠已经不情愿地结束了和辛西娅的性关系，但是他坚持要继续他们创造性的合作——朱莉对此深感不快。他诚实地告诉我，他正在考虑几个选择。他一方面希望我能说服朱莉，让他同时拥有婚姻和婚外情；他的另一部分自我希望我能“让他清醒过来，摆脱幻想”，专注于他的婚姻。然而，他还有一部分自我想知道，这个十字路口是否意味着要把他带入新的生活。他希望我能帮助他面对其中的意义。他不知道自己应该朝哪个方向努力。

与此同时，朱莉想要理解辛西娅对于阿悠不可抗拒的吸引力以及她自己的反应强度。“为什么他这次出轨对你的打击跟以前不同？”我问她。我们都熟悉这样的故事：中年男人被年轻貌美的女郎吸引，相比之下，妻子则暴露出种种不足。对于朱莉来说，年轻的美女从来都不是问题。她说：“我没有感受到她们的威胁，所以决定无视她们。”但是辛西娅却给了她致命一击。她是一个专业的、事业有成的女人，和朱莉同龄，在朱莉几十年前离开的领域表现出色，而朱莉则投身于做母亲的事业。

听着朱莉的诉说，我开始思索为什么这次出轨的曝光会令她陷入绝望。她的丈夫不仅仅是爱上了另一个女人，他爱上的是朱莉本可以成为的那个女人。辛西娅不仅代表着阿悠发现的新自我，也代表着朱莉放弃的一切。本应该是朱莉在他身边工作，分享他的激情，一起庆祝他们的成功。但她做了不同的选择，并且没有回头路可走。与此同时，阿悠却拥有两个选项。

在我们面谈时，朱莉第一次开始思考她迷失的自我，她的矜持崩溃了，开始哭泣。会谈结束时，她和阿悠都面临着非常不舒服的新障碍。他能把他新发现的同理心用在妻子身上吗？她能突破她的克制，展示自己的弱点吗？

阿悠没有在他的选择菜单中列出一种可能的选项，那就是在他和朱莉之间创造一种新的情感词汇。如果恐惧、悲伤和脆弱能进入他们的庇护所，他们可能会在自己意想不到的地方遇到新的自我。一天的会谈结束时，我让他们都考虑这种可能性。

正是像这样的现实生活剧，让我看到了症状理论的局限性。不忠不应被简单地视为一种病理现象或功能障碍。我们必须认真倾听越轨经历中的情感共鸣及其影响；否则，我们就会使促成出轨的那道裂痕永远存在。理清婚外情的意义，可以为接下来的决定奠定基础。把宝贵的时间用在错误的地方去寻找我们丢掉的钥匙，实在是冒险之举。

第 10 章

对抗死亡的秘方

——禁忌的诱惑

今天，我是一个满怀恐惧的女人，一方面害怕一切可能改变，另一方面又害怕余生可能一成不变。

——保罗·科埃略（Paulo Coelho）《私通》

"'我们走楼梯吧。'我们在办公室外面等电梯时，他说。然后他的手碰到了我的手，这轻微的触碰让我感觉像触电一样。我感到我还活着。"回忆这些时，丹妮卡的眼睛闪着光芒，"你知道，这让我很震惊，因为我甚至不知道我会那样。直到那一刻，我才意识到我已经很久没有这种感觉了。"

丹妮卡的描述一点儿也不奇怪。我既不惊讶这位尽职尽责的妻子和母亲跟着她年轻的巴西同事路易斯进了楼梯，也不惊讶他们发展出了婚外情。从那些偷吃禁果的人那里，我听到的一个最重要的主题就是：这让他们感觉自己还活着。

无数出轨者以相似的语言叙述他们的出轨经历：重生、青春焕发、变强大、恢复元气、焕然一新、充满活力、解放。而许多人，像丹妮卡，他们甚至没有察觉到这些情感的缺失，直到他们突然意识到。活力焕发的感觉很少是外遇的明确动机。许多情况下，他们并不知道这些为什么会发生，却意外地发现了它的意义。在我研究背叛之爱的十年里，我听到这种情感在世界各地的表达。在古老的把性欲作为生命能量的观念中，出轨是典型的情节。

“和辛迪在一起的每件事都很兴奋，”卡里姆回忆他们三年的婚外情，跟我说，“打算见面很兴奋。做爱兴奋。吵架兴奋——还有编谎话也很兴奋。我想我既渴望见到她又害怕她。相比之下，我的婚姻很正常，还不错，不过有点儿无聊。”

“我从来没有想过要爱上别人，”基思告诉我，“乔和我从艺术学校起就在一起了。后来我在一个艺术家聚居地遇到了诺亚，就像从漫长的冬眠醒来一样，我甚至不知道我睡得多熟。他推动着我，激励着我。我觉得自己活力四射，和他一起我正在完成我最好的工作。”

“十多年来，我丈夫都不能激发我的性兴奋，”艾莉森说，“我 35 岁了，一直确信自己生理上有问题。在其他方面，我们有很多共同点。他是我最好的朋友，我的副驾驶，表面上看，我们很完美。然后，迪诺出现了，他只说了几句话给了一些建议，就做了所有润滑剂和情趣玩具无法为我做到的事。这是一种奇妙的感觉——仿佛他激活了我。”

当我问人们“活着”是什么意思时，他们给出了多方面的体验。权力、认可、自信和自由是最常见的回答。如果再加上爱情的灵丹妙药，你就拥有了一杯令人陶醉的鸡尾酒。当然，也包括性的觉醒或再次苏醒，但并不止于此。被唤醒的人描述了一种被束缚时的冲动，一种打开生活可能性的感觉——生活已经被缩小到一条可预测的轨道上，所有事物都似乎平淡无奇。我开始把这样的遭遇看作是存在主义的婚外情，因为它们深深地嵌入了生命的本质。

然而，无论我们如何评判他们的结果，这些关系都不是轻浮的。它们的力量经常让卷入这个秘密中的人感到困惑，也令他们的配偶迷惑不解。但是，听过很多次同样的故事后，我知道这种疯狂自有道理——这是人类本性中一个潜在的谜题，能导致人们犯下意想不到的过错。我常常觉得自己一半是心理治疗师，一半是哲学家，需要向夫妻们解释存在主义的悖论——这种悖论让看似不可思议的事情变得合情合理。

死亡的解药

在这些数量惊人的案例中，有一条明晰的线索可以追溯到人类基本的恐惧——与死亡的对抗。我经常看到，在一次失去或悲剧之后，婚外情发生了。当死神来敲门时，比如母亲或父亲去世、朋友英年早逝或孩子夭折，爱和性的碰撞会给生命带来至关重要的肯定。

此外，还有一些更具象征意义的失去。医生的坏消息会在一瞬间践踏我们的青春和活力。我见过不少身患癌症的男女在新欢的怀抱中逃避对死亡的焦虑。不孕不育使我们不得不面对无法创造生命的事实。无法抗拒的失业削弱了我们的信心，让我们感到自己毫无价值。沮丧使我们失去了希望和欢乐。像战争或灾难这一类危险境况，会刺激我们去冒不寻常的情感风险。在这些时刻，面对我们感受到的无助和脆弱，出轨可能是一种反抗行为。弗洛伊德把性描述成生命本能，与死神抗争的本能。

这些人以前可能也有过这样的想法。我想知道的是，是不是这种与生命的短暂和脆弱直接对抗的勇气，促使他们抓住今天、采取行动。突然间，他们不再满足于过了半辈子的生活。“这就是全部吗？”他们渴望得到更多。昨天看似合理的妥协，今天变得难以忍受。“人生苦短，来场婚外恋。”某网站臭名昭著的口号听上去很粗鲁，却一语中的。类似的故事如此之多，以至于我经常问我的来访者：“过去几年里，你经历过什么失去、死亡或悲剧性事件吗？”

也许是显而易见的死亡，也许是从麻木的日常习惯中慢慢升起的死亡——无论如何，我把这些婚外情看作是一种强大的解药。“爱和性唤醒了最疲惫的人。”[62]意大利社会学家弗朗西斯科·阿尔贝罗尼写道。在这样的遭遇中，对生命的渴望以一种不可抗拒的力量颠覆了我们。它通常既无须计划，也无须寻求。情欲意想不到的刺激，激励着我们超越世俗，打破日常生活的节奏和常规。时间慢下来了。不可阻挡的年龄增长似乎失去了动力。司空见惯的地方焕然一新。新的地方唤醒了我们的好奇心。人们说，每一种感觉都好像被放大了——食物更美味，颜色更夺目，音乐从来没有像现在这样动听。

“不可能都是坏的”

根据一些短信的蛛丝马迹，斯蒂芬发现妻子丹妮卡和一个男人的婚外情。这段婚外情让丹妮卡获得了新生，而斯蒂芬则感觉受到了致命打击。“我仍然能感到你的双手抚摸着我的全身。”她写道，“也许我们可以再偷偷出去吃午饭？我为你穿了特别的衣服。”从这些短信中，斯蒂芬认出了他曾经爱上的那个活泼俏皮的女人，他有好多年没看到她这样了。

从最初的震惊中恢复之后，用斯蒂芬自己的话说，他有一种“奇怪的积极”，希望还有一线希望。丹妮卡深表遗憾，坚持说婚外情已经结束。斯蒂芬来见我，表达了他的愿望，也许这场危机会让他们曾经如胶似漆现在却相当冷淡的婚姻重燃激情。

在取消了几次约谈后，我终于和丹妮卡见面了。她是一位四十出头、优雅矜持的女子，在世界卫生组织担任顾问。我从斯蒂芬那里知道她很怀疑，而且对斯蒂芬几个星期来缠着她让她看我在YouTube上的演讲非常恼火。她的举止毫不含糊地告诉我，她现在有很多比和我见面更重要的事情要做。这么说吧，我觉得自己很不受欢迎。她甚至不愿意谈论她所谓的“错误”。“那有什么关系？已经结束了。我只想继续前进。”

我感觉她期待我像她评价自己那样评价她。但是她的感觉糟透了，我不必再说什么。她的羞耻和不安显而易见，并把整个经历都说成是“错的”。

在这样的时刻，我习惯于帮助忏悔的出轨者表达更真实的悔恨和自责。但是，面对这个女人，我发现自己处于相反的境地。她彻底的自责阻碍了她理解和改变的所有途径，无论是对她自己还是对她的婚姻。我们需要把“错误”和“伤害”分开，这样她就能承认她的经历中积极的一面，同时对所造成的痛苦负责。否则，她几乎不可能把新发现的能量带回家。斯蒂芬认出了那个女人并想要她回来，丹妮卡却对自己的行为感到震惊，她坚持认为在路易斯的怀抱中活过来的那个女人“不是我”。

“一段婚外情往往会包含一些令人愉快的部分，”我告诉丹妮卡，“你深爱着那个人，所以不可能都是坏事。的确，你感到很内疚，但不管怎么样，你说他让你感觉自己还活着。跟我多说说吧。”

她犹豫着开始了。“我不是在寻欢作乐。我曾经多次遇到过追求者，却从没有心动过。但路易斯不同，他不是在勾引我。他说，‘你具有美的能力，却被锁住了。你的内心深处有一个真正的女人等待释放。’他会用一种比奉承更深层的方式赞美我。而且他很执着。”私下里，我认为路易斯的话听起来就是引诱。但我也知道，当最简单的评论直接针对一个深深的、未被认同的渴望时，会产生怎样的效果。仅仅是奉承就能变成令人眩晕的迷药。

她继续说:“家里有太多事要做。上有老人，下有孩子。我经常觉得太忙了。回到家我甚至没时间脱下外套。忙完一件事要忙另一件事，直到筋疲力尽。那年秋天的事情改变了我。我愿意去办公室，觉得自己很有价值。我感到很自主，甚至有点轻佻。”与路易斯的相遇给她的生活注入了崭新的快乐和期待的感觉，这两种强有力的性爱成分，早已在婚姻和家庭中消失了。

太糟糕了，因为这个家曾是一个梦想成真的地方。那是一座美丽的小屋，红色的屋顶，宽敞的窗户，可以俯瞰苏黎世湖。她和斯蒂芬，一位成功的律师，已经在那里居住了 15 年，丹妮卡深情地监督过它的每一处修缮细节。作为一个在巴尔干冲突中从波斯尼亚逃离的难民，她从小渴望着一个稳定的避风港。她很快向我确证，她并不想离开——这不是一次逃离型的出轨。但是她很难理解自己为何如此分裂。这个田园诗般的地方怎么会变得如此单调，以致她想要逃走呢？更让她困惑的是，她伤害了斯蒂芬，“第一个让我感到安全的人”。

安全和冒险的难题

在婚外情中，人们常常发现他们深深背叛了自己最看重的东西，这是一种痛苦的讽刺。然而，这也是一个常见的困境，反映了我们内心的冲突。我们寻求稳定和归属，这种渴望推动我们走向有承诺的关系，但我们也因新奇和多样性而茁壮成长。正如精神分析师斯蒂芬·米切尔敏锐地指出的那样，我们渴望安全，也渴望冒险，但这两个基本需求源于不同的动机，并在一生中将我们拉向不同的方向——在分离与聚合、个性与亲密、自由和承诺的紧张关系中挣扎。[63]

从我们来到这个世界的那一刻起，我们就同时拥有这两种对立的驱动力——在母亲膝盖上的安全感与在游乐园冒险之间来回转换。

我们将这种二分法带进了成年。一只手紧抓着已知和熟悉的东西，另一只手去寻求神秘和刺激。我们寻求联结、可预见性和可靠性，好让我们牢牢地在一个地方扎根。但我们也需要改变，需要意外和超越。希腊人理解这一点，这就是为什么他们崇拜阿波罗（代表理性和自律）和狄俄尼索斯（代表自发性、感性和情感）。

现代爱情创造了一个新的、诱人的承诺：我们可以在一段关系中满足这两种需求。我们所选择的人既是稳定可靠的磐石，也能使我们超凡脱俗。

在一段关系的早期阶段，这种矛盾的结合似乎是完全合理的。安全感和冒险很少一开始就像一个非此即彼的命题。蜜月期的特殊之处在于，相互吸引的爱情慰藉与对未来的激情结合在一起。我们常常没有意识到的是，一开始的热情洋溢是由不确定的潜流推动的。当我们开始着手让爱情更安全、更可靠，这个过程将不可避免地降低它的强度。在承诺的路上，我们很乐于用损失一点儿激情换取更多的确定性和内心的稳定，却没有预料到可能付出的隐性代价是性爱活力的丧失。

我们在亲密关系中寻求的持久和稳定会扼杀性爱的火花，导致米

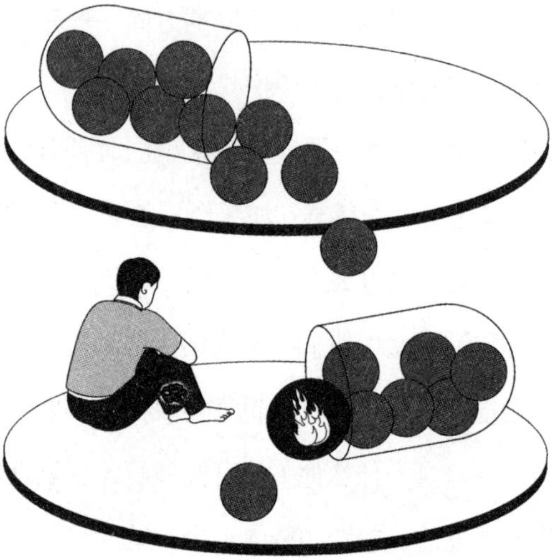

"爱和性唤醒了最疲惫的人。"

情欲以意想不到的刺激，激励着我们超越世俗，

打破日常生活的节奏和常规。

切尔所说的“表现出极度的反抗”，也就是婚外情。通奸者发现自己渴望摆脱安全和日常惯例的束缚——而这正是他们在最初的关系中努力寻求的。

丹妮卡从未想过自己会陷入这样的窘境。像斯蒂芬这样的男人、孩子、稳定的工作，以及为次年制订计划时所带来的安全感，正是她一直想要的。但是，随着孩子的成长，她产生了新的恐惧——对她来说，一种特别严重的恐惧。她最小的儿子在一岁生日前做了心脏手术，需要特殊护理；她的大儿子 12 岁，擅长给父母制造恐慌，需要得到更多的关注。

尽管压力重重，丹妮卡和斯蒂芬还是过着舒适的生活。斯蒂芬在妻子眼中失去了激情，但他一直在想，他不能再要求更多了，因为她是如此疲惫。他每天匆匆下班回家与她和孩子们在一起，她太过专注于自己的责任，甚至没有注意到内心越来越麻木。“我们的婚姻并不糟糕。”她坚持说，“他从来没有错过我们每周的约会之夜。但是当我担心一个孩子的健康状况，担心另一个孩子的成绩不好时，还有我知道我必须 6 点起床时，你怎么能期待我感到浪漫？说实话，我宁愿在睡觉前赶完电子邮件，这样第二天早上我就少做一件必要的事。”

历史学家和散文家帕梅拉·哈格写过一本书，讲述像丹妮卡和斯蒂芬这样的婚姻，她称之为“郁郁寡欢的婚姻”。[64] 她这样分析“半幸福夫妇”的困境：

> 婚姻给你的生活增添了很多东西，也带走了一些东西。恒常不变杀死快乐；快乐杀死安全；安全杀死欲望；欲望杀死稳定；稳定杀死性欲。得到一些东西，你的某个部分就退化了。

它可能是你没有也可以活下去的，或者相反。但在结婚之前，你很难知道哪一部分自我是可以牺牲的……哪些是你精神的一部分。

对丹妮卡来说，和许多其他人一样，直到婚姻之外的某个人提醒，才意识到自己的那部分精神是不可牺牲的。路易斯精心措辞的调情直接触动了她无言的忧郁，唤醒了她的自我。毫无疑问，她觉得那个自我比今天这位自我批评、沮丧、一心多用的母亲更真实。

双双出轨以及解决方案

如果需要证明调和我们不和谐的欲望多么富有挑战，那么不忠就是证据。也许，正如劳拉·基普尼斯所言，这不仅是人类同时渴望两种事物时产生的副产品，还是一种解决方案。“不贞的欲望隐藏在这种根本的精神分裂中，”她写道，而婚外情则提供了“一个优雅的解决方案，通过有意设计的相互竞争的三角关系，将冲突外化”。[65]

许多人到外面去找他们在家里找不到的东西，这似乎顺理成章。但是，那些去别处寻找他们在家里并不真正想要的东西的人呢？对一些人来说，他们的电子邮件不适合表达与浪漫激情或放纵性爱有关的各种混乱情绪。正如米切尔建议的那样，将这些力量与我们所依赖的人一起释放，风险要大得多。在这种情况下，人们的婚外恋并不是出于对家庭的无视；恰恰相反，他们非常珍视它，以至于不想破坏它。他们不愿意用爱欲放纵的能量来扰乱家庭生活的稳定。他们可能想暂时逃离舒适的巢穴，但他们肯定不想失去它。出轨可能是一种不约而同的解决方案：在情人的闺房冒险和冲动，在婚姻的住所获得舒适与亲密。

至少在理论上，通过双向承诺，婚外情解决了兼顾安全和冒险的两难困境。在把对激情和风险的需求外包给第三方的过程中，不忠的一方可以在不完全放弃的情况下超越家庭生活的单调。毕竟，通奸的床不一定是我们想要生活的地方——我们只是想拥有可以选择的自由。只要成功地保守秘密，我们就有一种可以拥有一切的感觉。社会学家莱斯·范德沃特和斯蒂夫·达克写道："这一矛盾增强了婚外情的变革性魅力——尽管没有什么需要改变，但一切都变了。婚外情提供了一个诱人的承诺，那就是一夫一妻制的一方或双方都可以被违抗。"[66]

女人的欲望、迷失和挽救

丹妮卡并不是第一个在家里萎靡在外面苏醒的女人。这是一个爱神失声的故事典型。我常常见到像她这样的女人——通常是被她们沮丧的丈夫拖着去接受治疗，他们厌倦了一晚又一晚被拒绝。常见的抱怨是：她完全沉迷于孩子，对性没有兴趣。"不管我洗了多少盘子，都无济于事。"但是，我发现，正是这些女人，在一段意想不到的婚外情中"活了过来"。

许多男人都难以理解，一个在婚床上不想被打扰的女人，怎么突然有了一段火热的婚外恋。多年来，他一直认为她对性不感兴趣；现在，有了新的证据，他开始重新考虑——"她一定对我没有性趣。"某些情况下，女人的出轨欲望确实是对缺乏想象力的丈夫的反应，但并非总是如此。事实上，斯蒂芬是一个浪漫的人，他喜欢为妻子的快感设置前戏，但她的反应常常是“咱们可别再怀孕，好吗？”然而，和路易斯在一起，情形却正好相反。

作为妻子，她迫不及待想要结束性爱；作为情人，她希望它永不终结。很容易认为是男人造成了不同。但情境更重要。我所说的情境，指的是她为自己编织的故事以及她在其中扮演的角色。家庭、婚姻和母亲的身份永远是许多女性的追求，也是让女性觉得自己不像女性的地方。

著名的研究者玛莎·米娜特别阐明了女性欲望的奥秘，她挑战了常见的假设，即女性的性欲主要取决于关系纽带——爱、承诺和安全感。但是，如果这些假设正确，那么像在丹妮卡这样的婚姻中，性应该是活跃的。米娜认为女人不仅是“感性”的，而且是“好色性感”的，事实上，“女人可能和男人一样，被新奇的、非法的、原始的、匿名的东西所吸引，但这些东西的价值不能替代她们更看重的东西（例如，情感联结）。”[67]

正如我经常说的，我们的情感需求和我们的性爱需求并不总是一致。对一些人来说，在关系中找到的安全感给了他们必要的信任，让他们去玩，去冒险，去安全地释放。但对其他许多人来说，筑巢的特质在培育爱的同时也慢慢扼杀了欲望。当被迫做选择时，女性会选择什么？米娜假定的是“女性选择良好的伴侣关系而不是性快感”。

换句话说，自古以来，女性就把情感需求置于爱欲需求之上。她知道什么让她兴奋，但也知道什么比兴奋更重要。她知道自己喜欢什么，也知道自己需要什么。她已经做了选择。

可以理解的是，斯蒂芬还没有破解女性感官之谜。像许多男人一样，当妻子退缩时，他们断定：她不喜欢性。这让我们产生了另一种常见的误解，认为米娜太看重工作了。我们把缺乏性兴趣解释为女性性欲天生不强的证据。更准确地说，女性的性欲需要一种更强烈更富想象力的驱动——首先和最重要的是来自她自己，而不仅仅是她的伴侣。

在向婚姻过渡的过程中，太多女人的性欲经历了从欲望到义务的转变。当它成为她应该做的事情时，就不再是她想做的事了。相反，当一个女人有外遇时，会给她的快乐带来自主性。外遇激起的是她的意志——她追求自己的满足。

斯蒂芬感到很难过，因为他没有注意到丹妮卡的衰退有多严重，他甚至去找她的情人，试图找出原因。他问道："你怎么知道她内心死了？你看到了什么？"路易斯告诉他，"她让我想起了冬天的树。虽然它没有叶子，但你可以想象它在夏天的自然光彩。"听到对他妻子困境的诗意描述，斯蒂芬感到伤心和嫉妒。为什么路易斯能够让她重新绽放，他却不能？

我告诉他："跟路易斯在一起，她不必考虑孩子、账单和晚餐——所有这些都让她感到性生活乏味单调。如果换成你，你很快也会有同样的命运。"

"性沉默"[68]是心理治疗师和作家达尔玛·海恩用来描述这种困境的术语——一些女性结婚后"快感和活力意想不到而无法言说的消退"。婚姻和母亲的身份要求一定程度的无私，这种无私与欲望中固有的自私是相悖的。对他人负责使女人更难专注于自己的需要，更难感到自发的性表达和无忧无虑。对许多人来说，在家里找到一种对自我的专注是情爱快乐的关键。照料家人的负担则是一种强大的反催情剂。

当一个女人努力与自己保持联系时，婚外情往往是自我回归的场所。就像古代神话中的英雄一样，她离开家去寻找自己。她的秘密恋情成了她生命中唯一一件为了自己的事：一种自主性的标志。当你有外遇时，你知道自己这么做并不是为了照顾别人。海恩的研究证实了这种恋情中包含的自我实现。“在出轨之前，她们的身体支离破碎，她们的声音沉默，她们一些重要的器官或部分人格缺失了；在出轨之后，她们发生了变化。她们放弃了那些压抑的感觉，进入一个清晰的、充满色彩和活力的现实，她们感受到了活力、清醒、坚强和专注。”

据我的经验，自主性这一主题在女性出轨中更明显，但绝非女性独有，也不局限于异性恋夫妇。女人更有可能说“我失去了自我”，男人抱怨的是“我失去了我的女人”。他们也开始在外游荡，不仅是为了寻求更多或更刺激的性，而是为了寻找情感联结、强度和活力。讽刺的是，随着不忠之轮的滚动，他们通常会遇到和他们家里的妻子一样在别处寻求觉醒的女人。

米娜和心理学家凯伦·西姆斯的研究确立了导致“性欲阻力”的三个核心主题。[69] 首先，关系的制度化——从自由和独立到承诺和责任的过渡。其次，当亲密和亲切取代个性和神秘，产生了过度的熟悉感。最后，某些角色的蜕变——母亲、妻子和家庭管理者都促进了自我的去性欲化。

这些发现支持了我的临床观察，即：保持欲望需要面对的挑战，在于驾驭我们内心这些基本的对立。他们再次挑战了关于女性欲望的传统观念，尤其是那种女性完全依靠安全感来获得性开放的假设。“女性的性欲需要在对立的冲动——舒适与自由，安全与风险，亲密与个性——之间找到平衡，而不是被固定在‘安全’这一点上。”他们总结道。

对于那些努力在这种对立之间维持微妙平衡的人来说，很容易理解为什么不忠是一个迷人的命题。婚外情的结构绝不是约定俗成、通往自由和独立的必经之路。正如西姆斯和米娜所言，它是一个“限定性”的区域，即：放弃了规则和责任，是一种对快乐的积极追求，一种对现实极限的超越。当然，几十年共用一间浴室并不一定会带来过度亲密的风险。我们的神秘、新奇和未知与生俱来。情人的角色本质上就是“性”，而母亲、妻子和管家则应被安全地锁在家里。

不跟我在一起时，你是谁？

当我与斯蒂芬和丹妮卡会面时，他反复强调，他只想让妻子和他一起重拾性爱的自我。“我不喜欢她总是为孩子不断牺牲自己，毫不顾及自己和我俩。我想支持她改变这一点。”他满脑子都是如何帮助她腾出更多时间和空间——重拾所有曾经让她感到快乐的东西。排球、瑜伽、闺蜜时间。“但到目前为止，还什么也没发生。”他告诉我。

我注意到，丹妮卡沉默不语。

“你做得很好，”我告诉斯蒂芬，“但你能做的只有这么多。”如果他一直试图解决丹妮卡的问题，每一个建议都会增加她的压力，加剧她的抵抗。她需要追求自己想要的，而不是他想要从她身上得到的。

我经常对我的来访者说，如果他们能把在婚外情中十分之一的大胆、好玩和热情带到他们的关系中，他们的家庭生活就会有很大不同。当涉及出轨而不是婚姻承诺时，我们的创造性和想象力似乎更丰富。不过，当我这么说时，我也回想起电影《月球漫步》中令人心酸的一幕。珀尔和一名自由奔放的衬衫推销员有暧昧关系。她十几岁的女儿艾丽森问道：“你爱布鲁塞曼比我们所有人都多吗？”“不，”她母亲回答，“但有时候和不同的人在一起感觉会更轻松些。”

如果这段婚姻不仅要从情感上而且从性爱上恢复，丹妮卡需要找到一种方式，让她和她长期生活在一起的那个人变得不一样。毫无疑问那是一个挑战，但并非不可能。我曾见过不少女人，带着她们新发现的自我回到伴侣身边，她们甚至不知道是什么引发了这种变化，但是肯定心存感激。和第三者的亲密接触会使休眠的性欲苏醒过来（或恢复生机）。所以，尽管出轨经常会贬低夫妻的性生活，但有时候也可能带来另一种增值。

丹妮卡需要拥抱她内心的矛盾，与那个热情追求自己快乐的女人和平相处，即使这意味着背叛婚姻。我解释说："如果你否定她，让这段婚外情变得丑陋和可耻，你就切断了自己活力的生命线。"但她似乎仍然不太情愿，斯蒂芬的沮丧也显而易见。

对他来说，最深的创伤不是她去了别的地方，而是她向他展示了什么是可能的，然后似乎无法或不愿意与他分享。现在，他也觉得自己有了更大的热情，返回乏味的状态对他来说是可怕的。令人遗憾的是，把性欲带回家比他想象的要困难得多。18 个月后他给我写信，他还在等待迎接那棵盛夏开花的树，但他的希望正在消失。

考虑到我们的双重欲望，导致不忠的内在冲突是不可避免的吗？我们是否倾向于珍惜家里的习惯和安全，然后逃到别处去寻求冒险？有可能与伴侣一起生气勃勃地生活吗？我们能否在熟悉的过程中体验到我们渴望的差异性？它需要些什么？丹妮卡和斯蒂芬的故事没有提供太多的鼓励，在这一点上你感到沮丧是可以理解的，但它也说明了我们无法回避的人类现实。但爱与欲望不一定相互排斥。许多夫妻都找到了一种方法来整合他们的矛盾，而不是将矛盾分化。而首先要认识到的是，我们永远无法消除这种困境。调和情欲和家庭的矛盾并不是一个需要解决的问题，而是一个需要面对的悖论。

第11章

性只是性吗?

——出轨的感情经济因素

> 仅在伦敦，就有8万名妓女。她们是什么？……人类在一夫一妻制祭坛上的献祭品？
>
> ——亚瑟·叔本华《悲观主义研究》

一个男人走进酒吧，摘下结婚戒指，掏出一沓钱，示意一个漂亮女孩为他跳舞……

我能想象你在想什么。也许你受到了诱惑，也许你感到恶心。你可能很快会做出判断或为自己辩护。“男人都是猪！”“男人需要性。也许是他老婆不愿意。”“混蛋！”“花心萝卜。”“人渣！”唯一你不可能想到的一个词是“爱”。人们普遍认为，女人出轨是为了爱情，而男人呢？他们为性而出轨。当讨论匿名的、交易性或商业性的性行为时，这一假设更为明确。这样的邂逅是为了不受感情的影响。他不愿意记住她的名字。这难道不是性是可以交易的特殊商品的证据吗？

然而，在复杂的通奸故事中，事情并不总是人们看到的那样。很多女人出轨是受生理欲望的驱动，而很多男人出轨则由复杂的情感需求驱动——当然也包括许多不忠出于随意或交易。

多年来，和妻子瓦莱丽在一起时，现年55岁的加斯患有慢性勃起功能障碍。“我不想让他感觉不好，所以我们停止了尝试，”她告诉我，“后来我发现，在我们的婚姻生活期间，他总是去脱衣舞俱乐部参加性派对和找妓女！”瓦莱丽也50多岁，她气愤不已，“我相信他爱我，可是他怎么能判若两人——在家里是有勃起功能障碍的丈夫，在外面是痴迷于寻花问柳的色狼？想想看，我还为此放弃了我的性生活！”

斯科特比加斯小20岁，和31岁的克里斯汀刚刚开始交往。他说，他们以前每天都做爱，但六个月后，他就再也无法投入了。这并不是说他不感到饥渴，而是他更喜欢躲在房间里用色情片满足自己。克里斯汀为他们性生活的减少担忧，但她知道他经历了一段生意上很艰难的时期，他母亲刚刚去世。当女友告诉她，看到斯科特和两位女子进了一家旅馆电梯时，她的同情变成了恐惧。“他承认他在网上约炮，其中的一个让他染上了性病。”克里斯汀深入了解后，被斯科特的色情嗜好、为一夜情挥金如土的行为震惊了。“如果我一直在羞辱他、唠叨他或者拒绝他，我还能理解，但这对我来说太不合理了。”

乔纳也是30多岁，和他大学时的女友丹妮尔结了婚。他们有两个孩子，他们的性生活似乎消失了。但丹妮尔发现乔纳每周都在进行色情按摩，他在电脑上的时间也并没有花在玩“魔兽世界”上。

乔纳、斯科特和加斯是出现在我办公室的众多男人中的三个，他们的妻子困惑、震惊，对他们感到恶心。这种特殊的通奸者几乎都是男性和异性恋者。他们通常已婚或有一段稳定的关系，并希望保持这种状态。他们是有责任心的慈爱的父亲、儿子、男朋友或者丈夫，是当人们需要帮助、现金或建议时，会求援的对象。如果他们愿意，他们可以不打开钱包就有外遇。与通常的看法相反，家里一般会有位迷人的女性等着，渴望和他们上床。然而，他们却把自己的性生活外包给妓女、炮友、脱衣舞女、网络性工作者、色情游戏或色情片。

为什么这些男人会选择性交易？他们的妻子怎么才能把家里那个温柔的好男人和从俱乐部偷偷溜出来的家伙看成一个人呢？

过去，男人嫖妓常常被认为没有调戏邻居的妻子那么恶劣。这很伤人，但并不会危及婚姻，因为他并不打算离开他的妻子。实际上，很多人甚至不把性工作者看作出轨对象，有人甚至宣称妓女的存在让男人不会出轨。

然而在今天，许多女性认为，和妓女偷情比婚外情更糟糕。因为这引发了一个更宽泛、更令人沮丧的问题，那就是她们嫁给了一个什么样的男人。他愿意花钱买性或在她们认为如此堕落和龌龊的形式中寻找性，这说明了什么？

谴责这些男人很容易，因为他们抛弃了妻子，涉足一个秘密贩卖、剥削和征服女性的行业。人们更愿意把他们看成是厌恶女性、性欲亢奋的大男孩——他们中的一些人的确如此。但是，和像加斯、斯科特和乔纳这样的男人交谈，迫使我更深入地研究那些不安全感、幻想和情感上的混乱。他们在短暂的幽会中寻找什么？他们花钱真正想买的是什么？很明显，是没有约束的性。这很有趣，不一样，很刺激，不会被哭闹的婴儿打断。但这就是全部吗？这些男人作为不忠中一种有趣的类型吸引着我，他们的行为告诉我们一些关于男子气概、出轨、经济和文化的东西。

男人的欲望：当爱与欲望分道扬镳

“你会认为我混蛋透顶。”这是我第一次单独和加斯面谈。他继续给我讲了“肮脏”的故事，讲述了各种各样让他筋疲力尽的出轨行为。这些背叛行为不仅发生在瓦莱丽身上，还发生在他前两段婚姻中。

“每次都发生同样的事，”他说，“开始时激情澎湃，大约一年后，我就失去了所有兴趣，甚至无法勃起。这听起来可能有点儿奇怪，但我抚摸她时的感觉的确不对劲。”

他最后的结论对我来说并不陌生——这是他陷入僵局的一个重要线索。失去兴趣是一回事，对许多人来说，如饥似渴会逐渐变成柔情脉脉。但他所描述的更像是一种对伴侣的厌恶式的性反应，就好像意味着要穿越一条禁忌线。这种禁忌让我意识到治疗师杰克·莫林所说的“爱与欲望的分离”。

莫林写道：“性爱生活的一个重要挑战，是在我们强烈的欲望和我们对爱的渴望之间建立一种舒适的互动与爱人结合。”[70]我怀疑，加斯在外面对性爱的追求是他无法将亲密和性激情结合起来的表现。处于困境中的男人不仅感到无聊，也寻求新奇，准备继续前进。“相信我，我不喜欢这样，”加斯告诉我，“我不想成为那种出轨的人。此外，我觉得我不能满足瓦莱丽，我感到糟透了，我想通过在其他方面照顾她来弥补她。她认为我的勃起功能障碍是因为我有糖尿病，其实这种情况很早以前就发生了。”此外，他在外面寻欢作乐时，他的勃起没有任何问题。

加斯并不以他的风流为荣，但他已经接受了这样的观点：对他来说，爱和欲望不可能存在于一个屋檐下，所以他一直很谨慎。只是瓦莱丽的发现促使他进一步反省自己。到我们见面时，他已经发现这与妻子的魅力和他爱她的强烈程度无关。

我肯定他目前得出的结论："需要指出的是，我不认为你是个十足的混蛋。很显然，这里有一种模式给你和你妻子带来了很大的痛苦。听了瓦莱丽的诉说，我相信你知道如何去爱。但是，你爱的方式让你很难与你所爱的女人做爱。"除非我能够帮助加斯理解是什么驱使他内心分裂，否则，只是帮他停下他的婚外性行为意义有限。

我请他告诉我一些更多关于他童年的事。像他这样，在反复出现性压抑的地方，通常意味着潜在创伤的存在。我们的性倾向和禁忌源于我们的早期经历，并会在我们的一生中不断发展。有时需要一点心理学上的侦查才能发现性障碍，在性爱心理中很少有什么是偶然的。

加斯的故事漫长而悲伤，他父亲是其中的主角。他嗜酒如命，性情暴烈，容易发怒，在他的长子身上留下了看得见和看不见的伤痕。通常情况下，加斯承受着打击，以保护他无助的母亲和弟弟。

特里·里尔写过大量关于两性关系中男性的文章，他描述了一个特殊的"邪恶三角"，介于"强大的、不负责任的或有暴力倾向的父亲，相互依存的、受压迫的妻子和夹在中间的可爱儿子之间"。[71] 这些儿子与他们的母亲不健康地纠缠在一起，成年以后，他们"害怕自己的情感"。他们是善良的人，觉得必须克制自己的感受，为母亲和跟随他的女人的幸福负责。里尔所谓的"浸入式创伤"，不仅存在于心理上，还存在于身体上——因为它有抑制身体亲密行为的力量。加斯属于这种模式，这在某种程度上解释了为什么他会对所爱的女人心存感激却无法被她们激起性欲。

他与父母和妻子之间的情感共鸣如此强烈，以至于导致了不幸的交叉连接。因此，他感觉性是"错误的"，几乎是一种乱伦的感觉。当伴侣中的一方开始感觉家庭关系过于亲密时，性就会不可避免地成为牺牲品。尽管听起来很讽刺，不忠的禁忌并不比在家里做爱更令人难以接受。

爱总是伴随着责任感以及对我们所爱的人的幸福的担忧。但是对于一些人来说，这些自然的情感可能会带来额外的负担，特别是当一个孩子不得不照顾父母的时候。他对自己所爱的人的脆弱非常敏感，他背负着一种负担，阻碍了他对性爱亲密和快感所必需的释放。想想我们小时候玩的那种信任游戏，我们跌落在一个紧紧抓住我们的人身上。在性爱中也是如此，只有你相信对方是坚定的，并能接受你的欲望的冲击力，你才能放得开。

对于加斯这样的人来说，他们的行为反映了这种内在的分裂。对男人和女人来说，爱与性的分裂有很多不同版本。在加斯的例子中，是他童年创伤的延伸。许多被父亲打过的男孩发誓永远不会像父亲那样，因此竭力压制任何形式的侵犯。问题是，试图控制这种被否认的情绪时，他们也扼杀了与自己所爱的人发生性关系的能力。

我向加斯解释，欲望需要一定程度的攻击性——不是暴力，而是一种自信、奋斗的能量。它能让你去追求，去向往，去争取，甚至让你的伴侣变得性感。著名性学研究者罗伯特·斯托勒（Robert Stoller）把这种客观化描述为性的重要组成部分——不是把对方当作一个物体，而是看作一个独立的性存在。它创造了一种健康的距离，可以让你的伴侣变得更性感。如果你想和一个共建家庭的人保持性关系，这一点至关重要。

对于那些害怕自己的进攻性并试图把它隔离的男人来说，欲望会与爱分离。对他们来说，情感上越亲密，性冷淡就越严重。这种男性分裂的极端版本往往是最终与他们的伴侣相爱却没有性，同时他们会疯狂地看色情片或有各种形式的嫖妓行为。在那些不涉及情感的情境中，他们的欲望可以自由地呈现出来而不用担心伤害到所爱的人。

当我和这些男人的伴侣聊天时，我发现自己经常在破解舞台上、屏幕上或街角女孩的魅力之谜。常见的解释是，他们想要的是她们的身体。但这真的是主要的吸引吗？他们在与我的谈话中强调的并非对方的长相，而是她的态度。她的行为展现了她不是一个脆弱的女人。她在性方面很自信，甚至要求很高，从不会让他想起他的受害者母亲或他不堪重负的妻子。她的自信和可用性激起了他的性欲，使他摆脱了任何照顾对方的责任。正如精神分析学家迈克尔·巴德（Michael Bader）所写，她的好色消除了他的顾虑，让他能够把自己原始的甚至是掠夺的欲望施加于她。因此，他对自己进攻性的内心冲突暂时解除，可以放心地放手一搏，而面对他深爱和尊重的妻子，他却感到束手无策。

爱与欲望的分裂有多种形式。对一些人来说，这种情况发生在伴侣自愿或不自愿地扮演起父母的角色时。这可能是经典的“我娶了（嫁了）一个像我妈妈（爸爸）一样的人”，或者完全相反：“我嫁了（娶了）一个我永远都不会有的爸爸（妈妈）。”一位女士告诉我，怀第一个孩子时，从她开始怀孕到生完孩子减肥成功，她的丈夫就没有碰过她。第二个孩子也是这样。她渴望被触摸，更不用说做爱了，但他似乎拒绝了。当怀第三个孩子的时候，她就和一个喜欢孕期性生活的情人在一起了。

无论如何，伴侣的过度亲密化会给性生活带来灾难。这个人被剥夺了自己的性身份。这段关系可能非常恩爱，充满深情和温柔，却没有欲望。

爱与欲的分裂是我所面对的最具挑战性的出轨情形之一。人们很容

如果我们从表面上衡量他们的行为，

给他们贴上老标签，

他们真正的动机和渴望就被深深地埋藏了起来。

易认为，如果这些男人不拈花惹草，他们就会把力比多带回家。但是我见过许多男人熄灭自己偷腥的火焰后，却发现自己完全熄火了，再也无法重燃家中的火焰。对一些人来说，爱与性的鸿沟如此之深，以至于很难帮助他们找到出路。

更常见的情况是，存在一个隐蔽的陷阱。拈花惹草的丈夫对其中一段风流韵事越来越认真，坠入了爱河，并认为自己找到了梦中情人——这是长久以来，他第一次对同一个女人充满爱和欲望。他确信自己一定是和错误的人结了婚，于是离开家庭和婚姻投奔新欢，只是不久以后他发现自己回到了同样的困境。加斯已经是第三次了。

他的妻子瓦莱丽知道她面对的重重困难。以前她是他的最后一个情人，看到过这种情况。现在她是妻子了，如果她坐等他提出离婚，那她就像被诅咒了一样。首先，她采取务实的态度："如果你想有个情人，我也要有一个情人！我不想把我后半辈子 30 年时间花在独自在家吃樱桃巧克力甜点上。"可是加斯并不同意。

"那不是婚姻！"他反驳道。通常，不愿碰妻子的这个男人却不能忍受别人去碰他的妻子。他的内心住着一个害怕失去妈妈的小男孩。

"我没办法再忍受他了，"瓦莱丽生气地说，"这太羞辱了，这让他很虚弱！他只是一个骗人的混蛋。我怎么能和一个不尊重我的人建立亲密关系呢？"她提出离婚，希望下次能找到一个对爱和欲望有更好理解的男人。

消除男性的神秘

斯科特独自来见我。克里斯汀直截了当告诉他，他的任何解释都没有意义，他最好“赶紧处理他的狗屎”。我的任务是帮这个年轻人理解为什么他对美丽而事业有成的女朋友失去了兴趣，每天刷屏几个小时看色情片。

斯科特在得克萨斯州的休斯敦长大。在高中和大学里，他是一名很受欢迎的足球运动员，总是有很多女朋友。他和克里斯汀已经交往了近两年，克里斯汀是一名模特，后来转型做了理疗师。

“告诉我你们是怎么开始的。一开始你和她做爱没什么困难吧？”

“一点儿也没有。我们每天都做爱——有时候一天好几次。”

“真的吗？”我问。

“是的，那是我应该做的，不是吗？如果我不每天和她做爱，她会认为我不喜欢她。”

“可是你想每天都做爱吗？”我探询道。

“老实说，我并不总是喜欢，但不管怎样我还是做了。我不是说我不喜欢，但有时候我会担心我不能持久。我不知道她是否有兴趣，或者她是否像和别人做时一样喜欢和我做。我用了伟哥，克里斯汀并不知道。有时候，即使我自然而然地勃起，我也会用，只是为了让她印象深刻。”

我问他是否曾经问过克里斯汀她想要什么，他承认他从来没有问过。

“那么，当你累的时候发生了什么呢？”我问，“是怎么停下来的？”

他告诉我这是一个渐进的过程。随着时间推移，他发现自己花在手机上的时间超过了花在床上的时间。起初他并不担心，毕竟他从12岁起就一直在看色情片。

斯科特的性教育始于更衣室。“我的一个老队友给了我一些不错的网站。”女孩很多，但是他不太自信，为了“感觉不那么紧张”，他开始喝酒。大学时他加入了一个兄弟会，里面全是吹嘘每天晚上都做爱的男生。“我总是有一种不达标的感觉。”他承认。

对斯科特来说，男子气概等同于性表现，他对爱情、男人和女人抱有一整套不切实际的期望。同时，女朋友对他也有自己的期望：她希望他更温柔、更健谈、更坦率地表达自己的感受。这给他带来了一堆相互矛盾的观念，关于作为一个男人到底意味着什么。

对男子气概的新定义正在迅速兴起，现代男性被鼓励去接受一套全新的情感技能，而这些技能在传统上并不属于他们的范畴。与此同时，旧的定义也很难改变。太多男人陷入了过时的、自我挫败的男性性能力的理想中，滋生出一种羞愧和耻辱。咨询专栏作家伊尔玛·库尔兹对此总结道：“男人们发现，把他们以及他们的性欲压缩在懦夫和强奸犯之间的空间，越来越小了。”[72]

像斯科特这样的人，在大男子主义的环境中长大，从社交中他听到的都是男人总是需要性。他还阅读了一堆持有同样观点的文章。我告诉他，这些研究大多是针对年轻大学生的，我们对成熟男性的性生活实际上知之甚少。难怪这么多男人对自己和彼此感到困惑。大多数男人都不知道自己周围的男人是怎么处理性生活的。如果有一天，一群男人开始在更衣室谈论女朋友跳到他们身上时他们不得不假装头疼，世界将会发生改变。

因此，像斯科特这样的男人痴迷于性表现也就不足为奇了——所有的研究者也是如此。对性欲的研究存在极大的偏差。如果假设男人的性欲总是旺盛的，为什么还要研究它呢？因此，如果不能勃起，就是器官的问题。我们认为女人的性兴奋处在一定的范围内，但对男人来说，要么是完全的性兴奋，要么一点儿也没有，要么硬了要么软了。这些刻板印象都不利于男性的自尊和人际关系。

斯科特迫不及待想要弄清楚真相。“那关于出轨呢？”他问。

“我们会谈到的。”我回答。深入挖掘他关于男子气概的想法，有助于我们更准确地解读他的性行为。表面上看，他的行为表现出“男人是性主动者”的刻板印象。但如果我们从表面来看待它，最终会强化对男性气概的印象，而这正是导致他性功能障碍的首要原因。

斯科特接受了一种被过分夸大的定义，即男性的性欲是生理性的、简单的、随时准备好的，而且总是在寻找新鲜事物。已故精神分析学家埃塞尔·珀森准确地捕捉到了这一点：“这种大男子主义的观点描绘了一个巨大、有力、不知疲倦的阴茎，长在一个很酷的男人身上，能持久自控、有经验、有能力、见多识广，足以使女人疯狂。”[73]

近年来，许多优秀的研究成果都强调女性性欲的多维性——女性的主体性、关系特征、背景性质以及对各种条件微妙平衡的依赖。然而，一个意想不到的结果是，它起到了过度简化和强化有关男性的还原主义观念的作用。当我们对男人和女人的性欲有了更加细致入微的理解，我们才能更好地理解他们的不忠行为。

说到欲望，男人和女人实际上更相似而不是更不同。在斯科特的欲望蓝图中，没有什么能让我认为他的性欲不如女性的复杂或情绪化。当我听说他为了取悦女朋友给自己施加压力，听到他通过她的性高潮次数来给自己打分，听到他害怕她更喜欢前男友时，我从中听到了羞愧、焦虑和对被拒绝的担忧。

我帮助斯科特把他的卧室问题和这些未被承认的情感联系起来。毫无疑问，失去母亲时他的悲伤和沮丧无疑是原因之一。我们也讨论了他的焦虑，尤其是他说谎后的感觉——他展现出的自信只是一种表象而已。他承认，他没有告诉克里斯汀和他的任何一位商业伙伴，他的生意正摇摇欲坠。“我不想让他们认为我是个失败者。”

男人的性欲取决于他们的内心世界。它不仅仅是一种生理冲动。性、性别和身份对男人来说同样密切相关。如果一个男人缺乏自尊，感到沮丧、焦虑、不安、羞愧、内疚或孤独，会直接影响他对自己性欲的感受。如果他在性行为中感受到羞辱，觉得（阴茎）太小太短（自己）太胖太穷，都会直接影响他的勃起能力。

我让斯科特思考一下这些新的想法。他告诉我，这有助于他理解为什么他会对克里斯汀失去兴趣，特别是他母亲去世后以及他的公司运营艰难的几个月里。“但是，为什么除了和我的女朋友，我对别的地方的性仍然感兴趣呢？”

这就是男人和女人的不同之处。男人更有可能通过不带情感的简单的性，包括自慰和嫖妓，来抚慰自己的内心。事实上，我能想象，他们对自己性行为的分离程度，是对所有这些不舒服的情感波动的直接回应。我认为，正是因为男人的性是如此具有关联性，他们才去寻求完全相反的性空间，在那里他们不必面对恐惧、焦虑和不安——这些因素会让性欲最强的人也了无生气。他们在匿名交往中寻求的自由度和控制力，往往与他们在关系中的纠缠程度成正比。

我们或许根本不应该惊讶，在这个世界上，男人对于他们是谁和他们应该是谁的问题，接受着非常矛盾的信息。他们中的许多人更喜欢色情片、找有偿陪侍或匿名勾搭而不是亲密关系。我注意到，随着有情感投入的已婚男人的增多，剥离情感的出轨行为也在增加——我不认为这是偶然的。坐在脱衣舞俱乐部里，找陪侍，网上约会或者看色情片，可以让男人们从现代男子气概的钢丝绳中暂时解脱出来。

有偿性行为的吸引力部分地在于它给出了这样的承诺：至少在60分钟内，应召女郎是准时的，她会消除那些复杂性。屏幕上的女孩不可抗拒，因为他不必去引诱她，她也从来不会拒绝他。她不会让他觉着自己不够格，而她的呻吟也让他相信她正享受着美好时光。色情的诱惑之处在于，它提供了一个暂时的承诺，保护男人免受基本的性弱点的伤害。

关于妓女、脱衣舞俱乐部、全身按摩和色情片之间的差异，我们可以说很多，但从这个意义上说，它们都能产生共同的情感红利。它们把男人放在女性注意力的中心，缓解了他们的压力，让他们能被完全地接纳。

听了男人们的故事后，我明白了以下几点：从婚姻中性爱涉及的多重情感交换来看，花几块钱去匿名做爱似乎是一个更好的交易。当他更喜欢选择付费观看色情节目时，他购买的是简单或看似简单的身份。他购买了自私的权利——在乘坐通勤列车回家之前，他有短暂的心理自由。不止一个男人对我说过，你不是付钱让应召女郎来——而是付钱让她离开。

即便如此，当所有这些活动被用来避免某些情感陷阱和满足一系列未言明的情感需求时，我们真的能认为“性只是性”吗？当一个男人感到孤独或不被爱时，当他感到沮丧、压力或丧失能力时，当他置身亲密关系的牢笼或无法沟通时，他买的是性，还是在性交易中传递的善意、温暖、友谊、逃避、控制和认可？

性是一种被认可的语言，通过它，男人可以进入一系列被禁止的情感。传统上，男人不会被鼓励去体贴、温柔、脆弱和照顾。身体是他们试图用一种性别化的语言来满足这些需求的地方。当我们说男人需要的是性时，也许我们不应该从字面上理解。性是通往他们情感前厅的入口。

有趣的是，女性的情况恰恰相反。她们的性需求尚未得到文化的认可，但她们的情感需求得到了充分的承认。也许在女人对爱情的追求中隐藏着一大堆生理渴望，这些渴望只有包裹着情感外衣时才合乎情理。这颠覆了那句古老的谚语："男人用爱得到性，而女人用性得到爱。"

无论是男性还是女性，当他们否认自己的欲望而导致他们上错了床时，都会出现在治疗师的办公室。但是，如果我们从表面上衡量他们的行为，给他们贴上老标签——男人都是骗子、性瘾者或者更糟，女人是孤独和缺乏爱——他们真正的动机和渴望就被深深地埋藏了起来。

性和敏感的男人

"那只是一个手工活，"乔纳告诉自己，"从技术上讲，那不是出轨。"他是这么为他嗜好全身按摩辩护的。和斯科特一样，乔纳 30 岁出头，和一个他爱的女人生活在一起，通过点击屏幕或刷信用卡购买性高潮。相似之处仅止于此。斯科特的性别模板是基于大男子主义，乔纳则是典型的"新人"。在单亲妈妈的帮助下，他已经在同理心、情感素养、和谐和公平等方面得到了训练。有趣的是，两个年轻人最后陷入了同样的困境。

在拜访女按摩师几个月以后，乔纳在桌子上躺不住了。他让他最喜欢的按摩师蕾妮给他口交。乔纳为自己辩护："我付了钱，所以这不是出轨，没有坠入爱河的风险。我得到了在其他地方得不到的释放，所以我保住了我的婚姻。"

家庭主妇和居家丈夫的婚姻问题已呈增长态势。丹妮尔和乔纳都 30 多岁，从大学三年级起就一直在一起。他们有两个小孩，住在北卡罗来纳州。丹妮尔最近偶然发现了她丈夫色情消费的证据。

乔纳的风流韵事是由他所熟悉的不安全感所激发的。“我是一个笨人，不认为自己很性感，也无法持久。在丹妮尔之前我没有什么女朋友。”他觉得自己被这个外向、聪明、漂亮的女孩选中非常幸运，也被她之前身强体壮的男朋友吓了一跳。“我知道她曾和运动型男生约会，而我恰是相反的类型。”

丹妮尔告诉我，她爱乔纳敏感的一面。尽管她承认偶尔也会渴望一个更自信的情人，但她觉得除此之外自己选择了一个完美的男人：有爱、忠诚、体贴。更坦率地说，因为他太不自信了，所以不会像丹妮尔风流的父亲那样去追求别的女人。

我仔细研究了他们关系背后的情感基础。在外面，丹妮尔是一个充满自信、积极进取的人，但她不希望自己总是处于“强势”。和乔纳在一起，她觉得可以放下戒备，表达自己的喜怒哀乐，相信即使自己崩溃他也会收拾残局。他情感上的可靠使她可以奢侈地享受自己的脆弱，因此任何性方面的牺牲都是值得的。

对乔纳来说，一开始他感觉自己作为一个男人，得到了这个强势、性感的女人的肯定，希望她能把他从呆滞的自我形象中拯救出来。然而，当他渐渐意识到她想让他继续保持过去的角色时，他感到十分惊讶。他被邀请充当他一直擅长的角色——照顾女人的需要，这正是他在母亲离婚时所做的。需要说明的是，丹妮尔和乔纳的母亲都没有要求过这样的牺牲，但这就是表达爱的男孩们经常做的事。

多年来，丹妮尔和乔纳都希望有更多的性爱激情，但两人都合谋制造了这个空缺。丹妮尔真正的利益在于让乔纳照顾她，并自以为他没有能力出轨。她将他去性爱化，以此来保证安全。而乔纳的问题，不是他不能使自己的妻子性兴奋，而是他不能使自己更性感。

当我让他向我描述色情给他们带来的侵蚀时，乔纳说："我其实没那么喜欢。"丹妮尔经常出差，他开始频繁浏览越来越多的色情网站。他甚至可以足不出户地进行一场色情之旅。"搜寻 20 分钟，只看 30 秒。"最终这种冒险的感觉让他离开屏幕，走进了按摩院。

为什么像乔纳这样的男人宁愿去看色情片或自慰，也不愿意亲近他爱的妻子，并且一旦沉浸就不能自拔？正如我对加斯和斯科特所做的，我试图分析乔纳冒险中的情感经济学，从而更好地理解他的不忠。

在他欲望生活的平行世界中，乔纳发现自己摆脱了善良、敏感、顾家男人的束缚。"我觉得自己在性方面从来没有充分施展。我第一次可以毫不掩饰地表达自己。我觉得自己很性感，强大、精力充沛、有男子气概。我不只是一个善良的男人——我也可以是个花花公子，可以是一个调情者、骗子，这很刺激。我感到自己很坏——但是以一种好的方式。"

而这把他的妻子置于何地呢？丹妮尔在婚姻中也曾对性不满意。问题是，当她的丈夫在受社会谴责的按摩院里追求自己的性觉醒时，她一直躺在家里阅读性爱小说《五十度灰》（*Fifty Shades of Grey*）。我并不是在道德上把它们对等起来，但在幻想的世界里，他们有一些共同之处。她正在阅读的小说男主角试图去别的地方——而她并不想让这样的男人出现在自己家里。

对夫妻来说，这是令人困惑的时刻。性爱并不总是政治正确。当代西方文化的伟大礼物——民主、共识建设、平等主义、公平和相互宽容——如果在卧室里太过拘礼，就会导致非常无趣的性爱。性别角色的再平衡是现代社会伟大的进步之一，它极大地改善了我们的性权利，但正如达芙妮·默金在《纽约时报》上所写的那样:“任何一项性权利法案，都不能违背色情想象中无法无天和不可驯服的景象。”[74] 性欲并不总是遵循良好的公民意识。当然，这并不意味着我们应该回到过去那种单一性别角色、父权制和奴役女性的黑暗时代。在当今文化框架内分析我们的性选择，无论这种选择是被认可还是非法的，都非常重要。

不同的快乐结局

当一个女人发现她看起来很正常的丈夫有一个秘密的情趣柜时，她该怎么办呢？意识到自己的伴侣有一个自己从没见过的完整的性自我，并且与现实的其余部分不可调和，在某些情况下，这可能是一个新的共享空间的开始。有的伴侣无法克服他们对任何不忠行为的反感，随时准备让这样的伴侣滚蛋。但我也看到，有些时候，未知的性的存在引发了好奇心。乔纳和丹妮尔幸运地属于第二种。他的出轨伤害了她，但也让她看到了他的本性——毕竟他可以很有男子气概。她对他是“一个相对低性欲的人”的看法发生了戏剧性的转变。他们的性生活激增。随着性生活的增加，更重要的事情也随之而来：性诚实也在增加。

性诚实不是坦白不忠的细节，而是以一种开放和成熟的方式与你的伴侣沟通——通过性，展现你自我的核心。有时候，这意味着坦露隐藏了一辈子的秘密——对伴侣双方都是如此。尽管情感透明被吹捧为现代亲密关系的关键，但我惊讶的是，伴侣之间却缺乏真正的性交流。我的一部分工作便是指导人们如何、为什么、在哪里以及何时谈论性。

乔纳把这个忠告记在心里。一旦丹妮尔让他知道她准备好倾听了，他就告诉她，作为一个男人，他在他的性探索中了解了自己。他们相互邀请进入彼此的红灯区。“一些我认为会对我们的关系带来灾难影响的事（例如告诉她我曾幻想与我们认识的人发生性关系），反而开辟了一个新的维度。”他说，“当我觉得自己越来越被接纳时，我也感觉更加喜欢她了。”

在丹妮尔这方面，对乔纳在性方面更深层的理解，有助于从另一个角度看待他的不忠。虽然这并没有消除痛苦，但曾经被视为挑衅的不忠行为，却成了揭露长期隐藏的愿望的入口。

随着性生活越来越活跃，他们开始做更多的尝试。他们观看“色情片”。他们一起去了一家脱衣舞俱乐部，丹妮尔跳了一圈艳舞。她告诉他，她一直幻想着和另一个女人亲密。“在某个时候，我们想一起尝试全身按摩，”他说，“我想让她体验我非常喜欢的东西——百分之百地成为别人性关注的中心，放松地享受这种愉悦。”

丹妮尔选择了按摩师，乔纳在旁边帮忙。这样，他说：“我仍然能够体验这个活动的兴奋，而且可以在不拿婚姻和家人冒险的情况下做到这一点。”他们俩都觉得这段经历相当刺激。曾经的禁忌和伤害变成了“共享的冒险”。

乔纳感到和妻子更融洽了，就不再把性欲转移到婚外了。对这对夫妇来说，确实如此，正如詹尼斯·艾布拉姆斯·斯普林颇具煽动性地暗示的：“你可能最终会发现，你需要像一场婚外情那样的核爆炸，来摧毁你以前的建筑，然后让一个更健康、更清醒、更成熟的建筑取而代之。”[75]

需要明确的是，我并不是把不忠作为婚姻僵局的解决方案。我也不认为三角恋能治愈每一颗破碎的心。我也没有预料到乔纳和丹妮尔重建他们的关系时所走的创新之路。尽管他们的选择不一定适合所有人，但也反映了夫妻之间的适应力和创造力。

当丹妮尔问乔纳他是否还会那样做时，乔纳承认，他怀念自己是蕾妮关注中心时那种排他的感觉。有时候，他渴望变成他刚刚了解的那个坏男孩。“我想念那些被秘密、危险和刺激激发的自我的任何一部分。但我已经决定，你和我所到达的那个伟大的地方太宝贵了，我不能把它置于危险之中。”他的诚实不但没有吓到她，反而使她平静下来。现在她更了解他了，他们的信任得到了一种自由的支持，这种自由让他们可以坦诚地分享彼此的想法和愿望，并且不会感到羞耻。他们都感受到越来越多的接纳，而这是对抗未来背叛的最强有力的保护。

性成瘾：通奸的医疗化

每个不忠故事都包含着一个复杂的难题，涵盖了个人、文化和身体的因素。但在我与同事讨论这些案例时，他们往往会给出一个不同的解释：性成瘾。加斯、斯科特和乔纳都符合这一疾病的常见标准——都与“过度”和缺乏控制有关。

性成瘾是治疗界的热门话题，我不打算卷入这场争论。但说到这些强迫性地寻花问柳的男人，不花点儿时间来讨论这个问题，就似乎无法完成这一章的内容。

虽然目前还没有正式的性成瘾诊断，但是许多研究者和临床医生已经从化学依赖的定义中借用了一些标准，匆忙地给这种疾病下了定义。整个行业也随之兴起，包括昂贵的康复中心和治疗中心。一些临床医生喜欢这个标签，因为它证明了“男人就该是男人”的观念不再是正常或可接受的。另一些人则指出这缺乏科学证据，并将性上瘾诊断视为治疗师判断哪种性是健康的或不健康的医学面具。

无论我们怎么称呼它，对很多人来说，强迫性的性行为都是一个真正的问题，他们和他们所爱的人都因此承受着巨大的痛苦，生活、名誉和家庭都被毁了。对一些男人来说，能够将自己的行为称作疾病是积极的一步，他们的羞耻感也因此得以提升，从而能够寻求亟需的帮助。但即使我们称它为一种疾病，也没有去除它的污名。我曾经和不止一位母亲坐在一起，她内心挣扎着告诉孩子："我要离开你的父亲，因为他是一个性成瘾者。"而她不会因为配偶酗酒而面临同样的羞辱。另一位妻子坚称，她更喜欢上瘾的医疗标签（而不是强迫性），因为这意味着她丈夫的病情是真实的。但这位丈夫却有自己喜欢的标签：混蛋。他认为这至少意味着他对自己的行为还有控制，而不仅仅是一种失控的强迫症。

可以肯定的是，性成瘾的诊断已经成为一场古老文化战争的最新版本。什么是太少的性什么是太多的性，什么是正常的性什么是反常的性，什么是自然的性什么是非自然的性——这个问题一直困扰着人类，使人们陷入两极分化。每一个宗教或文化体系都规定了许可和节制、允许和禁止。性规范和性病态从来没有脱离过时代的道德标准，它们与经济、性别理想和权力结构有着千丝万缕的联系。举例来说，当女性的贞操被重视时，女人往往被诊断为女色情狂。今天我们赞扬女性的性自信，与此同时却要投资数百万美元试图修复一个新的诅咒："性冷淡"。同样，性成瘾诊断的上升，又是一项对病态社会建构的迷人研究。它与一种由来已久的恐惧相呼应，即过多的性行为会滑向不正常的生活，尤其对男人来说如此。有趣的是，女人很少被诊断为性成瘾；我们更愿意看到她们对爱情成瘾——我想说的是，这依然是一种滑坡效应，只是更讨巧罢了。

当我们把像加斯、斯科特和乔纳的行为医疗化时，我们应该警惕“过早评估”的陷阱。如果男性想要更好地理解和整合自己的性欲，如果他们的伴侣（以及治疗师）对他们的不忠想要做出建设性的回应的话，那么他们的动机——个人的、家庭的和社会的——都需要统统被考虑在内。

第12章

所有背叛之母?

——出轨与婚姻中的其他过错

婚姻的枷锁如此沉重，以至于两个人才能扛动，有时甚至需要三个人。

——大仲马

“至少我不出去和别人上床。”德克斯特愤愤地说。是的，他没有。但是多年来，他经常欺负妻子莫娜，对她施暴，嘲笑她害怕坐飞机。他甚至习惯了带孩子坐飞机去旅行而让她留在家里。虽然他是一位好父亲，一直在赚钱养家，但妻子对他的财务状况一无所知。反正她账户里有足够的钱，他坚持说。但他的语气清楚地表明，他认为她不称职。毫不奇怪，她感到孤独和自卑。与这个仁慈的独裁者生活了22年后，她遇见了比她小10岁的罗伯特。

在过去的六个月里，莫娜发现了善意，并意识到她其实有很多有趣的事情要说。信心的涓涓细流开始流动。德克斯特习惯了一个任由他摆布的脆弱妻子。他注意到，他对妻子的奚落开始有了不同的回应，这让他陷入了不安和怀疑的陌生状态中。他在她的车上装了GPS，对发生了什么一目了然。带着新的愤怒，他对她的辱骂变本加厉：“婊子！荡妇！”

美国当前的时代精神非常明确：出轨是婚姻中可能发生的最糟的事。它所造成的对信任的破坏，严重程度可能超过家庭暴力、倾家荡产的赌博甚至乱伦。在2013年的盖洛普民意测验中，91%的美国成年人认为出轨是“不道德的”。在调查中，人们对出轨的谴责比例远高于所列举的其他道德上可疑的行为，包括一夫多妻制（83%）、克隆人（83%）、自杀（77%）。最有趣的是，对离婚的谴责率最低（24%）。在对这项调查的分析中，《大西洋》杂志的埃莉诺·巴克霍恩评论道：“很难想象还有哪一种事情是如此普遍、严格来说合法而我们中这么多人不赞成的。”[76] 然而，莫娜的经历让我质疑这样一种假设，即：不忠是所有背叛之母。

在夫妻心理治疗领域工作，我告诫自己，对像德克斯特这样的人，不能因为他没有出轨就认为他有道德优势。他的忠诚与恶毒和依赖性绑在一起，他多年来对妻子的虐待也是一种大写的背叛。实际上，太多伴侣的行为并不正常，但他们会急切地中伤出轨的伴侣，声称自己是受害者，相信文化偏见对他们有利。出轨的确伤人。但是当我们赋予其在婚姻不端行为中以特殊地位时，就可能掩盖了先于它甚至导致它的其他恶劣行为。

背叛有多种形式，性背叛只是其中之一。我经常遇到这样的人，对他们来说，性忠诚是最容易维持的忠诚，即使他们每天在很多方面违背了自己的誓言。婚外情的受害者并不总是婚姻的受害者。

莫娜为什么不离开？她有这个想法，甚至多次表达过。但是德克斯特只是把这当成嘲笑她的新话题：“你要去哪儿？谁会想要一个像你这样没用的、50 多岁的黄脸婆？”她和罗伯特的关系培育了她所需要的力量，她需要知道有一种方法可以代替她的牢笼。莫娜现在正在申请离婚，德克斯特的恐吓伎俩再也不能控制她。她的朋友帮她找到了一位有经验的律师，律师揭露了德克斯特外表光鲜的财务状况。

引入第三者来破坏一段不健康的关系可能是懦弱的表现，但也可能是勇气的来源。有时候，我们需要与另一个人在一起的真实体验，才能品味更甜蜜的生活并有勇气去追求它。[77] 对于那些身陷情感折磨的人来说，忽视、冷漠、恐吓、蔑视、拒绝和鄙视，都意味着婚姻中常见的虐待，而出轨可能是自我保护和自我决断的表现。在一段破坏性的关系中，忠诚有时候与其说是美德，不如说是软弱。被困不应该与忠诚相混淆。对那些遭受身体虐待的人来说，寻求一双爱抚的手来替代施暴的手，是一种大胆反抗。无论是在个人层面还是在政治层面，违约有时是进入新的社会秩序的必要途径。

此处我的观点并不是要推卸责任，而是想强调渗透在婚姻关系中的权力与无能为力之间的多重动态关系。“谁先背叛的？”这是一个许多人不敢问但合理的问题。

罗德里戈没有道歉。他知道，在他为了隐秘的私人目的延长出差时间时，他伤害了妻子亚历山德拉。但每次他想说“对不起”时，就会想起多年来他妻子对他毫无兴趣、咄咄逼人的态度，一种正义凛然的感觉就在心里油然而生。“谁才真正应该道歉？”他质问道。

朱莉写信告诉我，她丈夫已经“在感情上出轨 20 年了”，但她说的并不是与别的女人。“他扔下我一个人去音乐会、参加晚宴、度假，他总是把工作放在第一位。我妹妹说，至少他没有欺骗我。但他的工作比任何情人都重要。现在我遇到了一个有充裕时间跟我在一起的男人，所以我就成了不忠的那个人吗？”

错位的亲密关系有很多形式。“拉斯的主要亲密关系是冰毒，”康娜说，“多年来我恳求他削减开支，去寻求帮助，但是冰毒带来的兴奋明显比我的陪伴让他更愉快。现在他很不高兴，因为我找到了一个真正喜欢我的家伙。”

为什么一种转移注意力的方式不容分说就是对信任的背叛，而另一种方式却有更好的说辞？尽管看起来每个寻找性的人都在寻找性，但他们也在寻找深度、欣赏和持久的凝视——所有其他不涉及身体接触的沟通。可以称之为亲密，也可以称之为人际关系，也就是我们感到自己很重要的那些东西。

这类情况通常引发的第一个问题是“为什么他们不分手？”下一个可以预期的问题是“他们有没有试着谈论分手？”在民主的夫妻沟通的时代，我们都相信谈话疗法。可以肯定的是，没有什么比真诚的交流更能让我们感到被倾听了。当我们惆怅的叹息被充耳不闻时，孤独的感觉比孤身一人更糟糕。一个人吃饭要比和一个坐在桌对面却不搭理我们的人吃饭痛苦得多。

许多沮丧的伴侣尝试了各种各样的谈话。他们开始时温和体贴，结束时愤怒和挫败。当他们最终停止乞求，带着受伤的心去往别处时，他们冷漠的伴侣终于开始注意了。他们还有别的改变方式吗？当然有。但是没有什么比不忠的报警系统更能撼动僵化的夫妻关系了。

被拒绝者的反抗

被骗会让人感觉自己不被重视，而多年来一直感觉自己不被重视，又会导致人们去欺骗。当孩子还小需要照顾时，他们的父亲又一次和兄弟们去了体育酒吧看比赛，这时婚外恋为你带来的感觉就像一种能量补充。当你的婚姻成了家庭管理公司，你每天谈论的都是后勤，婚外情就是从精神麻木的日常散文中升华的诗歌。当你的伴侣每天下午 6 点带着他的六块腹肌去健身房时，你有足够的时间上网寻找一个腹肌不一样的男人。当你厌倦了为每件愚蠢的事情争吵时，一个欣赏你幽默感的同事会提醒你，你不仅仅是个坏女人。愤恨、隐性冒犯和蔑视等各种各样的琐事，促使我们去其他地方寻求喘息之机。婚姻的阴郁需要逃避。当婚姻中缺少身体上的亲密时，更是如此。

很明显，偷偷地把欲望转移到婚外，违背了我们的承诺。但是，当双人床的床头并没有“禁止进入”的标志时，我们该如何看待这种情况呢？我指的并不是每周一次甚至每月一次普遍下降的性生活频率，在一段关系中，某种程度的欲望减退是自然的，性欲的差异是可以预见和控制的；我指的是，那些几年甚至几十年对伴侣的性要求毫无反应的伴侣，尽管他们深情亲密。没有人想要退回到婚内强奸或义务性行为的年代，但也得承认，当一个伴侣单方面决定不发生性行为时（或者说很少发生时），那不是一夫一妻制，而是强制单身。

我们该如何面对情欲的丧失？把注意力集中在性的疾病上似乎是一种还原论，但我已经开始尊重剥夺性和谐的力量。我们的文化倾向于把性对夫妻幸福的重要程度降到最低。它被看作是可有可无的。长期的亲密关系有许多优点，很多人在培养亲密关系时没有遭受性的痛苦。但是，当性严重地缺乏时，如果双方没有达成共识，便会在原本令人满意的关系中留下难以忍受的缺口。当我们多年没有被爱抚的时候，我们对陌生人的善意会更敏感。

玛琳告诉我，对她来说，婚外情比她丈夫断然拒绝她的性需求更容易忍受。“要是知道他在追求别人，对我来说或许还是种安慰。可是没有第三者，我连指责的对象都没有。”

我收到了无数来自世界各地、饥渴的爱人们的来信，他们感到绝望、愤怒、悲伤、失败、自我怀疑、孤独、不被看见和爱抚。与刻板印象相反，他们并不都是男性。假装头痛的也不只是女人。

伊莎贝尔用一只手就能数出她和保罗十年婚姻中做爱的次数，并且都用不上所有手指。“在我们结婚几周后，他就失去了兴趣。”她说，“我猜测了每一个原因：他出轨了？是个同性恋？还是小男孩时被牧师虐待了？”她试着谈论这个问题，去做心理咨询，用各种冒险的方式去诱发性行为，但都无济于事。保罗的冷淡令人困惑。他接受了睾丸激素检查（正常），并尝试了伟哥（身体上成功，但让他恶心）。伊莎贝尔说她之所以和他在一起是因为他是个好人，她对婚姻的承诺是认真的。但最近她在教堂遇到了一个男人。“还没有发生什么，”她告诉我，“但我正站在悬崖边上。”

布莱德感到受帕姆“我没有感觉”情绪的支配。“每天晚上，她的 ipad 就横在我们之间，像一个性爱盾牌。我给她买了内衣，让她穿给我看，可是四个星期过去了，内衣还在椅子上，连包装也没拆。她只想躺着抱抱，意思是‘你安慰安慰我，然后咱们就睡觉’。我无法在一段感情中对性感到如此沮丧，但她告诉我，她对此无能为力！她觉得我不够爱她，虽然我每天都告诉她，她就是我想要的一切。”

“避孕失败后，露易丝第四次怀孕，我想终止妊娠，她拒绝了。”克利斯朵夫回忆道，“我是一个负责任的男人，所以我必须留下来照顾她和孩子们。她想成为最好的母亲，可是她完全忘记了她也是一个妻子。

她一共照料了七年孩子。真是母性荷尔蒙分泌过多！我完全成了局外人。没有爱，没有吻，没有性。我的二女儿 18 个月大时，我有了第一次外遇。不管有没有这段插曲，我们的性生活多年来一直是干涸状态。她坚持说是我的出轨扼杀了我们的婚姻，这太过分了。”

萨曼莎想要的是能一起白头偕老的伴侣。“我从没想过我和丈夫一起坐在摇椅上我会因为出轨而内疚。”但是在做了十年忠诚的妻子后，她的婚姻每况愈下。“我变了。他开始睡在另一张床上，因为他打呼噜、睡不着或是后背受伤了。我乞求他回来睡，可是他说很多已婚夫妇都分床睡。我们的性生活缩短到五分钟，这对我来说完全不够。我全靠自己努力——赚钱、做家务、照看孩子，他每天晚上回家，但是却不在这个家里。”

萨曼莎在网上认识了肯，也是已婚，也很沮丧。然后，她又在交友网上认识了理查德，也有同样的经历。“所以我来了你这里。一个已婚妇女，有一个当地已婚的床伴，和一个异地已婚男友。”有时她对自己感到震惊，有时则感到内疚。但是她不想停下来。“我不能再回到那种死气沉沉的状态了。”

关于无性婚姻，评论人士认为，一年做爱少于 10 次和 1 次也没有是一回事。谁知道他们是怎么得出这个数字的？ 15%到 20%的夫妻显然属于这一类。如果你一年有 11 次性生活，那真是上天保佑。大数据分析师塞斯·斯蒂芬斯－大卫德威茨在《纽约时报》上报道，谷歌搜索“无性婚姻”的数量超过了其他任何婚姻问题的搜索量。[78]

显然，很多人都在哀悼性爱之死。还有更多人可能满足性生活的频率，却没有任何满足感。我的收件箱里每天都能收到这样的哀叹。

“除了性交，我的伴侣对我的身体没有任何兴趣。前戏的感觉就像他正在启动一辆小汽车。上床睡觉时，他把膝盖放在我双腿间检查是否潮湿。我已经多次尝试和他交谈，温柔地、说很多赞美的话，想谈谈我喜欢什么，什么让我兴奋。结果他告诉我，之前从来没有人和他抱怨过。这么多年过去了，我担心我让自己对独处的恐惧超过了我的自尊。”

薇拉继续和布莱恩做爱，但她感觉不到快乐和情感联结：“那只是我不得不做的事情，而且比其他家务活的乐趣都少。有一天，我突然想到也许我并不厌恶性，我只是厌恶和我丈夫做爱。我走出婚姻去验证这个理论。你可以想象，我没有错。”

吉恩说：“我很想做爱，慢慢来，但是她只是抓住我的生殖器放进她的身体里。她让我速战速决。”所有这些闷闷不乐的伴侣该怎么办呢？

我花了很多时间来帮助那些夫妻重燃欲望的火花。我们从常见的导致性冷淡的原因开始，包括：父母暴力、早年性虐待、种族主义、贫困、疾病、亡故、失业，等等。种种消极力量让人们感觉自己生活在一个信任危机、快乐虚假的世界。我们探究他们的性欲模式，他们的情感经历如何在性生理上表现出来。“告诉我你是如何被爱的，我就会知道你是如何做爱的”是我指导性问题的一个原则。发掘这些问题有助于移除性障碍。

我介入夫妻之间关系的困境，帮助他们解决积怨，教他们如何把批评转变成要求，把挫败变成反馈，让他们相互坦诚，保持敏感。随着这些心结的解开，夫妻们可以学着用他们的想象力来培养快乐。我鼓励他们不要把性看得太郑重其事，而是去发掘它们的游戏属性，在卧室里营造一种期待和神秘。此外，我还有一套干预措施，帮助人们重新与感官、性感、神圣的亲密感联系起来。这些不仅仅是谈话而已。我与性教育者、创伤治疗师、坦陀罗行者、性生理工作者、舞蹈教师、时尚顾问、针灸师、营养师等任何能提供帮助的人合作。性行为与所有这些人从事的领域都有交集。

有些人设法扭转了局面。但另一些人尽管尽了最大努力，也无法带回性冲动。这是否意味着这些夫妇只能接受他们无性的现实——性有时会是维持家庭而付出的代价？还是说，性是生命的重要组成部分，如果没有性，原本充满爱的婚姻就注定要破裂？

当性亲密消失后，一段婚姻关系最好的情况下会是怎样的呢？我所说的不仅仅是性和性行为，比如，前戏、插入、高潮、睡觉；我指的是那种把成年人的浪漫关系和兄弟姐妹情谊或最好的友谊区分开的愉悦感官的、情欲的能量。无性婚姻必然会导致出轨吗？

只要伴侣双方都能接受这种情况，爱情就会蓬勃发展，稳定的联结也会随之而来。但是，当一个伴侣充满了未被满足的渴望，这种渴望就会像等待烈火的干柴。考虑到忠诚和禁忌的双重制约，当欲望最终自由爆发时，我们就不必感到惊讶了。

对马特来说，这种等待似乎是永远的，虽然他无法说出性生活消失的确切时间。他和梅塞德丝 30 多岁时相识，很快结婚，至今已经 10 年了。一开始，他们做爱是因为感觉很好。后来他们做爱是为了生孩子：萨沙，现在 7 岁；费恩，现在 4 岁。接下来，因为有了孩子，他们没有了性生活。再后来，他们有了敷衍的性生活，因为有点儿总比没有好。然后，他们没有了性生活。当我见到他们时，费恩正和他妈妈睡在特大号床上，而马特蜷缩在小书房的沙发上。梅塞德丝想要做爱，但并没有那么想。事实上，她从未对性特别感兴趣，现在她还有别的更重要的事情要做。

显然，他们的性生活是围绕他的欲望和她的拒绝展开的。一开始，

对那些遭受身体虐待的人来说，
寻求一双爱抚的手来替代施暴的手，
是一种大胆反抗。

他热切地追求她，她则积极回应。她欢迎他主动的性要求。渐渐地她的兴趣变成了抵抗，他的欲望变成了要求。这让她很反感，也让她更加逃避。他越要求，她越拒绝。她越自我封闭，他变得越黏人。在典型的追求与疏离的拉锯战中，他俩都把他们彼此憎恶的行为强化了。

星期一，马特清楚地表达了他的渴望。星期三，他会给她一点暗示，以免给她带来心理负担。到了星期五，他会轻轻地触摸她，如果她没有回应，他就假装从没要求过。

梅塞德丝偶尔会陷入沉思："我出了什么问题？你只要按一下开关就行，而我却需要启动半天。"有时候马特也鼓励她。"你看！"他会说，"上次真是太好了。你这次也行。"不幸的是，这些善意适得其反。"别羞辱我——那一点儿都不性感！"接下来，他会尝试同情："很抱歉你有这样的感觉。我希望你能放松点儿。"她会感谢他的理解，轻轻地亲亲他，然后翻个身，关掉灯。他泄气了，只好缩到另一个房间，在电脑前释放自己。

无可置疑，他产生了愤怒。为什么一切都要看她的脸色？难道她不知道她在折磨他吗？他感到郁闷和痛苦，试图压制怒火，但随着新一年的来临，他爆发了："我听腻了你的废话！这不公平，自私！"他知道说完这些，她再也不会跟他做爱了，可是话说回来，这有什么关系呢？本来他也没办法跟她做爱！至少他把压在心底的话说出来了。如果梅塞德丝曾经还因为强制丈夫禁欲感到内疚，现在她变得理直气壮。"你竟敢这么说！"她还击道，"我对你毫无感觉！"

复杂微妙的对性生活的拒绝，每年有两次破例的时候，那是他们的结婚纪念日和他的生日。"但她基本上只是躺在那里帮我一个忙。"他说。"可怜的性爱"根本不是马特想要的。

梅塞德丝并非对他们的困境无动于衷。她知道墨西哥家庭里的女人会说:“你是他的妻子，你的角色就是满足他的需要。”因此她去找她的美国女友聊天，得到的建议更合她的心意:“如果你不想做爱，你就不应该做爱。”“他让你对无能为力的事情感到内疚，太自私了。”“他最好别去别的地方满足自己！”

因为担心他那样做，梅塞德丝开始接受许多治疗。坦率地说，这对夫妇很努力。他们排除了过去的创伤、慢性疼痛、信任问题和其他解释。但是梅塞德丝只有为了生育目的才会重视性，除此之外，她看不出有什么意义。她是一个感性的女人，喜欢许多东西，尤其是跳舞，但她从没有培养起对性爱的兴趣，也不明白为什么应该感兴趣。“他是一个素食主义者，我接受他不喜欢吃肉，为什么他不能接受我呢？”

多年来，马特“就这样生活着”。他试着降低自己的期望，独自满足自己，参加铁人三项运动，全身心投入工作。但所有这些措施都无法填补他孤独的深渊，也不能抵消多年来因性拒绝而产生的令人发慌的“阉割感”。然后他遇见了麦琪，一个成熟、活泼的铁人三项选手，结婚十几年来，她丈夫的手只摸着遥控器。她同样的渴望为马特带来了希望和活力。

马特没有打算背叛他的妻子，但他再也不能忍受性冷淡了。他现在正享受着激情，享受着准备的时刻，享受着永恒的感觉。他向我保证，他和麦琪的关系不会减少他对梅塞德丝的承诺。他不再忠诚了，但还像从前一样矢志不渝。在这个性的天堂里待了 14 个月后，他和情人都很高兴找到了一种方法，既摆脱了他们的性监禁，也无须拆散他们各自的家庭。

当婚外情保住了婚姻

马特和麦琪的观点看似扭曲，其实是有逻辑的。许多人有婚外情，并不是为了终止婚姻，而是为了维持婚姻。“离孩子们离开我还有三年时间。”来访者吉娜告诉我，“这让我在家里可以面带微笑。这不会是一次友好的离婚——他太骄傲、占有欲太强了。我想在孩子们离开家后，再迈出这一步。”最近在加州的一个会议上，一位女士告诉我，现实要求她和丈夫待在一起——他们有一个残疾的孩子，需要父母照顾和两个人的收入。他们是好朋友，但仅此而已。所以她每周去“跳舞”两次。“他从来不问，”她说，“这让我还能保持神志正常。”

最近达芙妮发现马丁看色情片手淫，她脱口而出一长串令人羞愧的指控。但这并不能阻止他，只会让他隐藏得更好。两年来他们没有同床共枕，所以这并不难。他得等到她出城才能去韩国城看那些女孩。“视觉辅助。”他这样称她们。他知道她不会赞成，但他的理由是：“她更喜欢什么呢？是我待在家里，幻想着 20 岁的女秘书趴在我的桌子上？我的女秘书可能会变成一个真正的诱惑。对达芙妮来说都一样，但我认为我的做法保护了我们的婚姻。”

马丁对他的婚外恋直言不讳，雷切尔·格雷则富有诗意。在和一个男人 23 年的婚姻中，她和他几乎没有化学反应，但他们有共同的价值观、朋友和兴趣。她发给我她写的一首诗，解释了她为什么有那么多婚外情。

马特不认为这是一种罪过。他很纠结如果梅塞德丝知道后会感觉如何，但他既不准备结束婚外情，也不准备结束婚姻。他已经找到了自己缺少的东西，觉得没有必要再去选择。他的婚外情是一种稳定剂，一种减轻婚姻压力的方式，并不是要毁掉婚姻。第三者的作用就像一个支点，有助于这对夫妇保持平衡。这让他避免了失去家庭或失去自我的浮士德式交易。正如分析师欧文·赫西所指出的："出轨有时候会带来一种情感空间，可能会让不完美的爱情、性和家庭关系持续或容忍下去。"[79]

心理学家珍妮特·瑞博斯坦和马丁·理查兹把这种"分隔的视角"描述为"对真实婚姻经验的一种可理解的回应"。[80]他们认为，我们对夫妻关系过高的现代期望，不可避免地会让"大部分已婚人士觉得婚姻以这样或那样的形式令他们失望"。当婚姻的大部分运转良好而局部运转不灵时，一种应对策略是把那些糟糕的部分分隔出去。而运转不灵那部分通常是性。这减轻了一个伴侣必须满足我们所有需求的负担。

夫妻中一方有性嗜好或恋物癖另一方不认同甚至感到反感，或者双方年龄差距在两位数以上时，这种处理方式尤其普遍。当一方身患残疾或慢性病时，这种情况也更为常见。不愿意离开又不愿意有缺憾，不满的一方会悄悄地在别处满足他们的需求。

桑尼对这一策略非常熟悉。"坦率地说，我爱我的妻子，她绝对漂亮，但我从没觉得哪个野蛮人会想和她做爱，"他说，"我们享受着惬意的香草味的性爱，她不会配合我的任何奇思妙想，甚至还嘲笑我的一些想法。我试着去接受这一点，但我逐渐意识到，施虐受虐不仅仅是我喜欢的东西，还是我的一部分。"于是，桑尼把他内心的野蛮人带到了别处。他在网上找到了欢迎他最原始、最肆无忌惮幻想的人。

这样的安排通常不言自明，尤其是异性夫妇之间。人们通常与自己达成秘密协议，而不是选择与伴侣公开讨论。他们可以从同性恋和多元社区学到很多东西，对他们来说，性生活的停滞并不一定会导致夫妻交流的停滞。许多来找我咨询的同性恋伴侣更有可能通过商谈约定他们的一夫一妻制或非一夫一妻制，尤其是如果一夫一妻制已成为事实上的禁欲时。两相情愿的非一夫一妻制，意味着双方能够平等地在其他地方满足自己未被满足的需求。相反，不忠则是一个单方决定，其中一人秘密地为自己权衡了最好的方式。他们可能会认为，这对所有身在其中的人是最好的处理——既维护了婚姻，也打破了性禁锢——但它仍然是对毫无戒心的配偶的一种权力运用。当然，诚如一位男士所反驳的：“她每天晚上都说不的时候，我有发言权吗？谁在这里做了单边决定？”

他的话也有道理。因此，当来访者告诉我他们对伴侣的婚外情感到多么心烦意乱时，我会把他们的注意力慢慢地从他们伴侣所做的事上，转移到他们自己没做的事上。很容易发现，背叛是伴侣把受挫的欲望带到了别处。而更有挑战的是，搞清楚对性不感兴趣的伴侣是如何不知不觉成为合谋者的。一个更诚实的对话，必须包括故事的方方面面。

离婚还是备选?

只要保守秘密，马特和麦琪的关系就达到了目的，但是，当梅塞德丝发现这一切时，规则改变了。在咨询中，我们首先关注的是事情败露后的残局。他们两人都不想离婚，因此，我们就承诺和信任进行了对话，将忠贞和忠诚的定义扩展到性的排他性的狭隘框架之外。

这对夫妇描述了一个典型的两难处境。他们分享着多年的丰富经历、欢乐和悲伤。他们深情地回忆起搬进第一套一居室时，把壁橱改装成了婴儿室。他们为自己能租到一套带阳光庭院的联排别墅而感到自豪。他们互相支持对方的工作，轮换睡觉、做家务和照顾孩子，这样两人都可以获得晋升。三位亲人的离世，两个孩子的出生，一次流产以及一次癌症恐慌，都发生在他们稳定的关系中。希望与梦想交织在一起——在林中小屋度假，非洲旅行，和孩子们玩耍的小狗。即使今天，在后院共享热气腾腾的咖啡也是一种日常乐趣。他们以各种方式彼此相爱。他们只是不再做爱了。

像这样的夫妻，他们应该在拆除他们婚姻的整座大厦和不再做爱之间做出选择吗？在“婚姻高于一切”的文化中，离婚或迎合它往往被认为是仅有的两种合法选择。这就难怪许多人会做第三种选择：不说出口但出轨越来越普遍。正如帕梅拉·哈格所指出的：“在宽恕对婚姻规则的修改之前，我们将打破那些不再奏效的婚姻规则。”[81]

婚姻需要新的选项。我们总是太快把关系破裂归咎于不忠，但在许多情况下，更具破坏性的可能是不惜一切代价地坚持性的专一。如果这些夫妇愿意满足彼此不同的性需求，理解这些对他们婚姻结构的重大意义，也许他们中的一些人还会继续在一起。这里涉及的是一个浪漫的理想：一夫一妻制。

不要误解我的意思：非一夫一妻制很难治愈所有的创伤，也很难成为防止背叛的缓冲器。但当我看到人们受到伤害，被迫做出令各方痛苦的决定时，我希望至少能够提供另一种可能。作为一名裁缝的女儿，长期以来，我觉得我的工作与裁缝的量体裁衣极为相似。我不想让每对夫妻都穿同样的衣服。

对于多数人来说，提及开放的性关系就会红灯闪烁。在坚贞的爱的王国，很少有话题会唤起这种发自内心的反应。如果她再也不回来怎么办？难道他不能欣赏我们拥有的美好，接受无法拥有一切吗？如果她坠入爱河怎么办？婚姻就是妥协！——两个人彼此相爱，却和第三个人发生性关系，这样的想法让我们中的一些人不寒而栗。我们担心，违反一项限制将导致违反所有限制。也许是这样。但很多人也发现，封闭的婚姻并非抵御灾难的堡垒。

此外，我拒绝虚假的前提。太多人假装他们在重燃自己的欲望。他们喜欢这个想法，但实际上他们不想面对现实。他们想要的是家庭、陪伴或者他们一起构建的生活，而并不真的想亲密地待在一起。当出现这样的苗头时，非一夫一妻制是否比离婚更有利呢？不愿意考虑这种可能性，最终甚至会毁掉太多充满关爱的伙伴关系和幸福稳定的家庭。

像马特和梅塞德丝这样的夫妻可能决定分开——也许现在，也许以后，也许永远不会。但我希望，无论他们做什么选择，都是对他们各自的需求深思熟虑的结果，这与他们能否画出一个更大的圆，容纳他们完整的自我有关。我相信对所有相关的人来说，这都比出轨更可取。当出轨再次发生时，人们立刻会说:“曾经是骗子，永远是骗子。”就好像确认了一种性格缺陷一样。但有时更准确的解释是：核心问题从未得到解决。

对一段婚外情的全盘否定，很容易使我们偏离其背后真正的问题。它创建了一个关系冒犯的固化等级。直到今天，情感上和性上的拒绝，都不会和放荡行为一样承受同等的压力。当我们把不忠视为所有背叛中最严重的情形时，作为伴侣以及作为一种文化，我们共同抵制了对婚姻复杂性的必要思考。

第 13 章

情人的两难选择

——与第三者对话

她是他的选择，在部分时间中。
你也知道这个故事！
看，当一切结束，他把她
挂电话一样，挂起。
——安妮·塞克斯顿（Anne Sexton）
《你们都知道另一个女人的故事》

维拉对着镜子检查她的头发，向窗外瞥了一眼。桌上优雅地摆着冷藏香槟和西红柿沙拉，西红柿刚从菜园摘下来，格外新鲜诱人。一个小时前他就说要到这里了。但她不会主动给他打电话。她在那间小而雅致的一居室里踱来踱去，又回到窗前眺望他的车。即便过了 30 年，她仍然像第一次在街上遇见他那样，期待着他的到来。她容光焕发、兴奋不已，还有点儿微微的紧张，看起来和其他恋爱中的女人没什么两样。

但她不是任何其他女人。她是另一个女人（第三者）。也被称为家庭破坏者、男人绑架者、情妇、女秘书、贱人。这是自堕落天使以来给像她这样的女人贴上的文化标签。维拉讨厌这些标签，这就是为什么她和她一生的挚爱伊凡精心隐藏 30 年地下情的原因。最终，她将把他们的秘密带进坟墓。唯一知道的人是她的女儿贝丝。55 岁的贝丝埋葬了两位去世的主人公后，收拾好证据，跟我取得了联系，讲述了她母亲的故事。

“我母亲的长期情人伊凡是个有钱有势的已婚男人。他们在城里一个工薪族聚居的地方有一套公寓，每周在那里约会三次。那个公寓有个小菜园，他们喜欢在菜园里一起劳作。当她 77 岁意外去世时，我关闭了他们的爱巢，帮助当时已 85 岁的伊凡缓解他的悲痛。没有人能擦干他的眼泪，因为甚至没人知道这件事。几年后，我参加了他的追悼会，尽管他的家人都不知道我是谁。”

贝丝描述她的母亲是一个美丽、充满活力和冒险精神的女人。她怀孕时被第一任丈夫抛弃，接着再婚，但是当出现家暴时，她选择了离开。“她很坚强独立，在女性无法获得贷款的时候买了房子，让我们摆脱了那段糟糕的婚姻。”

“伟大而美好的爱情”是贝丝对她母亲和伊凡之间关系的描述。“在经历了和男人们的厄运后，我很高兴她遇到了伊凡。他们认识时，伊凡已经结婚几十年了，他知道自己不会抛弃家庭。他刚刚失去了大女儿，无法想象如果他抛弃家庭会给妻子带来怎样的打击。”维拉相信伊凡的妻子知道她和伊凡的关系，但是从来没有人挑明过。伊凡是个负责任、慷慨大方的人，他保证了她经济上的安全。

“在很多方面，他们的安排都对她有利，因为她有很多自由。”贝丝说道，“她可以性感十足地去爱巢，让他觉得她很棒，做一顿美味的午餐，喝一瓶酒，然后独自回家。”但她唯一的女儿和闺蜜有时希望自己与这段关系不那么紧密。“我了解这段地下情如何进展和维持下去的所有细节：跟妻子撒谎；找借口挤时间幽会；婚姻中声称性功能障碍；和情人一起探索和享受性爱。我妈妈从不洒香水，以免在他身上留下气味。他们如何用现金支付租金，并用假名签署租约。”

“我掌握的信息太多了。比如伊凡和他妻子每年做一次身体检查，医生问他们性生活的问题，当伊凡说他们没有性生活时，医生给他开了一个伟哥处方。他妻子转过身，看着他说：‘哦，亲爱的，你不想再开始了，对吧？’检查结束后，伊凡把医生拉到一边，告诉他其实他有很多性生活，他想要那个处方。我并不真的需要这些细节，但它们现在全保存在我的脑海里。”

贝丝说，随着维拉年纪越来越大，她越来越难“在他的生活之外，寻找自己的生活”。她在道德上很矛盾——不是因为她和伊凡的关系，而是因为她和他串通一气欺骗他的妻子。有时她觉得她为他牺牲了自己最美好的年华，她不得不独自过每个圣诞节，独自度假，在外面表现得像个独身女人。

我冒昧地提了几个问题：“这段地下情在什么地方打动了你？是它让你相信爱的力量了吗？还是让你意识到了欺骗的力量？或者是让你意识到了谎言的狡猾？”

她面带苦笑。“一方面，我很清楚我母亲的痛苦，但也意识到她的生活更有活力。伊凡的妻子拥有一切成功的标志，但她和一个情感冷漠、不想碰她的丈夫生活在一起。他把自己最好的一面献给了我母亲，而她也以同样的方式回报了他。没错，它让我相信爱的力量。直到最近我才意识到，这段故事是如何渗透到我 26 年的婚姻中的。”这再次提醒我，不忠的阴影远远超出了恋人之间的三角关系。

“在婚姻有压力的时候，我很快就会产生一定程度的怀疑和不信任，这并不一定是公平合理的。我能听到伊凡跟妻子说谎，我妈妈因为计划突然改变而愤愤低语，他们为了幽会而编瞎话。我有我母亲的性感，我也想拥有她得到的那种爱，但是我害怕我的命运就像伊凡的妻子。”

“你觉得伊凡怎么样？”我问她。

“和 500 人一起参加他的葬礼，倾听他作为一位伟大的家庭成员被赞美，这对我来说太难了。最糟糕的时刻是有人站起来，分享了他曾指着妻子说的话：‘她简直太漂亮、太美好了，不是吗！’他曾经对我母亲说过同样的话。她爱他爱了 30 年，付出了高昂的代价。他除了给她钱以外，从没付出过什么。我想把她的故事讲出来。她值得！”

走出阴影

贝丝的母亲没有直接告诉我她的故事，但其他许多人是直接告诉我的。当消息传出，说我要写一本关于出轨的书时，我开始收到信息：“我是一个已婚男人的情人……”“我就是臭名昭著的情妇……”“我是第三者……”她们分享了自己的故事，她们的希望、恐惧、内疚和痛苦。她们邀请我了解她们的困境。

“我应该等多久？”

“我该强迫他做出选择吗？”

“我该怎样处理嫉妒、孤独和挫折？”

“他的婚姻会永远控制我们约会的时间吗？”

“我能给他生孩子吗？”

“我想知道他想要的是不是只是性。他真的会选择我吗？”

“我觉得我在破坏姐妹情谊——背叛另一个女人。”

“他在跟她说谎。我怎么才能确定他不会跟我说谎？”

“我是一个有道德有原则的好人，但似乎打破了我所有的个人原则。你能帮助我吗？”

“我怎么才能让我的家人一直以为我是单身呢？”

“怎样才能保持我的尊严呢？”

“我怎样才能结束呢？或者怎样才能不结束呢？”

所有这些问题都伴随着一个请求：“不要把我排除在故事之外。”在所有的来信中，情人们都声称自己与这个调查有关——毕竟，没有他们，这个话题就不存在。

多数关于婚外情的临床文献都是二元的，尽管婚外情实际上是三方关系。在治疗中，情人几乎不被提及，要么被忽视，要么被贬低。多数治疗师的目标是尽快让夫妇破镜重圆，而情人则被更多地当成病原体，而不是人。其感受与夫妻关系恢复无关。夫妻治疗师很少单独与出轨的伴侣见面，因此也没有什么机会可以讨论如何小心地结束婚外情或者情人的损失与悲伤。“和她一刀两断”“立刻切断所有联系”是最常见的反应。

大众倾向于谴责“情妇”而不是出轨的丈夫。当女歌手碧昂丝推出她以不忠为主题的专辑《柠檬水》时，网上掀起一股指认并羞辱神秘人物的热潮，对“长着一头漂亮头发的贝基”的指责，远远超过对她行为不端的丈夫杰伊·Z的指责。

我用“她”这个代词，因为几乎只有处于这种处境的女性才会跟我联系。这些都不是短期的风流韵事、一夜情或偶然的婚外床伴关系。他们是经年累月的长期情人，有时甚至是几十年，都是单身女人与已婚男人在一起。为了避免你马上联想到所谓的蛇蝎美人，一个比男方的女儿大不了多少的妩媚女子，让我来介绍一个“另一种”女人——她们通常离婚或丧偶，五六十岁或七十多岁，聪明，事业有成，现实。她们绝不是天真、孤独和绝望的女人，她们会以任何形式获取爱情。事实上，她们不仅选择带着秘密生活，而且本身也作为秘密而存在，原因非常实际。这似乎更典型的是一种女性的痛苦，而这并非偶然，用在她们身上的污名不会对应到男性身上。

我遇到过许多男人，他们是已婚女人（或已婚男人）的情人。可是至今为止，我还没有遇到过一个单身男人，把他的爱献给另一个男人的妻子 30 年，希望她离婚和他一起组建家庭。如果一个单身男人进入了三角恋，更有可能是他不想要一个更复杂的承诺。我想起了格雷格，他很高兴认识他的已婚情人两年了，但是当有一天她带着手提箱出现在他门口时，他感到很震惊。“我从没想过要她离婚。当然，我们谈过，但我以为那只是随便说说。”他很适合做兼职情人。

长期情人这一角色激起了我的兴趣。她为什么要做出这样的选择？她从中得到什么，付出了什么代价？她如何使自己的地位合理化？无论我们如何看待她行为中的伦理，她都在剧中扮演着中心角色，也应该得到同情。

对婚外情的叙述值得关注，因为我们并不总是清楚两种关系中哪一种（如果有的话）会更有未来。婚外情仅仅只是一段婚外情吗？还是一个等待大白于天下的爱情故事？多重纠缠的因素是什么？涉及孩子吗？我们做出了什么承诺、投入了多少时间，推迟了多少希望？治疗过程中，夫妻们会被问到一些问题，比如，你如何称呼他或她？你们直呼名字吗？还是叫昵称？或者仅仅是“那个女的”或“那个男的”？也有些问题是为了与相关伴侣单独讨论而准备的。

“你和情人见面了吗？”人们经常问。如果一对夫妇想要和解，那就不要再和情人见面。但许多情人会单独来找我倾诉苦恼。一些人被虚假的承诺套住，导致他们相信对方的婚姻没有性、没有感情或即将离婚。还有一些人则被声称未婚的男人糊里糊涂地变成了通奸者。还有一些人发现他们不是唯一的受害者。偶尔，有地下情的伴侣会一起来找我，他们的问题包括：“如果我们注定一直在一起呢？如果我们的婚姻都是错的，怎么办？我们能放弃与生命中的爱人一起生活的机会吗？知道我们走到一起会伤害这么多人，我们还能和平相处吗？”对他们的问题我没有简单的答案。我所能做的就是为他们的困境留出空间，承认他们的婚姻并非唯一值得共情治疗的关系。

“我们的关系值得妥协吗？”一个情人的沉思

“我从来没有得到过如此深的爱，在这样一段感情真挚和性专一的关系中。我也从来没有受到过这么好的对待。”

这是安德莉亚，一位来自温哥华的59岁离异女建筑师，对她与房地产开发商迈克尔七年恋情的描述。她说，他已经结婚30年了。“我在寻求指导，”她写道，“但似乎都是些陈词滥调。人们说我被利用了。男人靠不住，我应该离开他。有些朋友也这么说，好像我是一个幼稚的女人，不能为自己承担责任。这对我的智商和自我认知是一种侮辱。”

我们通过电子邮件展开了漫长有趣的对话。她告诉我，她是一个在网上进行大部分两性沟通的女人。她和迈克尔每天晚上发50条信息，她很乐于有书面内省的机会。

安德莉亚对她情人的婚姻持务实态度，也许是因为她自己在一段不幸的婚姻中度过了 25 年，她的前夫在性和感情上都拒绝了她。“我希望他没结婚吗？绝对的。事实上他也如此希望。但是他爱和尊重他的妻子，不想给她带来痛苦，即使他们的联结十分微弱。30 年的时间让一段无精打采的感情也有家的感觉。我可以理解。习惯了舒适的旧鞋，害怕生活发生巨变。我也有类似的理由。”

“你 定很难受吧？”我问道，“你感觉如何呢？”

安德莉亚知道自己的不安，无足轻重、附属于他妻子的感觉。还有其他人的评头论足，以及作为一个秘密存在的孤独。但是她说，能和迈克尔诉说一切，并且每天有他的甜言蜜语，她感到很安慰。“他也尊重和爱他孩子的妈妈，我怎么能破坏所有这些善良的爱呢？”

对于很多像她这样的女性来说，提起婚姻甚至都是一种压力，可能会打破三角关系的微妙平衡。因此他们不得不小心翼翼地回避这个话题。最终他们会发出最后通牒、最后期限和威胁：“如果你不下定决心，我就为你决定。”

安德莉亚知道，无论是强迫、控制还是愤怒都不会使她走得更远。“事实是，如果他感到有义务或压力，我就不想跟他继续了；只有在他自愿选择的情况下，我才想跟他在一起。所以我不会要求他离开妻子，我猜他也不会，因为从一开始他就告诉过我。我没有问过他们是否做爱，我只是假设他做，至少偶尔会。我可以选择留下或离开，但我必须接受现实。我有力量把眼睛睁得大大的去做出选择。”当她这样想的时候，她就不再那么无助了。

我想知道她是否总能如此冷静。在内心深处，她是否认为如果他真的爱她，就会克服障碍和她在一起？一小时后，我收到了另一封邮件。

“当然，我确实幻想他结束婚姻，只和我在一起，”她写道，“我经常怀疑我是否低估了自己的需求，我的回答是肯定的。几乎每天我都在进行内心对话：我得到了什么，什么是我没有得到的？”她的回答时好时坏，取决于她不安全感的程度，但最终她认为她这样做是值得的。

她也问自己她是否愿意和他结婚。她觉得没必要。此外，她承认：“我不知道我是否能保持他的兴趣，或者我是否会厌倦他，或者他是否会忠诚。我认为我们都担心自己会遭受许多婚姻的悲惨命运。从这个角度看，我可能并没有把自己的需求最小化。”

我问她是什么帮助她应对困境。她让自己忙于工作和朋友聚会，她尤其喜欢和她的异性朋友在一起，特别是如果他们有浪漫的兴趣。事实上，迈克尔已经把她介绍给了他的一些亲密的弟兄，这让她觉得自己的存在更合法。

安德莉亚的三角恋是这样一种组合——她单身，而她的情人已婚。这跟双方都有各自的“官方”关系不同。我问她是否会考虑和别的男人交往，她承认，她会经常认为如果她已婚或有男朋友的话会更轻松些。“这样会更加公平。我应对和提升自尊的一种方法是对其他可能性保持开放。我有一份在线约会档案。”但最终，她的心还是和迈克尔在一起。“为了权力的平衡而牺牲我们之间美好的关系，有点儿让人觉得不值得。”

“如果你是一位公开而不是秘密的情人，会有什么不同吗？”这是我的又一个问题。她回答说，她从来没有考虑过这个问题，因为她认为这是不可能的。“在我们刚开始交往的时候，我们第一次表白之后，他说他正在考虑告诉他妻子，我说：‘别告诉！她会让你选择。’我知道他对她非常忠诚，虽然最重要的需求无法满足她。他确定她不愿意他脚踏两只船。我决定，只要我确信能独自拥有他的浪漫和性爱，就可以和他妻子分享他的时间和注意力，尽管会有一些挣扎。”

在这种情况下，每个女人最终都会在精神上分配资源：在他妻子和家人得到什么和她应得到什么之间进行权衡。许多情人甚至会要求已婚伴侣在性方面具有排他性：“他和她住在一起，和她一起吃早餐，和她一起分享银行账户，和她一起公开外出。既然做爱是他和我做的最主要的事情，至少应该只属于我们。”有些情人则把特定的地点或时间划定为只属于自己：“每年夏天，他妻子都会去加拿大探亲。那段时间是我们的。”

安德莉亚的平衡表是这样的：“她得到了他的忠诚、家庭、经济支持、日常陪伴、假期和共同的朋友。我得到了自己在婚姻中被拒绝的所有东西——一段很深的感情、性生活和心智沟通、浪漫、相互尊重、信任和快乐。比起他给他妻子的所有东西，我更看重这些。所以我相信我得到了最好的他。她可能也觉得拥有最好的他。”当然，迈克尔的妻子没有机会算这笔账。“但我对资源的分配也没有任何控制权。”安德莉亚立即反驳。

每个情人都有自己的理由：这是一段不幸的婚姻，他们没有性生活，反正他们很快就要离婚了，离孩子们都离开家还有一年。

当然，故事也有他妻子的一面。她已经谈妥了自己应得的待遇，但其中并不包括一个情妇。也许她的性欲因丈夫的情感缺失而下降。为了换取他的忠诚，她甘愿忍受没有亲密关系的空虚。但是后来发现，连他的忠诚也被分割了，这让她勃然大怒。得知他有过其他的浪漫伴侣已经够痛苦了，但当这是一段长期的平行关系，有着自己的承诺、仪式和惯

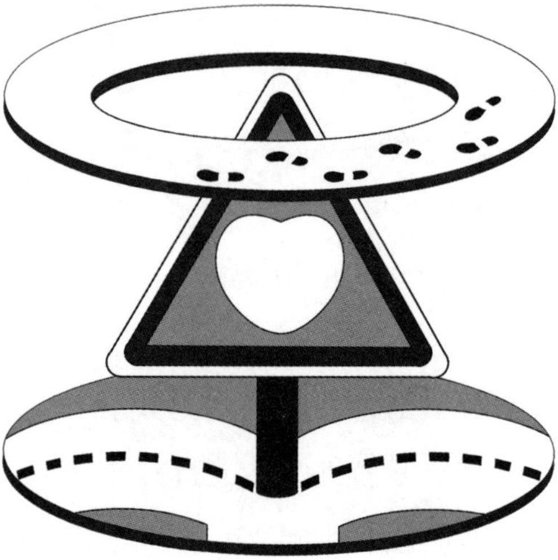

婚外情仅仅只是一段婚外情吗?

还是一个等待大白于天下的爱情故事?

例时，痛苦就会加剧。

安德莉亚偶尔会想起迈克尔的妻子：“我从不对她怀有敌意。我同情她的处境。我差点儿在杂货店遇到她，我感到良心的谴责。但我一般不觉得内疚。”至于他的妻子是否知道，安德莉亚认为：“她从来没有对他说过什么。但是，她怎么可能在这么长时间里毫无感觉呢？所以我相信，这一定是个有意的盲点。如果我认为她知道并且正在受苦，我会感觉很糟糕，可能会结束这段关系。”安德莉亚说出的是最常见——也最信手拈来——的理由。

当她把自己和朋友进行比较时，她得出的结论是：她得到了这笔交易中较好的那一半。他们中的许多人都生活在“婚姻满意的面具”后面，在公共场合似乎很满足，但睡在不同的床上。她说：“我不认为他们的境况比我好。我们都只是在跌跌撞撞地寻找幸福。我们都妥协了，某种程度上，我们都依赖于维持人际关系的合理化。”

隐秘女人的妥协

显然，安德莉亚更想成为被爱的“那个”女人，而不是被冷落的妻子。是的，其中有妥协，但也有好处。在这一点上，她让我想起了我的来访者萝丝，她的母亲经历了一段无性婚姻，让她女儿发誓永远不要和一个不喜欢她的男人在一起。一个已婚的情人正好完美地符合她的条件——萝丝和泰德已经连续三年每周见一两次，他的欲望从未消退。萝丝很适合做一个情妇，用小说家苏珊·契弗的话说：“我有我的自由，我是别人的幻想。”[82] 直到现在，她也一直认为缺乏安全感与公开承诺是一个值得付出的代价。

萝丝好几次试图摆脱泰德的纠缠，但他总是能把她拉回去。她想让我帮她脱离困境，但首先她必须明白她从这种安排中获得了什么。为了避免成为被抛弃的妻子，她成了受追求的情妇。“有更好的办法来避免遭受像你母亲那样的悲惨命运。”我告诉她。

尽管有一些好处，我还是一次次地看到，这些秘密的关系给这个秘密的人带来了沉重的代价。没错，情人无须做家务就能得到欲望，但是她没办法合法地生活——这种处境不可避免地会侵蚀自尊和自信。她觉得自己很特别，因为他会不辞辛苦地去看她，但却因为不能被别人看到而被贬低。她在感觉被宠爱和被忽视之间摇摆不定。通常，自我价值、童年被遗弃和不安全的依恋等心理问题会使她纠结不已。她的“不充分”的自我感觉，与她甘愿做无足轻重的人是一致的。

在瑞典，我遇到了英格丽德。多年来，她一直在努力结束一段断断续续的长期婚外情。去年她以为自己永远从那段感情中走出来了，但后来他又赢得了她的芳心。在过去的六个月里，他们每天见面，在他上班前和下班后。她把他们的爱情描述为“几乎是一种宗教仪式”，但她也渴求柴米油盐的世俗婚姻。最近，他一直在对她甜言蜜语，说起他们结婚和住在一起的事，这使她燃起了希望，但也引发了她的焦虑。“很显然，我们是恋人，但仅限于此，我有我自己的生活，自由地幻想，自由地和别人约会。可是现在，我已经对他的梦想上瘾了，把那也当成了我的梦想。”

英格丽德对自己卷入其中感到羞愧和愤怒，但是她害怕一旦分手，她将永远不会再经历这种爱或性爱的幸福。“我简直不明白他为什么不能离开他妻子！”她说，她的情人在描述自己的婚姻时，列出了许多不敢恭维的方式。“在我们国家，大家是‘友好离婚’的专家，金钱和监护权都不是问题。那他为什么要和她在一起？但是他确实就是跟她在一起生活。我确定，即便到了 75 岁，他还会跟她一起生活，依然会说他不爱她，他爱我。”

“你需要的是什么？”我问她。

“对我的痛苦进行某种报复。”她坦诚地回答，“我不理智地想向全世界宣告，他已经背叛他的家庭十年了。但我也渴望在我生命中所有质疑过他对我的爱、他的意图和他的诚意的人的眼中，恢复我的尊严。我渴望被他选中，并让全世界都知道这一点。”

对英格丽德来说，这种不合法的两性关系让她无法忍受。“我有这样一种想象，我参加了他的葬礼，却没有权利哀悼或接受别人对我的慰问。他去世后，如果无人见证我们轰轰烈烈的爱情，会发生什么呢？我们的故事会在他逝去的那一刻化为乌有，只留下我孤零零一个人。”

这是一幅令人心酸却非常准确的画面。我想起了贝丝，静静地参加她母亲 30 年秘密情人的葬礼。我想起了安德莉亚，她很感激迈克尔的几个朋友知道她的名字。我想起了罗克珊娜，她把自己伪装成护士去急诊室探望她那突发心脏病的情人。我想起了凯西，她写信给我说，她看当地报纸的时候才发现她的长期已婚男友已经去世了。这些女人都生活在被剥夺了权利的痛苦之中。不管我们怎样评价她们的行为，我们都得承认她们的痛苦。

以英格丽德为例子，我希望帮助她摆脱困境。我感觉到她不正常的两性关系和她童年时缺乏被认可之间有直接的共鸣。她告诉我，她还是个小女孩时与父亲非常亲近，但是随着她的年龄增长，父亲在身心上都疏远了她，这让她感到很羞愧。“长大后我唯一一次拥抱他，是在他弥留之际不省人事的时候。”她说，“我渴望他表达爱意，可是他唯一认准的词就是钱。”这让英格丽德不相信她值得被爱。

“这种情况改变了吗？”我问。

“在去世之前，我爸爸完成了他的自传，他在书里清楚地向世人表达了我对他的重要性。”英格丽德停下来，泪水盈眶。她也看到了其中的联系：现在，她希望她的情人也这样做——告诉全世界他爱她，不要等到临终时才说。

“在很多方面，我的情人通过给予我一直渴望的爱，治愈了我过去的伤痛。”她反思道，“但是他也重新激起了我对认可的需要。我猜这种两性关系既是修复，也是重新开始。”英格丽德很受震撼，也充满感激。也许现在，她终于能打破这种破坏性的模式了。

婚外情的结局

英格丽德成熟地断绝了她的妥协关系。但许多人发现自己几十年来陷入了停滞状态，眼睁睁看着希望（通常是生育能力）渐渐化为泡影。

特里·里尔使用的一个术语非常适合描述这样的婚外情：稳定的模糊性。这些两性关系的地位尚未确定，但模式已经确立，很难打破，也同样难以依赖。通过保持一种疏离的状态，人们可以避免孤独和承诺。这令人安慰的亲密和不确定性的奇怪组合，长期以来一直是婚外恋的特征。

莉亚是两个年幼孩子的单亲妈妈，离过两次婚，最近从田纳西搬到了纽约，与来给她的小儿子做诊疗的年轻已婚男子发生了浪漫的关系。她并没有因为他们的私情而过分自责——“我很孤独，我没有朋友，他的殷勤让我难以拒绝”——但是她为自己无法结束这段恋情而难过。一整年她都陷在困境中：“他对我非常好，孩子们都喜欢他。我害怕孤独终老。但是我应该得到更好的——一段完整的感情，而不是残缺不全的。但是我怎么知道我还会遇到别人呢？也许我不会遇到了。也许他就是我要找的那个人。但我不能只是坐着等他离开他的妻子。”当她在婚恋网站上漫不经心地浏览着个人资料时，她习惯性地想着这些问题。

莉亚的难题没有简单的答案。尽管她目前的处境充满了不确定性，但有一点是肯定的：她的情人永远都不会给予她所渴望的东西。结束这段关系会让她陷入真正的不确定，但也会让她拥有选择和可能性。她需要摆脱无助感，重新获得她个人的力量。这会有痛苦，但也会有自信和更美好未来的可能。

有时候我也接受已婚男性的咨询，但我始终考虑的是被困住的女人，希望通过他，我能解放她。吉姆，53 岁，已婚，有三个孩子，他和 28 岁的劳伦交往了将近七年。他们的恋情开始时，她是他公司里的大学实习生；现在她是一位年轻的艺术家，正努力建立自己的声誉。她渴望的未来包括一个家庭和吉姆。然而，与他见面后，我明显看出他没有做出重大改变的动机。他拥有一切：一个功能性的婚姻和舒适的生活，暗地里有一个情人和狂热的性生活。重要的是，他已经做了父亲，并不急着想要另一个孩子。更重要的是，他完全达到了他想要的平衡，并且学会了如何保持这种状态。

每当劳伦表达不快时，他就用浪漫的方式把她吸引回来。时光飞逝，她开始感到习惯并施加压力让他离开妻子。他向她承诺，但是她知道都是空话，所以她退缩了，开始和其他男人约会。因为害怕会失去她，他再次抛出他的鱼钩。他完全知道怎样钓到她——给她租一个新工作室，为她的下一次展览埋单。自私地说，他在花钱买时间——在这样的时间里，她的生育时钟再也回不来了。

“你必须让她自由。”我告诉他。他坚称自己并没有阻止她，但也没有承诺要离开家庭。从技术上讲，我肯定这是真的——他说过他不会离开。但是他告诉过她他爱她吗？

“当然，”他说，“我确实爱她！”我相信他。但这正是他为什么需要结束这一切。做爱后他在她耳边呢喃的甜言蜜语，在她的心里化成了美好希望。情人的梦想和渴望几乎从不存在于真空中——它们是由爱情宣言和对婚姻不幸的抱怨所推动的。该由吉姆来解开这个三角形，这样劳伦就能把自己挪开了。我将小心地帮助他这样做。人们很容易认为像吉姆这样的人自私、自以为是，但通常情况下，他们也深爱着对方，也需要有人见证自己的痛苦。

无论是当面还是用书信结束这段关系，都必须是负责任的、成熟的、体谅的和明确的。通过多次反复，我详细地指导吉姆该怎么去表达。他需要承认他们的感情是相互的，欣赏他们所分享的东西的深度，为虚假的承诺道歉，设定清晰的界限，并给她一个了结。这些都是分手的基本要素。并不是说他不爱她，而是因为他爱她，所以要离开她。而一旦分手，就不可更改，他不能给她留下任何一丝希望。这很难不痛苦，但如果劳伦知道她不是唯一感到心碎的人，事情将会有所不同。

这种方法不同于许多治疗师的建议，后者通常是建议停止所有的沟通，删除她的联系方式，在 Facebook 好友名录上拉黑她，也不要提她的名字。但是看到过这种做法的结果后，我开始寻求更人道的干预方式。我曾安慰过许多被男人们“幽灵化”的女性。“他除了说如何爱慕我，我如何了不起以外，从来没说过别的，然后就突然——消失了。”吉尔回忆说，“于是我上网搜索，看看他或他的家人是不是出了意外或者发生了什么事。这比他站出来说‘我们结束了’更具有破坏性。”

凯西和里德的婚外情经历了一个缓慢的结束过程——所谓的“酝酿的分手”。“他开始感到内疚，然后渐渐退缩。他不再经常发短信了。我们的幽会他迟到了。他用更加赞赏的语气谈论他的妻子。”最后，凯西听说他妻子怀孕了，她就退出了。“我知道最后他会消失。”

凯特则非常生气，因为乔尔认为他可以一走了之，返回他的正常生活。“懦夫！真希望他能有礼貌地告诉我。”她很清楚她情人的日常生活，所以当他和妻子在他最喜欢的餐厅吃饭时，当他的孩子参加棒球比赛时，当他在上班前坐在咖啡店里时，她会故意出现。“难道他以为我也会悄悄消失吗？”她愤怒地说。

达比从她那结婚十年的情人那里收到了一条短信，但这并不能给她带来多少安慰。他说：“我必须消失一阵子。”他这样做了。两年后，她的心理阴影仍然很重。“我一直很沮丧，甚至想自杀，”她说，“我的朋友告诉我：我必须继续前进，但是如果他不给我一个交代，这很难做到。我妈妈告诉我，‘你对一个出轨的男人能有什么期待？’也许她说得对，但我希望我至少被当成一个人来对待。”

如果痛苦地暴露一段平行的爱情是为了通往更诚实的未来（对被卷入的任何一段关系而言），那么，情妇也需要被当作一个人来看待。她需要一个声音和地方来升华她的经历。如果需要结束婚外情婚姻才能维持，那就应该小心谨慎，尊重对方。如果情人需要分手来恢复她的自尊和正直，她需要的是支持，而不是评判。如果婚姻需要结束，隐秘的爱要从阴影中走出来，那就需要帮助情人从尴尬过渡到合法性。如果没有第三者的视角，我们对爱如何在生活的风景中刻划出曲折的轨迹，只能有部分的理解。

第四部分 从此以后

持久被认为是婚姻成就的终极指标，

尽管许多“至死不渝”的人过着痛苦的生活。

事实上，一段成功的婚姻并不是

只能到葬礼才能结束——

尤其是在这个寿命不断延长的时代。

第 14 章

一夫一妻制及其不足

——对婚姻的反思

他们会说你很坏
或者也许你疯了
或者至少你应该暗地进行。
如果你敢想
你可以爱上不止一人，
那么你的心一定是赤裸的。
——大卫·罗维茨（《多旋律之歌》）

“不忠的广泛存在，难道不是证明了一夫一妻制根本不符合人类的天性？”

这个问题总是被反复问起。今天问这个问题的是研讨会上的一位年轻女士。“如果废除了一夫一妻制这种非自然的暴政，我们岂不是能避免很多痛苦和欺骗？”她问道，“为什么我们不能在双方自愿的非一夫一妻制的基础上建立两性关系，解决出轨问题呢？”我看到几个人点头表示同意。

一个 40 多岁的男人站起来回应：“听着，我认为如果有人想到处睡的话一点问题都没有，但是不要假装那是婚姻！为什么不保持自由和单身呢？真正的婚姻意味着真正的承诺。”

“为什么只能对一个人做出承诺？”另一个反驳，“我们能向多个朋友或孩子承诺，为什么不能向多个情人承诺？”

“那不是一回事。”一夫一妻制的辩护者认为，“《圣经》说爱情和性是神圣的，你不能四处留情。”

“但这是每个人都在做的事！”发起这场辩论的女士说，“他们只是在撒谎而已。不同的是我们中的一些人承认一夫一妻制违背了人类的天性，并在诚实地面对自己和伴侣。”

我理解她的论点背后的逻辑：如果一夫一妻制是违背人的天性的，那么把它强加于人，人们就只能选择不忠。如果不想让人说谎，那就给他们自由，那么也就不会有人受到伤害了。

有关先天还是后天的争论，我赞同激进学者麦格－约翰·巴克的观点，他强调我们的两性关系模式“既不是天生的或后天的，也不是一种强制的联结或社会结构。相反，我们形成关系的方式受到生物、心理和社会因素等复杂关系网的影响，这些因素是不可分割的”。[83]不管是否出于天性，对我们来说重要的是，现在很多男人和女人似乎都发现一夫一妻制（也即所谓强制的性关系和情感上的排他性）很难维持。因此，至少是时候重新审视这个话题了。

然而，我们也应该小心，不要把一夫一妻制与不忠混为一谈。它们不是一回事。我们来分析一下其中重要的区别。出轨只是一种未经双方同意的、非一夫一妻制的变体。还有许多其他形式的两相情愿的非一夫一妻制——伴侣们明确协商他们的性关系和情感界限。而这并不意味着自愿的非一夫一妻制就能防止背叛、嫉妒或心碎。你可能认为不忠不会发生在开放的两性关系中，但它们确实会发生。

有规则的地方，就有违规者

和任何非法贸易一样，通奸行为一旦合法化，黑市就会陷入萧条。但是，令我始终感到好奇的是，即使我们可以自由地将目光投向其他性伴侣，我们似乎仍然会被禁忌所诱惑。一夫一妻制对人类来说可能是出于天性也可能不是，但越轨肯定是一种天性。

每一段两性关系，从最严格的到最宽松的，都有它们的界限，而界限就会招来入侵者。打破规则惊险刺激，也能激发性欲——不管这些规则是“和一个人过一辈子”“可以有性，不能有爱”“总是使用安全套”“他不能进入你的身体”还是“你可以和别人上床，但我必须在场”。因此，在开放的关系中也有很多不忠。如果越轨的欲望本身就是动力，那么打开大门并不能阻止冒险者爬上篱笆。

“我们对婚外情一直是开放的原则，”苏菲说，“我告诉他，只要不和我的学生或朋友发生关系。他干了什么？他不仅选了我的一个女生，而且爱上了她。”

“我们把为了爱的性和为了玩的性区分开来。”多米尼克告诉我，“尼克可以自由地寻找艳遇，直到他和一个新西兰的家伙发展了一段感情，我才明白‘欺骗’这个词的含义。”

伦理上的非一夫一妻制建立在信任和透明的原则上。但人类的恶作剧永远有自己的方式。例如，41 岁的体育教练马塞尔，他妻子格雷丝是同一所学校的科学老师，在他们十年的婚姻中，她经常建议一种更灵活的婚姻结构，而他坚决反对，直到他在攀岩途中发现自己被一个女人吸引。现在这个想法从拒绝变成了恳求。格雷丝答应了。“我对她深表感激，”他说，“我终于明白了她一直想告诉我的事情。”

从那天起，马塞尔和格雷丝同意以诚实和沟通为基础开放婚姻。当格雷丝请求马塞尔允许她和别人上床时，虽然很有挑战性，但他还是让她去了。他看着她为约会打扮，发现自己“出乎意料地兴奋起来”。他回忆道：“我为我们对彼此做出的承诺以及取得的巨大进展，感到无比自豪。”

然而，一个朋友不小心说漏嘴，告诉他格雷丝一直有秘密的婚外情，他的自尊心受到了打击。当他质问她时，他的惊讶又变成了震怒——因为在他们重新协商之前和之后，她都有许多幽会。“我还在这里想我们有多‘进步’！多天真哪！嘿，我同意开放，为什么她还是背着我出去？”

答案显而易见。正如凯瑟琳·弗兰克和约翰·德拉梅特指出的：“敦促‘采取保护措施’提升了不带安全套的性行为的刺激；婚床上对性的誓言，像被子一样被扔到一边，成为冒险的一部分……‘负责任的非一夫一妻制’最终可能只是为出轨和色情活动创造了条件。”[84] 在情爱的领域，谈判得来的自由远不如偷来的快活那么诱人。

你可能在想，“我告诉过你，开放的婚姻行不通”。现在来看，马塞尔和格雷丝仍然在一起，关系仍然开放，但他的理想主义已经有所调整，不再把他们的灵活性看作是防止背叛的盾牌了。

解禁但不分开的一夫一妻制

抛开欺骗和说谎不谈，我认为针对非一夫一妻制的对话是一种大胆的伦理尝试，它试图解决每对伴侣面对的核心悖论——安全与冒险、融合与自主、稳定与新奇。一夫一妻制的辩论往往与性有关。对我来说，它提出了一个更基本的问题：一个新的承诺结构，它能帮助我们实现法国哲学家帕斯卡·布鲁克纳所说的“归属感和独立性的不可能的融合”吗？[85]

艾里丝，有 30 多年类婚姻的关系。“当我们回家时，我知道这是出于自由选择而非义务。”她认为她和艾拉的约定加强了她们之间的信任。“我们是真诚的，但我们并不拥有对方。我们互相尊重彼此的独立和个性。”

50 多岁的巴尼结过两次婚也离过两次婚，接受的婚姻治疗他自己都数不过来。“人们对我说，我在亲密关系和承诺方面有问题，但那不是真的。我和他们一样忠诚。现在，我要诚实面对自己：我不是一夫一妻制者。我不想取悦每个人，宁愿从一开始就做真实的自己，光明正大地确立一种可行的关系。”

“我一直希望与许多人建立有意义的联系，我是双性恋。”戴安娜解释道，她 30 多岁，是一位精力充沛的律师。“我想要一种包容我所有爱的忠诚关系。一夫一妻制让我觉得我的性是属于别人的，这对我作为女权主义者的价值观来说是一种诅咒。”

与戴安娜交往 13 年的主要伴侣埃德也是同样的感受。埃德是一位科学家和双性恋。“我们都不觉得我们之间的感情，会因为我们对新奇和多样性的欣赏而受到威胁。我们都喜欢对方是性的个体存在这一事实，谁都不敢去压制对方的欲望。”不过，他们两人的表现却并不相同。戴安娜有几个稳定的情人，他们“感觉像是我们大家庭的一员”。而埃德则更有可能寻找新的情人。有了新情人，风险也随之而来。因此，当埃德和情人约会时，健康的考虑是首要的。为了确保选择的安全性，戴安娜会进行侦察和搭线。这是让这个创新的关系联盟运转起来的约定。

对这些浪漫的改良派来说，传统导致了束缚和不诚实。他们想要诚实、选择和真实。他们想要和伴侣建立一种联结，这种联结不会使他们与自己或他人失去联系。他们想编织一块织锦而不丢失自己这根线。

今天的非一夫一妻制（至少那些坐在我办公室沙发上的人）与六七十年代的自由恋爱先驱们截然不同。他们中的一些人是离异者或幻想破灭者的孩子。他们并不反对承诺本身，而是在寻找更现实的方式来维持他们的誓言，于是得出了允许追求其他情人的结论。从允许偶尔“偷情”的已婚夫妇，到可以和其他人在一起的交换性伙伴，到建立三人或四人组，再到重塑爱与家庭生活的复杂的多角恋关系网，这些形式之间有很大不同。

信任、忠诚和依恋有多种形式。正如女权主义理论家萨兰达·菲利普斯指出的:“诸如此类的经历让人对一夫一妻制作为一种稳定完结构的完整性产生了怀疑，但并不是彻底拒绝，而是将其从封闭的内部拉了出来。”[86]这些不想墨守成规的人并不是简单地摒弃一夫一妻制，而是希望对其有一个更全面、更具可塑性的定义，不再仅仅建立在性的排他性的基础上。因此，包括心理学家塔米·纳尔逊（ammy Nelson）在内的一些观察家将这一运动描述为一种“新的一夫一妻制”而不是非一夫一妻制——一种对承诺关系在设计和建构方式上的转变。

当然，这不是第一次有人质疑婚姻规则。在过去的几百年里，各种各样的群体都在尝试新模式，尤其是同性恋群体一直处于这一努力的前沿。最近，发表在《性与婚姻治疗》杂志上的一项研究发现，目前五分之一的单身人群已经尝试过某些形式的开放关系。[87]

我遇到了许多人，他们都参与了这种爱的模式的重塑。情侣们经常向我寻求帮助，帮他们适应多元关系的新领域。然而还没有多少社会脚本可供参照，我们都是即兴发挥。当我接受培训成为一名治疗师时，性关系的定义针对的是二人组合。我从没遇到过“三人组”“四人组”或“多人组”，因为这些替代关系系统还没有合法性。但所有这些都是我今天实践的一部分。

有些情侣从一开始就对亲密伴侣的多样性感兴趣；而另一些情侣，在经过几十年的排他性的性生活后，好奇如何在他们长期建立的夫妻关系中画出新的线条。还有一些人，在一段婚外情之后，他们想知道，与结束数十年的伴侣生活相比，打开他们的关系之门是否是对危机更成熟的回应。

所有这些人都试图张开双臂拥抱那些不可估量的东西：爱可以是多角恋吗？占有欲是爱的本质还是父权制的残余？嫉妒能被超越吗？承诺与自由能共存吗？

那永远不会奏效！你可能会这样想。婚姻已经够复杂了！出轨会毁了家庭！对孩子不好！但在 20 世纪 80 年代，人们就曾做出过同样的预测，当时的夫妻开创了宗教、种族和文化的异族婚姻或者婚后将家庭融合在一起。在过去半个世纪的性革命中，他们在每一个里程碑上都做到了这一点。也许我们应该给婚姻创新者一些时间来解决这个问题。毕竟，古老的一夫一妻制真的那么有效吗？

如果创造性的性关系听上去太乱了，那么我可以向你保证，在听了成千上万的不忠故事后，这些混乱的婚外情实际上看上去有规律可循。由于出轨导致的婚姻痛苦和家庭危机如此具有破坏性，我们不得不寻求新的策略来适应我们生存的世界。我并不是说，解除一夫一妻制是每个人的答案。但很明显，目前的模式并非普遍适用。因此，我尊重对一夫一妻制持不同意见者，以及他们对创造新模式做出的贡献。

重新定义忠诚

为了对一夫一妻制进行建设性的批评，我们必须超越一个人可以有多少性伴侣这个乏味的问题，从更深的层次来审视忠诚。正如性专栏作家丹·萨维奇（Dan Savage）所言，把性的排他性作为忠诚的唯一标志是一种简化。他喜欢引用一个结了五次婚的女人的故事，这个女人指责他不够忠诚，因为他和伴侣20年来一直是开放关系。“我们谁更忠诚？”

在婚外情之后，道森和妻子阿米莉亚坐在我的办公室里，也产生了类似的感叹。“我对你忠诚了25年。前24年过着幸福的一夫一妻制生活。最后一年也很快乐，因为又多了一个女人。尽管如此，我的忠诚从未动摇过。我一直在你身边。你弟弟戒酒时和我们在一起住了一年。你得了乳腺癌和你父亲去世时，我陪在你身边。我很抱歉。我从没有想过要伤害你。但是，如果你只用我跟什么人上了床来衡量我对你的忠诚，那剩下的就都不算数了。”

对许多人来说，性的排他性与信任、安全、承诺和忠诚密不可分。似乎难以想象，我们能够在一种更具渗透性的关系中保持这些美德。然而，正如精神病学家斯蒂芬·B. 莱文所言，价值观的改变是人生经历中不可或缺的一部分。我们的政治观、宗教观和职业观能够改变，为什么我们对性的观念不能改变呢？他让我们认识到，随着我们的成熟，我们的价值观也在不断发展，“从以非黑即白的方式理解伦理和道德问题，转变为对大多数事情多层次的理解”。[88]

如果我们把忠诚看作是一种包含着尊重、忠实和情感亲密的关系的恒定性呢？它可能包括也可能不包括性的排他性，这取决于当事人的约定。当我们考虑重新定义它时，让我们再次感谢那些已经在践行的人。

今天，浪漫的多元主义者比许多一夫一妻制夫妇更多地思考了忠诚、性、爱和承诺的意义。让我印象深刻的是，他们对两性关系的许多另类阐释绝不是轻浮的。与那些无聊、不成熟、害怕承诺的人沉迷于放荡生活的刻板印象相反，这些生活实验建立在深思熟虑的沟通和认真思考的基础上。如果说他们教会了我们什么的话，那就是，就一夫一妻制和忠诚的本质展开公开讨论，本身就有巨大的价值——无论它是否会导致婚姻的开放。

在一夫一妻制的延续体中继续前行

在一种如此重视一夫一妻制以及对打破它会带来可怕后果的文化中，有人认为这是一个重要的讨论话题。但对另一些人来说，即便只是提出这个问题，似乎也太过冒险。如果我们需要讨论它，那么就等于承认，爱并没有牢牢地驯服我们的欲望。“我和那个家伙约会才几个月，昨天他不经意间问我是不是真的喜欢一夫一妻制。他的意思很清楚：他没那么喜欢我。”

另外，如果你认为不忠是一个两极分化的话题，一夫一妻制更是如此。这是另一种典型的“支持或反对”的僵局。人们会立刻想到“封闭”和“开放”的概念，陷入二元对立的视角。要么你只和另一半上床，要么你和其他人上床。中间没有过渡——你不可能部分地是一夫一妻制或者95%忠诚。丹·萨维奇试图用他的术语“一夫一妻制式(monogamish)”来软化这一强硬的立场，也即在情感上保持忠诚，但为第三个人留出空间，无论是在性幻想、调情、一夜情、三人行、性派对还是网络应用上找艳遇。我的来访者蒂龙喜欢这个词，如他所说：“这说明了我们15年来伴侣关系的基本忠诚，但也包含了一点灵活性，这很棒。”

一夫一妻制绝非单一的色谱，尤其是在这个数字时代。今天人人都在谈论我们独特的存在。我们决定了是否允许在和伴侣做爱时幻想别人，是否允许婚外性高潮，是否允许享受一个人狂野的青春记忆，是否允许看色情片、发黄色短信、浏览应用程序，等等。换句话说，一夫一妻制存在于一个连续的统一体中。当你问人们是否坚持一夫一妻制时，我建议你先问问他们对一夫一妻制的定义是什么。

塔米·纳尔逊做了相关观察，发现大多数夫妻生活在两个独立的一夫一妻制盟约中。明确的盟约是他们的官方声明，就像婚姻誓言一样，定义了伴侣关系的公开法则。相对而言，隐秘的盟约则心照不宣。“在承诺仪式之前，甚至之后，可能永远不会被公开提及。”[89] 这是文化、宗教和个人价值观的反映。纳尔逊证实，与统一的公开的立场相反，夫妻私下往往会对一夫一妻制持截然不同的隐秘观点，而且“通常，双方隐秘盟约之间的突然冲突会导致婚姻危机”。这种冲突通常就是婚外情。我们更愿意去谈论社会对我们的制裁以及我们的伴侣想要听到的，而对自己的真相保密。不是因为我们天生具有欺骗性，而是因为我们所生活的文化没有为这种坦率提供空间。

直到现在，一夫一妻制默认的前提依然是(无论多么不切实际)，如果你真爱，你就不应该再被别人吸引。这就是为什么往往发生了婚外情或背叛行为，伴侣之间才能开启真正的对话。一旦叙事被打破，你不再保护它，你们就可以开始一起创作一个更真实的故事。要是这并非总是由危机引发，那就太好了。借鉴男同性恋者的经验，萨维奇建议，一夫一妻制应该是一种“选择”。如果人们有更多选择的机会，就不会因为通奸而陷入麻烦。我们不应该惩罚那些没有通过一夫一妻制标准测试的人，而是应该意识到，这项测试难度很高。对别人有感觉和欲望是很自然的，但我们可以选择是否采取行动。

婚姻加法经济学

爱情和性是有限的资源吗？与他人发生性关系是一项高风险、高回报的投资，需要支付意想不到的情欲股息吗？过去，推动一夫一妻制的恐惧是你抚养的孩子可能并非你亲生。现在，当避孕和亲子鉴定可以解决这个问题时，我们还怕什么呢？对很多人来说，这可以归结为：今天的亲密承诺是以爱为基础的，责任减少了而情感却并不可靠；如果我们和别人太亲密，我们中的一个可能会爱上别人后离开。这是一种单纯的恐惧，即放松对一夫一妻制的控制，即使是最轻微的放松，也会破坏最牢固的纽带。

先行者们试图告诉我（也许是他们自己）的是，事实正好相反。他们认为：如果他们受制于一夫一妻制的约束，那么他们更有可能迅速逃离；拥有的自由越多，关系会越稳定。

对于凯尔和露西来说，这似乎是真的。他们的故事开始于一场心灵冒险。凯尔是一名工程师，住在明尼阿波利斯。他一直幻想着邀请第三者进入他的关系——具体来说，是他看着一个男人和他妻子发生关系。

有一天，当他们做爱时，他鼓起勇气在她耳边说了他喜欢的情景。看到她被他的话吸引，他有一种“站在婚姻边缘”的感觉。他们的性游戏持续了八年。然后，凯尔开始有更多的渴望。除了发现有关第三者的念头会激发性欲之外，他还把这看作是一种防止通奸的手段：“我知道，一辈子只对一个人感兴趣是很难的。但肯定有比‘背叛’更好的办法。”

第九年的某一天，露西，这位活泼的室内设计师和两个孩子的母亲，在火车上遇见了一个迷人的陌生人，两人聊了起来。他邀请她去看歌剧，她发短信问凯尔：“我应该去吗？”他回答说：“是的，但是给我多买一张票。”“那天晚上，”他回忆道，“我假装不认识她，坐在他们身后。我很兴奋，想看看他是否会碰她。”

几个月后，露西被一位年轻男子求欢。“我鼓励她去，”凯尔说，“从那以后，我们的性生活又活跃起来——在孩子出生后，我们的性生活就逐渐减少了。”露西需要他的保证，让她相信他真的没有问题，所以在她离开之前他们会做爱。当她回来时，凯尔需要知道每一个细节，只有当他们再次做爱时，露西才会放心地告诉他。上个月，他们更进一步，露西和她的情人去了一家旅馆，凯尔预订了隔壁的房间，这样他就可以偷听了。“他退房以后，她过来找我。”

凯尔和露西很享受这种越轨的快感——不是彼此之间的越轨，而是一起违反文化规范。95%的时间，他们的性是排他的；偶尔，他们会开放。他们的计划维持着二元关系和忠诚的理想，尽管是以一种非正统的形式。这是一次有限制的旅行，感觉很安全，可以防止迷路。和别人一起玩激发了他们对彼此的热情。

在我对欲望的研究中，到世界各地去我都带着同一个问题：“你的伴侣什么时候对你最有吸引力？”我听到的最常见的回答是：“当别人被他或她吸引时。”这种三角形的凝视非常容易激发性欲，这就是为什么凯尔和露西的故事远没有你想象的那么不寻常。开放一段关系并不总是会耗尽夫妻之间的亲密感，有时会补充能量。邀请第三者加入的幻想有很多种——想象、表演、观看、加入、在家等待、在门后偷听、享受详细的报告。

治疗师迪·麦克唐纳写道：“一夫一妻和非一夫一妻制相互依存，密不可分。”[90] 他关注的是浪荡者，但我想把我的观察扩展到很多包容的夫妻身上：和别人做爱不仅仅是和别人在一起。“更准确地说，这是一种相当复杂甚至危险的挑逗和激发主要伴侣的方法。”

情侣们利用他人来重新唤起性欲是很常见的，但它并不总能持久。在十年的婚姻生活中，泽维尔和菲尔以各种各样的方式尝试了娱乐性的性爱，现在他们不得不面对一个令人沮丧的现实：他们的整个性生活都被外包出去了，他们之间留下的是一片空白。

按照许多标准，这两个年轻人过着好日子。在彼此的家族圈中，他们建立了家庭和一个大的朋友圈。他们对彼此的事业很感兴趣。泽维尔，一位留着精致胡子的时髦人士，拥有一家纯素巧克力公司，而菲尔则是一家面向年轻企业家的合作机构的创始人。

作为一群亲密的年轻男同性恋者中的一员，他们有很多性行为，经常当着对方的面发生，但很少和对方在一起。泽维尔告诉我：“即使在我们的结婚周年纪念日，当我们邀请某人玩三人组时，我们也几乎没有碰过对方。”我问他：“那对你来说怎么样？”他转向菲尔说：“我觉得你努力不让我感到被排斥，但这和被包括在内的感觉是不一样的。”有一段时间，他们在集体中的性能量掩盖了他们彼此间性能量的缺乏，但这是

现代的个人主义思潮尽管很吸引人，

但也让我们陷入了不确定性的困境中。

自由使我们背负着必须知道自己想要什么的负担。

不可避免的。菲尔抗议说，他认为这只是一个阶段，一个自然的潮起潮落，并没有那么糟糕。“我并不是想找到取代你的人”。菲尔坚持说。但是泽维尔恼火了：“我们不是既选择其他人也选择彼此——而是我们选择了其他人而没有选择彼此。”

封闭边界不是泽维尔和菲尔想要考虑的选项。但我建议他们，在一段时间内限制他们越界可能有助于恢复亲密。两相情愿的非一夫一妻制，既需要性的多样性也需要亲密感，需要跨越和障碍。比起亲密，他们更喜欢多样化，而这正在消耗他们的关系。

保持对彼此的性关注，并不是强化伴侣关系的唯一途径。但是，当我们决定性不再是我们与他人的分界时，我们就有必要去考虑一种特殊的替代。哲学家亚伦·本－泽耶夫区分了两种关系模式，一种由排他性定义，另一种由独特性定义。[91] 前者关注禁止对方的行为，后者关注爱的特殊性；前者强调消极的后果，后者强调积极的可能性。我让泽维尔和菲尔考虑：“如果你们和其他人分享性爱，那么你俩之间的特别之处是什么？”一起探讨这个问题，有助于他们在不放弃自由的前提下，重新找到他们共同的立场。

非一夫一妻制手册

为了让承诺具有超越的排他性的新意义，我们需要讨论界限。非一夫一妻制者并不只是沉迷于性自由。相反，许多人创建了与法律文件一样明确的关系协议。它们的共同特征包括关于诚实和透明度的规定；与其他情人可以在哪里发生性关系，多久一次；谁可以成为情人，具体哪些性行为可以和他们分享，哪些不能和他们分享；情感投入程度；当然，还有关于安全保护的规则。艾丽、塔拉和里奇保持着三角恋，他们生活和睡觉都在一起，每个人也可以自由地与其他人一起玩。艾丽解释说："我们的原则是和外部伴侣要使用安全套，我们三个可以有直接的身体接触，所以如果一个人冒险，三个人都会受到牵连。"

与传统一夫一妻制的严格限制相比，非一夫一妻制关于身体约定的范围更具弹性，旨在更具包容和适应性。学者和活动家杰米·赫克特特别强调了边界（boundaries）和界限（borders）的不同：

> 划定界限无疑是正确的……边界是指在特定的时间、与特定的人在某一特定的情况下所发生的事情……界限主张不容置疑和严格的法律权威。边界具有流动性和变化的开放性；与其说是一条石渠，不如说是一道河岸。界限要求尊重，边界需要尊重。界限将欲望从不受欢迎的事物中分离出来，边界尊重欲望的多样性。[92]

不同关系之间的边界会有很大差异，伴侣之间的边界也各不相同。伴侣 A 对于伴侣 B 和其他人发生性关系不介意，但不喜欢伴侣 B 亲吻别人，而伴侣 B 可能和伴侣 A 喜欢做一切她喜欢的事。伴侣 C 根本不想知道太多——只要一条短信就可以，以防他措手不及。伴侣 D 想在被抱着时对方亲口告诉她细节。这些不同的偏好反映了当代畅销书作家特里斯坦·塔奥米诺所说的"平等的神话"[93]——传统关系中常见的假设是每个伴侣都有同样的需求和欲望。她解释说，平等已经成为相等的同义词，导致伴侣们忽略了他们之间性需求和情感敏感度可能存在差异。在这些新的约定中，需要的不是相等，而是达成协议。

还有些伴侣向前迈进了一步，其中一方拥有多样化性关系的权利，另一方保持排他性。赛琳告诉我：“我一直都知道我可以做出区分，而我的丈夫杰罗姆不能。我是情感上的一夫一妻制。我会出轨，但对我们的关系不会构成威胁。而他是一个真正的浪漫主义者，他爱上了‘伟大的爱情’。我是他最后一位婚外恋情人。那是 30 年前的事了，但他并没有变。如果他爱上了另一个女人，他会想要重新开始——婚姻、孩子，等等。这太冒险了。”杰罗姆也了解自己，所以他同意了他们的不对等安排。“一开始，他很难接受，”赛琳说，“因为他想让我的注意力完全集中在他身上，但是我想，他很享受我回到他身边时身心焕发的时光。具体细节我就不说了。”

贾克斯，一位 34 岁的音乐制片人，在他快 30 岁时才出柜。当他和他的第一任正式男友埃米特同居时，他还没有准备好接受一套新的限制。“埃米特年龄更大一些，他及时行乐好多年了——他已经准备好安定下来。所以我们达成协议，我可以去别的地方满足我的需求。”

尽管不均衡协议可能适合一些人，但当它们基于不同偏好而不是权力失衡时，才能达到好的效果。在婚姻关系中，性许可是一种权力的象征，也是金钱、年龄、经验、自信和社会地位的象征。泰勒，一个 20 多岁成功的篮球运动员，带着交往了 6 个月的女朋友乔安妮来见我。乔安妮最近放弃了纽约的生活，随着泰勒在美国全国各地跑。21 岁的乔安妮毕业于艺术学校，正在“想弄清楚我想成为什么样的人”。泰勒是掌控全局的人。这是他的城市、他的钱、他的事业。所以，当乔安妮发现泰勒和以前的一个女友勾搭时，她震惊无比。

泰勒试图把他的风流韵事解释清楚。“我选择她，并不是抛弃你，”他说，“我希望我们三个人一起快乐生活。”尽管乔安妮原则上并不反对，但她讨厌他背着她鬼鬼祟祟。

在我看来，最突出的是这对夫妇的权力不平衡，这使得泰勒的提议远没有他认为的那样公平。非一夫一妻制要求地位平等和信任。当一对伴侣想要开放关系时，他们需要权力共享。双方都需要感觉到，他们是在平等的立场上做的选择。

成功的非一夫一妻制意味着两个人一起跨越承诺和自由。在乔安妮和泰勒的关系中，我很容易就能看出他们将会两极化：她将成为关系联盟的保护者，而他将成为自由斗士；他害怕失去自我，而她更害怕失去他。他们的新协议将不起任何作用，除非它有助于消除这一人类困境，而不是强化它。

当我进一步了解时，我的担心得到了证实。泰勒承认，实际上他是在设想为自己保留开放关系，因为他的女朋友并不喜欢随意的性爱。“她有更多的情感依恋，”他解释道，“所以我认为这个协议对她没有作用。”我的办公室来过很多男人，他们告诉我的都是这同一个版本的故事。通常情况下，他们辩解的理由是，性的多样性对男人来说比对女人更“自然”。多方便啊！当我指出他们所寻求的“进步”安排最终相当于倒退回一夫多妻制时，他们通常会大吃一惊。一个男人把他的情妇强塞给他的伴侣可算不上什么进步。

我和乔安妮谈话的重点是，在变得更强大之前，她永远不要认为自己可以自由选择。当我们交谈时，我能看到她开始放松，相信自己的直觉。泰勒很好地接受了我的挑战——尤其是当我告诉他，我们并不真正知道女人“生来如何”时，因为她们从来没有被允许去弄明白。我建议他俩进行大量的思考和讨论。不平等、性别、权力和坚实的基础，都是在开始一段关系之前需要考虑的问题。

新家庭 beta 测试

向更包容的性文化的转变，不仅仅是扩大性行为的边界，也是一个更大的社会运动的一部分——重新想象什么构成了一个家庭。曾经由血缘和亲属关系定义的界限，现在正被推向四面八方，因为人们通过离婚、再婚、再离婚、同居、收养、使用捐赠者和代理人，组成了混合家庭。爱丽丝在她父亲和继父的陪伴下步入了婚姻殿堂。因加和珍妮邀请捐精者做她们儿子的教父。桑迪选择公开收养，并与由乔和林肯抚养的双胞胎保持联系。玛德琳 52 岁时初为人母，这多亏了一位卵子捐赠者。德鲁有五个兄弟姐妹，他们有四段婚姻、三段婚外情、三种宗教和三种种族背景。以上这些都不再让人吃惊了。

也许过不了多久，我们就会对像尼拉这样的安排感到适应，她的女朋友汉娜和尼拉的丈夫还有三个孩子住在一起，在尼拉出差时她会过来帮忙。或者像奥利弗，他的男朋友安德烈斯来家里过周末，而奥利弗的妻子卡拉搬进了备用卧室。他们上大学的儿子的第一反应是："哦，爸爸有男朋友了吗？妈妈，你也想要个女朋友吗？" 或者像凯莉和本特利，他们和另一对夫妇组成了四人组，一起抚养他们的孩子。在每一种新关系的安排中，我们都近距离地看到了从承袭的社会结构向原创即兴的转变。

这些新形态带来了新的困境。在伦敦的一次会议中，我遇到了一对结婚多年的 40 多岁的夫妇黛博拉和威廉，以及他们交往了两年的恋人——年近 40 的阿比盖尔。他们非传统的结合一直是个美丽的爱情故事，但现在却陷入了僵局。阿比盖尔马上就要过了生育年龄，她想要一个孩子；黛博拉是三个孩子的母亲，她很高兴家里能再多一个孩子，但她不希望威廉是亲生父亲。但问题是，威廉不想让阿比盖尔和其他男人上床。阿比盖尔该怎么办呢？她冷冻了自己的卵子，正在考虑精子捐赠，也在纠结一个更深层的问题："我只是在适应他们的生活，还是我们在一起创造生活？我在这个关系中处于什么样的地位？"阿比盖尔想要获得合法性，但她甚至不确定合法性到底是什么样子。

许多人会寻找一个安全的空间来平复嫉妒之类的情绪，却不知道它们的存在就是这些性关系组合存在缺陷的证据。另一些人则在关系边缘寻求支配错综复杂的生活的原则。戴安娜是一位三十五六岁的律师，她是可替代型性关系和家庭的热情倡导者。她的目标是尽可能地让这些关系中的人们获得法律上的认可，帮助他们达成清晰的协议，解决出现的争端。在她的私人生活中，她和伴侣埃德（前面我们提到过）活跃在多角恋群体中。

多角恋者（Polyamorists，这个术语 2006 年进入《牛津英语词典》）强调创造有意义的联系，而不是追求偶然的勾搭或好玩的短期艳遇。他们与许多伴侣分享的不只是"性"，还包括爱，更不用说家庭生活了。多角恋者倾向于将他们的生活方式描述为一种严肃的尝试，包括专注、成熟和大量的对谈——因此，在多角恋圈里流传着一个笑话："性放荡者做爱，多角恋者谈心。"

撇开玩笑不谈，多配偶制在美国和全世界都是一种越来越流行的运动。许多选择这种生活方式的人都有一种创业家式的探索精神，他们渴望更大的自由选择、真实性和灵活性。因此，在硅谷之类的创业文化中，多角恋者比例较高就没什么好奇怪了。

经常吸引我的是，多角恋的生活方式不仅仅是性和自由。这是一种新型的社群建构方式。它灵活的依恋网络，包括多位父母角色，试图抵消被困在原子模型中的现代伴侣的孤立感。这些多元化的恋人正在寻求一种新的集体感、归属感和身份认同——这些原本能从传统社会和宗教机构中获得的支持。

现代的个人主义思潮尽管很吸引人，但也让我们陷入了不确定性的困境。多配偶制试图尊重这些价值观，同时将它们引入公共语境。

当然，这并非没有挑战。正如帕斯卡·布鲁克纳所写的："自由不会让我们摆脱责任，反而会增加我们的责任。它不会减轻我们的负担，反而会使我们的负担更加沉重。它所解决的问题远没有产生的悖论多。如果这个世界有时看上去毫无道理，那是因为每个人的自主性'被解放'（emancipated）后与其他人的自主性发生冲突并受到了伤害。人们从来没有承受过如此多的约束。"[94] 自主权的冲突威胁着每一段现代罗曼史，但在多配偶制中，它可以演变成"多车连环相撞"。

当规则被打破，影响会波及关系网。越轨者应该被整个社会排斥吗？如果你的一个情人欺骗了你，比如说，在不忠已经暴露的情况下继续一段秘密的关系，那么你的其他情人也应该和他断绝关系吗？你如何保持这么多不同的关系呢？一个多角恋的朋友给我讲了一个故事，她快乐地和一个新男友互发着色情短信，认为他们都可以自由地约其他人，接着她从他们一个共同的朋友那里得知他有女朋友，而他和这位女友的协议是一夫一妻制。"这对我来说就像整整一吨砖头砸了下来。他给我发色情短信，这是在欺骗我。在未经我同意的情况下，我卷入了一场婚外恋，这让我伤透了心。"

多配偶制者在道德上更重视他们对透明度和个人自由的承诺——事实上，许多人相信这是一种比充满谎言和欺骗的一夫一妻制更高尚的立场。而批评者则认为，他们的生活方式具有与生俱来的特权性质，戴着有权获得一切的光环。[95]此外，人们很容易低估这种打破界限的创造性要求的自我认知程度。自由使我们背负着必须知道自己想要什么的负担。尽管如此，多角恋的实验依然是社会趋向于个人自由和自我表现的自然产物。

我们能否看到群体式婚姻（三人行或四人行）被接受的那一天呢？也许吧。与此同时，戴安娜·亚当斯更感兴趣的是为另类家庭提供更多的社会保护。她说，尽管同性婚姻是同性恋权利的重要胜利，也打开了关于婚姻和爱情定义的文化对话，但我们不应该忘记这场运动也是“对核心家庭和传统一夫一妻制性行为的一种奇怪的批判”[96]。对一夫一妻制的反叛者来说也是如此。不是“将人们塞进婚姻制度中，”她说，“我们最终想让政府不再根据你与谁发生性关系来决定你是否享受税收优惠、医疗保险和移民身份。”

她的想法让我想起了已故心理学家和同性恋活动家迈克尔·舍诺夫。他批判性地反思了“同性恋者从根本上改变美国社会”到同性恋者“以保守和异性恋规范的方式融入社会”的转变。他称赞两相情愿的非一夫一妻制是同性恋群体中“活跃、规范和健康的一部分”，并担心同性恋婚姻的出现可能会将这种“延续了好几代的珍贵传统”归入通奸的范畴。他写道：“那些成功地协商过非排他性的伴侣，无论他们是否意识到，都是真正的颠覆分子，以一种最具建设性的方式……挑战了父权制的观念，即只有一种‘适当的’和‘合法的’（异性恋模式）方式来处理恋爱关系。”[97]

一夫一妻制曾是一个从未在治疗师的办公室里讨论过的话题，但是今天，我会自然而然地询问每一对夫妇：你们的一夫一妻制协议是什么？没有贞操的婚姻曾经是不可想象的，没有婚姻的性爱也是如此。我们正在触及的是一个全新的疆域，在那里，婚姻中可以存在婚外性行为。我们的文化是否已经准备好接受这样一种观念，即婚姻关系可以通过灵活的边界来强化而不是被摧毁？这是一夫一妻制的终结吗？还是说这只是在其漫长的重新定义的历史上又迈出了一步？

第15章

风暴之后

——婚外情的遗产

我如何才能从昨天的自我身上开始新的生活？

——莱昂纳德·科恩《美丽的失败者》

一旦风暴过后，危机结束，接下来会怎样呢？回顾和审视婚外情，我们能从中学到什么？我们知道，背约是一对伴侣关系中的决定性时刻，他们要在两种预期结果中选择：继续在一起或分开。但这并不能告诉我们未来他们在一起或是分开后的生活如何。从这场磨难中获得的洞见，能否让这对伴侣经受住婚姻生活接下来的重重考验？在这段关系恢复到外遇的状态之前，他们会有短暂的第二次蜜月吗？他又出轨了吗？她停止出轨了吗？离开了治疗师善意的关注，他们是否会提出离婚？

追踪长期的婚姻关系，是全面理解不忠行为的关键。我们不仅要关注事实，也要关注我们所讲的故事——讲给自己和别人听的故事。时间会改变叙事吗？我们是否容易受到修正主义的影响？在这个决定性事件之后的一年、三年、五年或十年后，我向人们提出了这些问题。少数人的案例不能作为统计数据，但他们的个人证词启发了我的思考和临床实践。

我听到的故事各式各样。婚姻破裂，婚外情造成了不可弥补的裂痕，对一些人来说是灾难性的结局，但对另一些人来说，则是友好优雅的结束；婚姻磕磕绊绊地继续，有时发生争执，有时陷入沉默；不忠的危机成为更多亲密、承诺和性的跳板，婚姻因此变得更牢固；有时会出现一段新的婚姻，从前的婚外情伴侣成为新的配偶。事实上，不忠会破坏一段关系，或是维持它，或是迫使它改变，或者创造一段新关系。每一段婚外情都会重新定义一段关系，而每一段关系都将决定这段婚外情的遗产是什么。

作为终结者的婚外情

许多婚外情的确让婚姻走到了尽头。无论是背叛本身造成了致命打击，还是它只是长期渴望退出的合法化，毫无疑问，不忠常常是一个以法庭离婚告终的故事。

我记得凯特和里斯是一对努力重建关系的夫妇。但是五年过去了，她痛苦依旧。她告诉我，她离开了他，因为他是一个惯犯。“我再也不能信任他了。”但是，无论凯特走到哪里，里斯的不忠都幽灵一般萦绕着她未来的恋情。因为她无休止的嫉妒，她赶走了几任男友。最后，她嫁给了一个经历过同样痛苦的男人——他的前妻跟他们夫妇的一个共同好友私奔了。“我们通过‘挺过出轨网站’相识，互相深刻理解对方受到的伤害，知道如何让彼此感到安全。”她告诉我。

在杰米和弗洛的案例中，杰米违背了承诺，弗洛一直生活在怨恨的苦涩中。“我想努力尽我所能让弗洛回心转意，向她表达我的爱意，但她总是把我推开，一心只想让我付出代价。她更感兴趣的是惩罚我，而不是重新和我建立情感联系。最后，我放弃了。现在她责备我是个懦夫，怪我没有尝试。她成了双倍的受害者——因为我的出轨和她所谓的‘我的胡扯’，尽管是她挫败了我所有试图纠正错误的尝试。我承认我辜负了她的信任，但她摧毁了剩下的一切。”

当我处理不忠问题时，我的角色不是公开捍卫婚姻或倡导离婚。但有时，不可避免的结局对我来说如此清晰，我觉得单刀直入会更好。虽然已经是十年前的事了，但我还记得和卢克与阿内丝的第一次见面，因为当时很快我就发现自己在告诉他们:“你们的婚姻已经结束了。”卢克惊呆了：尽管事实上阿内丝在床上有计划地拒绝了他，接着有了两年的婚外情，他还是下决心要挽回婚姻。

至今我仍然记得他的脸。他看起来就像一个枪已上膛的杀手。我跟他谈了很多。最近我联系了他，想知道他是如何看待当年我的大胆声明的。卢克记得很清楚。他说，当我很快就提出离婚时，他觉得是我放弃了他，站在了他妻子一边。“我觉得是她骗我去看心理医生，医生甚至都不愿试着让我们继续在一起。我告诉了我表妹，她非常震惊，说我应该解雇你。那一刻我想把咖啡桌朝你扔过去，把阿内丝丢出窗外。但是你的确马上就看出了我花几个月才意识到的事——我们的关系已死，我应该得到更好的。”

我很高兴听到他终于明白了。当时，我从跟阿内丝的单独约谈中得知，他们的性生活僵局不太可能改变。我知道他感到孤独、羞愧，有时被她的退缩激怒，但是他找不到出路。不忠在他的童年留下了烙印，毁了他的童年，而现在他有一个年幼的女儿，维持家庭完整是他的首要任务。这个男人遭受了三重背叛——妻子的拒绝、妻子的婚外情，以及她的毫不悔悟。他需要有人为他打开一扇他一个人不敢进入的门。

回想起来，他告诉我："这很残酷，但你是对的。我想你是知道的，在我的情况下，最好的办法就是撕掉创可贴。当时的我被一个情况卡住了，就是她没有表达我想让她感受到的那种愧疚感。"

某些情况下，伴侣永远不会得到他们想要的悔恨。"你告诉我，我需要停止用头撞墙，"他回忆道，"那是关键。一开始我恼火万分，你让我知道，她对我已经毫无可能。"这种情形下，一个人是否有能力继续前进，并不取决于另一个人是否感到"适当"的内疚和遗憾。卢克现在明白了。"这么多年过去了，我知道她永远也说不出合适的话来。那根本行不通，并且永远是不够的。"

卢克还记得我向他保证过他会有未来。"你说我会从真正需要我而我也需要对方的人那里获得'充电'。你是对的。我甚至发现自己对阿内丝和她的男朋友悄悄说了句真诚的'谢谢'。你知道吗？我曾经有过极度折磨人的背痛，阿内丝搬走的那一天，我的背痛消失了。"

我问卢克，有了这样的经历，他的世界观是否有所改变。"阿内丝和我分手时，起初人们认为这是一种失败，但他们错了。我发现，不惜一切代价在一起是错的，快乐才最重要。我们的关系结束了，但现在我又活过来了。"

阿内丝可能不是适合卢克的伴侣，但他强调，她是"抚养孩子的好搭档"。他们是朋友。他们一起去看女儿的足球比赛，之后他经常请她吃午饭。

"信任呢？"我问他。

"内心深处，我仍然很受伤，"他说，"但我活下来，又爱了。人们认为我会一直惨下去，无法真正去信任。一定程度上他们是对的，但更重要的是，我的信任和从前不同了。以前我太相信、太天真了。现在我意识到，即使最优秀的人也不可能总是对的或总能把事情做好。我们都是人，任何人都能做出阿内丝做的事，连我也不例外。”

“你原谅她了吗？”我问他。“是的。”他回答，“虽然一开始似乎不太可能。”他记起我告诉过他，有一天他会明白，原谅并不意味着是给对方一张自由通行证，而是一份给自己的礼物。果然，随着时间流逝，他得到了这份礼物。正如刘易斯·B. 斯孟迪斯所言：“原谅是释放囚犯，然后发现那个囚犯是你自己。”[98]

体面、优雅地结束婚姻

正如卢克清楚地表达的，我们的文化认为离婚是一种失败，尤其是当离婚是由不忠导致时更是如此。持久被认为是婚姻成就的终极指标，尽管许多“至死不渝”的人过着痛苦的生活。事实上，一段成功的婚姻并不是只能到葬礼才能结束——尤其是在我们这个寿命不断延长的时代。有时候，一段感情到了尽头，在这种情况下，如果我能做到，我会尽力帮助它体面地结束。我认为询问一对伴侣分手是否成功并没有矛盾之处。因此，我与克莱夫和洁德一起再次进行了面谈。

我第一次见到他们时，他们还是一对新婚夫妇，当时我正主持一个为混血夫妇举办的工作坊。那时他们无忧无虑，充满希望。20 多年过去了，他们有了三个孩子。在一次婚外情之后，他们的婚姻走到了尽头，他们来寻求我的帮助。最近克莱夫坦白了他和凯拉的秘密关系。他感到非常内疚，但决心继续前行，与新欢一起生活。洁德绝望极了，拼命想留住他。我记得她紧张地留意着克莱夫说的每一句话、每一个手势、每一个微笑，但一切都是徒劳。

我觉得有责任解释清楚明摆在眼前的信息："洁德，他不会回心转意了。你的悲伤让他感到内疚，而他的内疚又会转化成对你的愤怒，因为你让他感觉糟糕，他也让你感觉糟糕。他可能不会立刻离开，但他的心不在你这儿。"

我对克莱夫说："你可以一直等待，直到你可以毫不愧疚地离开，但这永远不会发生。是时候让洁德自由了。"克莱夫在婚姻瘫痪和尽快溜之大吉之间摇摆不定，担心如果他不逃脱会被再次困住。而我认为，他们需要花些时间来得体地分手。所以我建议举行一个分手仪式。

正如我们用婚礼来标志婚姻的开始，我们也需要仪式来宣告它的结束。婚姻是整个生命构成的联结——过去、记忆、习惯、经历、孩子、朋友、家庭、庆祝、失去、家园、旅行、假期、宝藏、笑话、照片。为什么抛弃了这一切，用法国作家玛格丽特·尤瑟纳尔诗意的话来说，把这段关系当作"一个被遗弃的墓地，躺在那里，无人歌唱，无人缅怀，逝者已不再受珍惜"。[99]

仪式可以实现过渡，也对过去表达了尊重。克莱夫和洁德曾经交换过誓言，而现在他们正在把它们撕毁。不能因为克莱夫爱上了另一个女人，就意味着他俩的整个过去都是骗局。这样的总结是残酷和短视的。20 年共同生活所留下的东西，比这段婚外情留下的要大得多。

当一对伴侣的婚姻走到尽头，经历了两年摇摆不定的挣扎——他的困惑，她缥缈的希望，他对离开的内疚，她的不放手——都很容易让他们低估这段关系留下来的东西。我建议举行分手仪式，目的是不让克莱夫的婚外情掩盖他们婚姻中其他积极的方面。

有时，分开的伴侣不愿意把注意力转移到关系中好的一面，害怕这会让他们失去动力。这就好像他们觉得有必要扔掉他们不得不离开的东西。他们没有意识到的是，这样做也贬低了自己的过去，贬低了所有和他们一起分享的人——留下的是愤怒的孩子、父母、朋友和从前的伴侣。

我们需要一个结束的婚姻并不该死的概念，也即一个有助于建立情感连贯性的连续叙事的概念。结束一段婚姻不仅仅是签署离婚协议，离婚也不是一个家庭的终结，而是一次重组。

我邀请伴侣们互写分手信。这些信件记录他们将失去什么，该珍惜什么，对什么负责任，以及他们对彼此的期望。这使他们能够尊重他们关系中的财富，哀悼失去它的痛苦，并标记出它的遗产。即使心已经冷了，这么做仍然可以带来安慰。

克莱夫和杰洁德来进行他们接下来的面谈时，他们的 iPhone 手机上有他们写给对方的信。点击一下，就可以开始阅读。

洁德的信标题是“我将会怀念……”是一份长达十页的清单，分成几类，令人怀念地回想了他们过去生活的五彩斑斓。他们的昵称是——赫拉、辣妹……请你一辈子亲吻我……宝贝。刚开始的时日——爱的音符、混合磁带、萨尔兹舞、公园遛狗、停车计时器、歌剧。他们喜欢的食物。他们的朋友。那些对他们有意义的地方——从马萨葡萄园岛到巴黎，再到科妮莉亚街咖啡馆，再到 5C 公寓。他们的“性感点”。他们的“第一次”……

没有人会分享这些日常事物对他们的特殊意义。她列出了她会失去的情感联结：“感觉受到保护、安全、美丽和被爱。”她最后的分类只是“你”：“你的气味。你的笑容。你的热情。你的想法。你的拥抱。你大而有力的手。你秃顶的脑袋。你的梦想。你，在我身边。”

当洁德读完时，我们都热泪盈眶，没有必要用任何多余的话来践踏这份柔情。对她来说，重要的是她听到这些被自己读出来。我要求克莱夫也这样做，然后他读了他的信。

洁德的是一封情书，而克莱夫的则是一封客套的分手信，他一再感谢洁德与他共同度过的生活，对婚姻失败表示遗憾，并向她保证他将永远珍惜他们的情谊。他心地善良，关心他人，但他的语气却完全是正式的。他的开场白和结束语表达了同样的意思：“感谢你成为一个了不起的人，在过去的 22 年里，你是我生命中真正的奇妙力量……我想让你知道，不管结果如何，我看到了我们婚姻的美好，我将永远珍惜它，并将它深深地埋在心底。”

一年后，当我跟洁德联系时，她强调分手仪式帮助她看清了一些东西。“起初，我觉得这有点新鲜，但是也很自豪我能做到，甚至还和一些朋友做了分享。我们正在做的事情是正确的，尽管之前发生了很多错误。我常常想，他怎么能离开呢？他会在某一天醒来，说‘好吧，再见’，然后走出家门吗？分手仪式结束了我的胡思乱想。我迫切需要一种方式来帮助我接受他爱上了另一个女人，我们的婚姻真的结束了。”

有些婚外情是暂时的旁逸斜出的故事，有一些则是新生活的开始。克莱夫是后者，洁德不论等多久都无法改变这一点。他在信中的语调使她一清二楚。“这不是一封‘我将会想念’的信，”她说，“这是一封‘我们已经结束了’的信。”他说了一些好听的话，但这绝对是一个已经爱意全无的男人。我突然意识到，当我还在痛苦挣扎、深深爱着他的时候，他已经离开了。你不知道这有多痛，但它让我睁开了眼睛。”

后来我询问了克莱夫，他还记得那个仪式是“充满感情的和有效的”。内疚变成了感激，否认变成了记忆。渐渐地，他能同时保持对洁德和孩子们的眷恋，并与凯拉一起接受新生活的召唤。

对这对夫妇来说，这种宣泄情感的分手是一个恰当的仪式。令人遗憾的是，许多人说出来的常常是一长串的咒骂，而不是甜蜜的回忆。只要我能做到，我都会尽力帮助伴侣们说出给对方力量而不是伤害的话。那些话并不总是包含着宽恕，也为愤怒留下了空间——希望这是一种激发他们而不是让他们陷入痛苦的愤怒。我们需要继续生活——重新燃起希望，重新去爱，重新去建立信任。

始于婚外情的婚姻

当然，一段婚外情并不会随着摘掉婚戒而结束。对曾经躲躲藏藏的恋人来说，这可能是新生活的开始。婚外情最终可能会被合法化，并成为主要关系。曾经一度看似不可能的结合现在被正常化了——有的是在多年的等待之后，孩子们长大后离开家，配偶找到一份新工作，婆婆（或岳母）去世，抵押贷款还清，离婚终于提上了日程。不管怎样，一段始于秘密的关系总是受到它起源的影响。当我遇见一对儿一起踏上新征程的伴侣时，我想知道他们的过去在多大程度上影响和塑造了他们的未来。

毫无疑问，当一个爱情故事终于从暗处走出来时，当事人会感到极大的安慰。但随之而来的是一系列新的困扰。有时，婚外情以秘密的形式存在时会更好，因为一旦它成为婚姻，幻想就消失了。我想起妮可和罗恩的热恋，他们决定不惜一切代价走到一起。三年后妮可告诉我她很烦恼，在等待了漫长的五年后，罗恩终于和她在一起了——但现在他再也不碰她了。更糟糕的是，她怀疑他有了新的婚外情。这是他的第三次婚姻，他似乎总有办法把每一任妻子都变成他的“妈妈”，而性不可避免地成了牺牲品。他爱他的“妈妈”般的妻子，却无法为她们勃起。欲望被一再地留给了情妇。妮可曾经是那个情妇，但现在她也降级为无性的妻子。

对于那些走向婚姻的婚外情来说，正如埃里克所说，“让它看起来物有所值”非常有压力。为了能在一起，他和薇姬必须拆除各自家庭的堡垒。在他们两人之间，他们抛下的是四个孩子、三个孙子、两座城市、两座海滩小屋、一架大钢琴、古老的橡树、一只狗、两只猫，还有几十个朋友。在这么多破坏之后他们的关系才得以建立，难怪他们的期望会越来越高。最近我和埃里克取得了联系，他承认他正承受着曾经难以想象的压力。他和加布里埃尔离婚三年了，他们最大的孩子终于不情愿地接受了，但最小的孩子还站在妈妈一边。他后悔过吗？我问了埃里克这个问题。

“没有。”他说，“我喜欢薇姬，但我确实怀念我抛弃的生活。我感到内疚、悲伤和孤独。我每天尤其想念我的孩子们。我希望我能更自由地和薇姬谈论我过去的生活。但这很棘手，她马上就理解成我想和加布里埃尔重归于好。”

“你曾经幻想过回去吗？”

“有时候想过。”他承认。

具有讽刺意味的是，婚外情曾是婚姻中的一个秘密，而对之前婚姻的留恋则成了如今已合法化的婚外情中的一个秘密。新伴侣往往很难接受的事实是：想念过去并不一定意味着想要回到过去。悲伤并不是一种威胁。为了打破内在的谎言模式，有必要给每个人留出空间来谈论过

正如我们用婚礼来标志婚姻的开始，

我们也需要仪式来宣告它的结束。

去——包括失去、后悔和内疚。每段关系都包含着多重历史。

婚外情存在于一个与世隔绝、脱离现实生活的世界，新的婚姻则会陷入家务和纷繁的琐事中。如何介绍孩子们？如何与前任保持联系？一切都需要时间来慢慢“接受”。

在巴西，我遇到了保罗和拉斐尔。他们在大学时相识相爱，但在他们的天主教社区，男人之间的恋爱是一种异常行为。他们分了手，两人都做了人们期望他们做的事：娶妻、生子、过体面的生活。20 年过去了，他们偶然在阿姆斯特丹机场相遇。他们提取了各自的行李，也重新找回了自己的心。他们开始了为期两年的婚外情，直到被发现。这段恋情在他们各自的家庭和社交圈引起轩然大波。这里面没有坏人可以责备——只有为了建立新的生活而被拆散的二人的痛苦。他们失去了朋友，他们的家人拒绝和他们说话，其中一个离婚了。尽管他们被认为是自私的，但却冒着所有危险去追求一个被否认了太久的真相。

在一起的许多真相

尽管有些人选择了分手，但更多的伴侣走进咨询室是为了继续走下去。他们确实也继续在一起了。但是，在一起有很多种可能。我的一位咨询者告诉我：“几年前我遭遇了一场车祸，当时我从朋友和家人那里得到了很多支持。我的一条腿断了，那种伤痛有目共睹，每个人都对我表达了同情。但当一对夫妇婚外情后决定继续在一起时，人们会认为一切都很好，实际上你生活在一种看不见的痛苦中。”

其他来访者告诉我的情况则完全不同。“我们差点就完了，但我们没有。现在我们的关系更稳固了。真可惜我们必须经历这么多才能走到这里，但我不会再回去了。”

在我的工作中，对于那些出轨后选择继续在一起的夫妇，我发现了三种基本结局：一些人困在了过去（受难者型）；一些人自立自强，走出伤痛，就此罢休（建设者型）；一些人从废墟中站起来，建立了更好的组合（探索者型）。

受难者型

在一些婚姻中，婚外情不是一场过渡性的危机，而是一个黑洞，让双方都陷入无尽的痛苦、怨恨和自怜中。即使过去五年或十年后，婚外情仍然是他们婚姻关系的焦点。这些伴侣没完没了地啃着同一根骨头，重复着同样的牢骚和相互指责，将自己的痛苦归咎于对方。事实上，即使对方完全没有不忠，他们很可能也会陷入同样的冲突。他们为什么还留在婚姻中，往往与他们为什么无法超越彼此的对立一样令人费解。他们住在婚姻监狱的同一间牢房里。

婚外情映照出他们之间的每一个分歧。这些伴侣在道德上保持着优越感，再多的悔恨也不够。在经历了一系列婚外恋后，黛比和马克继续生活在一起。表面上看是为了保护家庭，但黛比不断地让马克感到，她没有把他赶走是他的幸运，似乎他势必会失去他们共建的一切。马克犯错的限额数年前就用完了，现在他已不再允许有任何失误。他恳求过去的事就让它过去，但这只会加剧她的讽刺。当问到她是否想念他们的亲密时，她给出的反应意在自我保护，结果却弄巧成拙。黛比说：“我想做爱，但这就像说现在一切都好了一样。”自从那次婚外恋后他们之间就没有性生活了。

马克问黛比为什么每次她不高兴的时候都要提起那段婚外情。他说，她经常会破坏他们之间本来可能的完美时刻——例如，他们女儿的钢琴独奏会，或者与朋友们共进晚餐。“没有完美的时光，”她冷笑道，“你把这些都带走了。”在这些高反应度的夫妇中，几乎没有中间地带，他们甚至会把自我省视当作一种人身攻击。

像这样的夫妻，生活在一种长久的收缩状态中。对不忠者而言，被背叛者成了她复仇怒火的总和；对被背叛者来说，不忠者成了他所有罪过的总和，几乎毫无是处。这样的婚姻可能会延续下去，但主角们在情感上都已死亡。无论如何，当过去的不忠为一对伴侣的生活打上烙印，破镜将很难重圆。他们的关系套上了不变的模式。

建设者型

第二种模式存在于这样的伴侣中，他们继续在一起是因为他们重视承诺和共同创造的生活。他们互相关心，想要保护家庭和社交圈。他们能走出不忠的阴影，但不一定能超越它。他们的婚姻或多或少回到了战前的和平状态——事情就是这样，他们的关系没有发生任何重大变化。

婚外情会暴露一段关系的诸多问题。它清晰地展示了婚姻大厦的结构——裂缝、不平衡、朽坏、沉陷，还有结实的地基、坚实的墙壁和舒适的角落。建设者型关注的是这些结构的强度。他们不是在寻求大规模的翻修，而只是想回到他们熟悉的家，有一个可以休息的枕头。在此过程中，他们会做出补偿，重申他们的誓言，并确保堵住了所有漏洞。虽然激情的微光让人陶醉，但他们一想到可能失去一切就不寒而栗。撒谎和欺骗最终更令人痛苦而不是兴奋，而婚外情的结束会是一种解脱。当他们回头看时，整个出轨事件是一个最好被遗忘的反常事件。

和加伦充满激情的婚外恋结束后，乔安娜回忆道："一方面，我对自己不能离开丈夫感到很失望，我想知道我是否放弃了生命中的挚爱，但我内心的另一部分又为我留了下来而不是毁了我的家庭感到宽慰。"

她认为他们几乎要离婚了。她认为他不会原谅她。她需要他原谅她，那样她才能原谅自己。当原谅真的来到他们之间时，借用卡勒德·胡赛尼的话，它"并非随着神灵显身的玄妙而来，而是痛苦在经过一番收拾之后，终于打点完毕，在深夜悄然退去，催生了它"。[100]

莱尔则十分后悔。回顾他对一位同事的短暂迷恋，他说："我从来没想过要有一段婚外恋。我欣赏我婚姻美好的一切——我爱我的妻子，也尊重她——我不想离开我的孩子。我仍然心怀内疚。但我也感到非常难过，因为在我的婚姻中，我和妻子的性生活一直了然无趣——她从来没有对性感兴趣过，也不知道那对我有多重要。婚姻中的这部分让我感到绝望。即便如此，我还是宁愿看色情片，远离麻烦，也不想冒失去家庭的风险。"

对于建设者型来说，失望的性生活和更浪漫的满足以自我为中心的欲望，并不构成足够强大的动机，使他们远离更有意义的家庭和社交圈的重要义务。最终，这些伴侣得出结论，比起冒险的浪漫爱情和性激情的过山车，他们更喜欢熟悉的感觉。没有道德约束的自我实现会让人空虚。他们偏爱深沉、持久的爱和忠诚。做正确的事会让他们恢复一种完整的感觉，这比任何婚外恋的诱惑都更有价值。对建设者型来说，承诺代表着比他们自己更伟大的东西。

探索者型

我对第三种类型的伴侣特别感兴趣。对他们来说，婚外情成了他们关系转变的催化剂。这些探索者把出轨视为一种事件：尽管让人痛苦非常，但蕴含着某种积极的种子。

当熟知的世界崩溃，这些伴侣以多年来从未有过的强度联结在一起。对他们来说，欲望的重新点燃十分常见，这是一种强烈的焦虑和欲望的有力混合。害怕失去是点燃它的导火索。他们深陷在痛苦之中，却焕发出活力。

这些探索者教会了我很多关于灵活关系的重要内容。麦迪逊和丹尼斯就是这样的夫妇，他们令我印象深刻。婚外情的暴露使他们陷入了混乱，但我记得在我们的谈话中，他们有一种不可思议的能力，既能表达和接受各种各样的感觉，又不会要求草率地“结束”。他们对模糊性和不确定性的容忍，开辟了一个可供探索的空间，让他们能更深入地重新建立联系。

与那些在绝对道德的想象中痛苦不已的受难者相比，探索者的观点更富有变化。他们更容易区分错误和伤害，为宽恕铺平了道路。

若干年后，当我与丹尼斯和麦迪逊取得联系时，他们说他们没有去见离婚律师，而是设法度过了他们剧烈的动荡期。他们的第一次婚姻无可挽回地结束了，但他们选择了第二次婚姻。在这个过程中，他们把不忠的经历扩展成一次情感之旅。

当他们谈论婚外情时，很显然，他们把它当作一次事件——不是决定性的事件——而是他们漫长婚姻史上的一次事件。他们言谈中的一个迹象表明，他们已经成功地处理了这些事件：从“你”和“我”变成了

“我们”。麦迪逊没有说“当你对我这样做的时候”，相反，他们都在说“当我们遇到危机的时候”，他们讲述的是一段共同的经历。现在他们是联合编剧，共同分享他们的创作成果。开始于他们婚姻关系之外的事件，现在根植于他们的婚姻关系之内。对麦迪逊和丹尼斯来说，婚外情已经成为他们共同生活的广阔疆域中的一个里程碑。最重要的是，他们知道对于一些问题没有确切答案，所以他们能够以一种从根本上接受人性缺陷的态度来讨论背叛。

麦迪逊和丹尼斯的关系更丰富、更有趣，也更让人缺少安全感。他们给持久的东西增添了新奇，给熟悉的东西增添了神秘，给可预测的东西增添了风险。“我根本不确定这将把我们带到哪里，但它肯定不是枯燥无味的。”丹尼斯说。如果之前他们面对的是死胡同，那么现在，他们不知道最终他们会走向何方。但这一事实更激动人心，而不是令人生畏。他俩现在是同舟共济。

婚姻能从出轨中学到什么?

有些关系会走到尽头，有些会幸存下来，重新复活。对于所有相爱的人来说，不忠的教训是什么？我希望我所写下的文字可以阐明，婚外情意味着很多，但最好的方面是，它能够为一对伴侣带来转变。我在本书的开头用了这样的比喻，尽管很多人因为得了绝症而有了积极的、改变人生的经历，但我绝不会推荐婚外情，就像我不会推荐癌症一样。那么，很多人想知道的是，不必经历婚外情，他们可以从婚外情中吸取什么教训。这可以归结为两个问题：怎样才能更好地加强我们与伴侣的关系，以防止不忠的发生？我们怎样才能把“非法之爱”中的性活力带进合法的结合中？

答案是违反直觉的。保护婚姻的冲动非常自然，但如果你采取常见的“防止婚外情”的方法，例如：断绝与异性的友谊，审查对他人在情感上的亲密信任，远离办公室闲聊，限制网上活动，杜绝看色情片，互相监督，一起做所有的事情，切断所有婚外联系——所有这些关乎婚姻安全的措施都可能适得其反。凯瑟琳·弗兰克令人信服地指出：“婚姻的安全叙事”造成了婚姻自己的死亡。[101] 当一对夫妇试图通过各种形式的监视和自我监督来守护他们的婚姻关系时，他们就是冒险朝相反的方向迈进——“强化了出轨的欲望”，我们越是试图压抑最初的渴望，就越可能强力反弹。

爱尔兰诗人哲学家约翰·欧多诺休提醒我们：“爱情的突然降临总是令人惊讶。无须语境是爱存在的证据。没有约定或承诺会不受它的干扰。即使是一种完全绝缘的生活方式，哪怕人的个性受到控制，所有的日子都井然有序，所有的行动都按部就班，一个意想不到的火花却已经降落，它开始慢慢燃烧，直到难以熄灭。爱神的力量总是带来干扰。在人类内心的隐秘地带，爱神一直是一个浅睡者。”[102]

我们的浪漫理想纠结于这样一种信念：完美的婚姻应该对爱欲的轰鸣充耳不闻。我们拒绝自己不受约束的渴望，认为我们长大了就应该放弃这种不成熟的想法，应该更重视安全和舒适——正如斯蒂芬·米切尔（Stephen Mitchell）所指出的，这和我们最狂热的幻想一样，也是一种幻觉。我们渴望永恒并为之努力，但它永远无法得到保证。

我们必须学会与不确定性、诱惑、吸引力和幻想共存——包括我们自己和我们伴侣的幻想，而不是用那种“这永远不会发生在我身上”的错误观念将自己隔绝。那些能坦诚说出自己欲望的伴侣，反而会更亲密。

探索者型是这样的模式，他们的婚姻在结构上可能是也可能不是“开放的”，但他们在沟通中始终是开放的。他们进行着之前从未有过的对话：开放式的、脆弱的、情感上有风险的对话，让人对一个既熟悉又陌生的人产生好奇。当我们在一段关系中确证了彼此的自由时，我们就可能不再想去别处寻找。

此外，当我们承认第三者的存在时，我们也承认了伴侣的爱和欲的分离。我们承认，尽管我们期望如此，但他们的性欲可能并不仅仅围绕着我们。他们可能选择只与我们分享，但它的根源却是深远的。对于他们蓬勃伸展的欲望而言，我们是接受者，而非唯一的来源。承认对方是独立的个体，可以重新点燃家庭的情欲火花。

信任是什么？信任是婚姻的中心，而婚外情是对信任的侵犯。我们中的许多人认为，为了信任，我们需要知情。我们把信任和安全混为一谈，认为这是对风险进行理性的评估，以此确保我们不受到伤害。我们希望得到这样的保证：我们的伴侣永远支持我们，永远不会自私地把他们的需要置于我们的感受之上。我们要求确定性，或者至少是确定性的幻觉，然后才愿意在他人面前展现自己的脆弱。

但还有另一种看待信任的方式：它是一种让我们能够应对不确定和脆弱的力量。引用雷切尔·波茨曼的话说：“信任是对未知有信心。”[103] 如果我们接受我们渴望的确定性可能是永远无法真正拥有的东西，我们就能重新建构信任的概念。是的，随着时间推移，信任通过行动得以建立和加强，但是同样，信任也是一种信仰的飞跃——正如亚当·菲利普斯所言，信任是“一种伪装成承诺的冒险”。[104] 一场婚外情把一对伴侣抛入一个新现实，那些愿意一起冒险前进的人会发现，对他们来说，信任不再仅仅取决于可预测性，而是与不可预料的事积极互动。

我们也从婚外情中学习到，对多数人来说，禁忌总是具有吸引力。对于稳定的伴侣来说，持续的挑战是找到“共同越轨”的方式，而不是违背彼此的关系或协约。这些越轨的方式不必是戏剧性的、鲁莽的或有伤风化的，但必须是真实的。我能提供建议和例子，但对一些伴侣有效的方法，对另一些伴侣很可能无效。只有你自己知道，你什么时候打破了自己的限制，迈出了舒适区。只有你能感觉到，是什么激活了你们关系中爱欲的力量——生命的活力。

对维奥拉和罗斯来说，这意味着建立一个秘密的电子邮件账号，他们可以在开会、玩乐日和家长会时进行私密、挑逗的谈话。对艾伦和乔伊来说，他们偶尔会把孩子留给外婆出去通宵，无拘无束地整晚跳舞，丢掉家庭生活的严格约束。比安卡和麦格斯没有精力外出放松，但是他们想要确认他们不仅仅是孩子的父母，所以每周都会有一天把宝宝放在床上，点上蜡烛，在家里约会。他们称之为“酒吧约会”。

阿莉娅又去唱歌了，她结婚十年的丈夫马哈茂德会去看她，但不打招呼——像其他观众一样坐在俱乐部的后面，用一个陌生人的眼光看着妻子唱歌。丽塔和本去了精心挑选的性派对，他们在那里只说法语。内特和博比喜欢把双胞胎送到幼儿园后偶尔溜回家，享受一顿不受打扰的成人早餐。安布尔和利亚姆喜欢一起在网上寻找有吸引力的人，邀请他来家里玩。

瑞可和韦斯允许对方去调情，尺度可以很大，但不能越过底线。放弃他人意味着重申他们对彼此的选择。他们与自己的欲望共舞，却把精力重新投入到婚姻之中。承诺和自由互相依存。从这种承诺中产生了一种安全和开放的感觉，而与他人在一起时感到的自由和活力，又加深了彼此的承诺。

每一对长久相处的伴侣都选择了不去忽视禁忌的诱惑，而是通过邀请它来破坏禁忌的力量。显然，这些策略加强了他们之间的联系，当联系更紧密时，他们就不太可能出轨。“那很有趣，但不值得”成为内心边界的声音。这依然不意味着他们的关系是“免疫的”，正因为他们知道这一点，才不断地在他们的爱情故事中加入新的篇章。

我们的伴侣不属于我们：他们只是借用，对是否续约有选择权。知道我们会失去他们，并不一定会破坏承诺；相反，它要求人们积极参与，而长期的伴侣往往容易失去这种参与。从最积极的意义来说，认识到我们所爱的人永远难以捉摸，会让我们从自满中清醒过来。活力之流一旦被唤醒，便是一种难以抗拒的力量。必须抵制的是不断减少的好奇心、毫无活力的参与、糟糕的顺从、乏味的例行公事。家庭的死亡往往是一种想象力的危机。

在热恋时期，婚外情从不缺乏想象力。它们也不缺乏欲望、大量的关注、浪漫和嬉戏。共同的梦想、情感、激情和无尽的好奇心——这些都是是通奸中浑然天成的部分，而它们也是所有生气蓬勃的关系的构成要素。充满情爱智慧的伴侣会从不忠的剧本中撷取他们维持婚姻的策略，这绝不是一种偶然。

注 释

第 2 章　重新定义出轨

[1] 苏珊 · H. 伊夫斯（Susan H. Eaves）、米斯蒂 · 罗伯逊 - 史密斯（Misty Robertson-Smith）:《自我价值与婚姻不忠的关系：一项试验研究》（*The Relationship Between Self-Worth and Marital Infidelity: A Pilot Study*），《家庭杂志》（*The Family Journal*）15(4):382-386。

[2] 美国国家民意研究中心综合社会调查，引用弗兰克 · 巴斯（Frank Bass）：《妻子不忠缩小了两个十年的出轨差距》（*Cheating Wives Narrowed the Infidelity Gap over Two Decades*），彭博新闻社：https://www.bloomberg.com / 新闻 / 文章 / 2013-07-02 / cheating-wives-narrowed-infidelity-gap-over-two-decades。

[3] 丽贝卡 · J. 布兰德（Rebecca J. Brand）、夏洛特 · M. 马基（Charlotte M. Markey）、安娜 · 米尔斯（Ana Mills）和萨拉 · D. 霍奇斯（Sara D. Hodges）:《自我报告出轨及相关事情的性别差异》（*Sex Differences in Self-Reported Infidelity and Its Correlates*），《性别角色》杂志（*Sex Roles*），57(1):101-109。

[4] 阿齐兹 · 安萨里（Aziz Ansari）和埃里克 · 克林伯格（Eric Klinenberg）:《现代浪漫》（*Modern Romance*），纽约：企鹅出版社，2015 年，第 31 页。

[5] 阿尔 · 库珀（Al Cooper）:《性与互联网》（*Sex and the Internet*），纽约：劳特利奇出版社，2002 年，第 140 页。

[6] 感谢雪莉 · 葛兰斯（Shirley Glass）的“三面红旗”激发我的思考，让我归纳了出轨的三个构成要素。

[7] 朱莉娅 · 凯勒（Julia Keller）:《你的欺骗艺术：不忠的文学》（*Your Cheatin'Art: The Literature of Infidelity*），http://articles.chicagotribune.

com/2008-08-17/news/0808150473_1_scarlet-letter-anna-karenina-adultery。
[8] 马塞尔・普鲁斯特（Marcel Proust）:《追忆似水年华》(*In Search of Lost Time*)，Vol. VI（现代图书馆，2000 年）。
[9] 谢莉尔・斯特瑞德（Cheryl Strayed）:《美丽的小东西》(*Tiny Beautiful Things*)，纽约：Vintage 出版社，2012 年，第 136 页。
[10] 弗朗西斯卡・珍提尔（Francesca Gentille）与作者的私人通信。
[11] 艾伦・本 - 泽夫（Aaron Ben-Ze'ev）:《在线爱情：互联网上的情感》(*Love Online: Emotions on the Internet*)，英国剑桥：剑桥大学出版社，2012 年，第 2 页。

第 3 章　婚外情不再是过去的样子

[12] 斯蒂芬妮・库茨（Stephanie Coontz）与作者的私人通信，2017 年 3 月。
[13] 统计大脑研究所，2016 年，http://www.statisticbrain.com/arranged-marriage-statistics/。
[14] 安东尼・吉登斯（Anthony Giddens）:《亲密关系的转变：现代社会的性、爱和色情》(*The Transformation of Intimacy: Sexuality, Love, and Eroticism in Modern Societies*)，帕洛阿尔托：斯坦福大学出版社，1993 年，第 14 页。
[15] 罗伯特・A. 约翰逊（Robert A. Johnson）:《我们：理解浪漫爱情的心理学》(*We: Understanding the Psychology of Romantic Love*)，旧金山:哈珀出版社，2009 年，第 10 页。
[16] 威廉・多尔蒂（William Doherty）:《挽回你的婚姻：在一个把我们分开的世界里保持在一起》(*Take Back Your Marriage: Sticking Together in a World That Pulls Us Apart*)，第 2 版，纽约：吉尔福特出版社，2013 年，第 34 页。
[17] 阿兰・德・波顿（Alain de Botton）:《婚姻、性与通奸》(*Marriage, Sex and Adultery*)，《独立报》，2012 年 5 月 23 日，http://www.independent.ie/style/sex-relationships/marriage-sex- and-adultery-26856694.html，连载至 2016 年 11 月。
[18] 潘蜜拉・杜克曼（Pamela Druckerman）:《外遇不用翻译：从东京到田纳西的不忠》(*Lust in Translation: Infidelity from Tokyo to Tennessee*)，纽约：

企鹅出版社，2008 年，第 273 页。

[19] 诺特·耶特（Knot Yet）:《在美国晚婚的好处和代价》（*The Benefits and Costs of Delayed Marriage in America*），http://twentysomethingmarriage.org/in-brief/。

[20] 雨果·施维泽（Hugo Schwyzer）:《婚姻出轨如何成为美国最后的禁忌》（*How Marital Infidelity Became America's Last Taboo*），见《大西洋月刊》，2013 年 5 月，http://www.theatlantic.com/sexes/archive/2013/05/how-marital-infidelity-became-americas-lastsexual- taboo/276341/。

[21] 詹尼斯·艾布拉姆斯·斯普林（Janis Abrahms Spring）:《出轨之后：当伴侣背叛时，如何治愈伤痛和重建信任》（*After the Affair: Healing the Pain and Rebuilding Trust When a Partner Has Been Unfaithful*），第 2 版，纽约：威廉·莫罗出版社，2012 年，第 14 页。

第 4 章　背叛为何如此伤人

[22] 米歇尔·沙因克曼（Michele Scheinkman）:《走出背叛的创伤：在夫妻治疗中反思婚外情》（*Beyond the Trauma of Betrayal: Reconsidering Affairs in Couples Therapy*），见《家庭进程》（*Family Process*）杂志，44(2):227-244。

[23] 彼得·弗兰克尔（Peter Fraenkel）与作者的私人通信，2017 年 1 月。

[24] 安娜·费尔斯（Anna Fels）:《伟大的背叛》（*Great Betrayals*），《纽约时报》，http://www.nytimes.com/2013/10/06/opinion/sunday/great-betrayals.html。

[25] 洁莎·克里斯平（Jessa Crispin）:《对伊娃·伊鲁兹的采访》（*An Interview with Eva Illouz*），http://www.bookslut.com/features/2012_07_019157.php。

[26] 朱莉·菲特尼斯（Julie Fitness），《背叛与拒绝，复仇与宽恕：一种人际交往脚本建议》（*Betrayal and Rejection, Revenge and Forgiveness: An Interpersonal Script Approach*），参见 M. 利里（M. Leary）编《人际排斥》（*Interpersonal Rejection*），纽约：牛津大学出版社，2006 年，第 73~103 页。

[27] 玛利亚·波波瓦（Maria Popova）:《哲学家玛莎·努斯鲍姆对愤怒、宽恕、信任的情感机制，以及在亲密关系中对背叛做出的唯一富有成果的

回应》(*Philosopher Martha Nussbaum on Anger, Forgiveness, the Emotional Machinery of Trust, and the Only Fruitful Response to Betrayal in Intimate Relationships*), https://www.brainpickings.org/2016/05/03/martha-nussbaum-anger-and-forgiveness/。

[28] 詹尼斯·艾布拉姆斯·斯普林(Janis Abrahms Spring):《我怎么能原谅你?原谅的勇气,不原谅的自由》(*Forgive You?: The Courage to Forgive, the Freedom Not To*),纽约:莫罗出版社,2005年,第123页。

[29] 斯蒂芬·斯托尼(Steven Stosny):《背叛后的生活与爱:如何从情感虐待、欺骗、不忠和长期怨恨中恢复》(*Living and Loving After Betrayal: How to Heal from Emotional Abuse, Deceit, Infidelity, and Chronic Resentment*),加拿大奥克兰:New Harbinger出版社,2013年。

[30] 维克多·弗兰克尔(Victor Frankl):《人类的寻找意义》(*Man's Search for Meaning*),纽约:试金石出版社,1984年,第74~75页。

第5章　有些出轨更伤人吗?

[31] 布琳·布朗(Brené Brown)2015年10月在美国旧金山举行的新兴妇女现场会议(the Emerging Women Live conference)上的发言。

[32] 海伦·费希尔(Helen Fisher):《嫉妒:这个怪兽》(*Jealousy: The Monster*),见《O杂志》,2009年9月,http://www.oprah.com/relationships/Understanding-Jealousy-Helen-Fisher-PhD-on-Relationships#ixzz3lwnRswS9。

[33] 米歇尔·沙因克曼(M. Scheinkman)和丹尼斯·韦尔内克(D. Werneck):《在夫妻关系中消除嫉妒:一种多维度的方法》(*Disarming Jealousy in Couples Relationships: A Multidimensional Approach*),见《家庭进程》,49(4): 486–502。

[34] 朱利亚·西萨(Giulia Sissa):《嫉妒:不可接受的激情》(*La Jalousie: Une passion inavouable*),巴黎:奥迪勒·雅各布出版社,2015年。

[35] 艾亚拉·马拉可·派因斯(Ayala Malach Pines):《浪漫的嫉妒:原因、症状和治疗》(*Romantic Jealousy:Causes, Symptoms, Cures*),纽约:劳特利奇出版社,2013年,第123页。

[36] 朱利亚·西萨(Giulia Sissa):《嫉妒:一种代价,两种痛苦》(*Jaloux, deux souffrances pour le prix d'une*),http://www.liberation.fr/livres/2015/03/11/jaloux-deuxsouffrances-pour-le-prix-d-une_1218772。

[37] 亚当·菲利普斯(Adam Phillips):《一夫一妻制》(*Monogamy*),纽约:Vintage 出版社,1999 年,第 95 页。

[38] 罗兰·巴特(Roland Barthes):《恋人絮语》(*A Lover's Discourse: Fragments*),纽约:麦克米伦出版社,1978 年 ,第 146 页。

[39] 威廉·C. 卡特:(William C. Carter):《恋爱中的普鲁斯特》(*Proust In Love*),耶鲁大学出版社,2006 年,第 56 页。

[40] 派因斯(Pines):《浪漫的嫉妒》(*Romantic Jealousy*),第 200 页。

[41] 朱利亚·西萨(Giulia Sissa):《自由》(*Liberation*)。

[42] 杰克·莫林(Jack Morin):《情欲之心:打开激情与满足的内在源泉》(*The Erotic Mind: Unlocking the Inner Sources of Passion and Fulfillment*),纽约:HarperPerennial 出版社,1996 年,第 60 页。

[43] 弗朗索瓦·德·罗什福考尔德(François de La Rochefoucauld):《格言》(*Maxims*),纽约:企鹅经典图书公司,1982 年,第 41 页。

[44] 安妮·埃尔诺(Annie Ernaux):《占领》(*L'occupation*),巴黎:Gallimard 出版社,2003 年。

[45] 海伦·费希尔,TED 演讲:《恋爱中的大脑》(*The Brain in Love*),http://www.ted.com/talks/helen_fisher_studies_the_brain_in_love/transcript?language=en。

[46] 大卫·巴斯(David Buss):《进化心理学:心灵的新科学》(*Evolutionary Psychology: The New Science of the Mind*),第5版,心理学出版社,2015年,第 51 页。

第 7 章 自责或报复的双刃剑

[47] 斯蒂芬·斯托尼:《背叛后的生活与爱:如何从情感虐待、欺骗、不忠和长期怨恨中恢复》,加拿大奥克兰:New Harbinger 出版社,2013 年,第 10 页。

第 8 章 说，还是不说？

[48]《走出背叛的创伤：在夫妻治疗中反思婚外情》(*Beyond the Trauma of Betrayal: Reconsidering Affairs in Couples Therapy*),《家庭进程》杂志，44(2): 227–244.

[49] 埃文·伊布尔 - 布莱克（Evan Imber-Black）:《家庭成员的秘密生活》(*The Secret Life of Families*)，纽约：班坦图书公司，1999 年，第 15 页。

[50] 斯蒂芬·莱文（Stephen Levine）:《揭秘爱情：与心理健康专业人士的坦率谈话》(*Demystifying Love: Plain Talk for the Mental Health Professional*)，纽约：劳特利奇出版社，2006 年，第 102 页。

[51] 德布拉·奥利维尔（Debra Ollivier),《法国女人所知道的：关于爱情、性，以及跟心灵和精神有关的其他事情》(*What French Women Know: About Love, Sex, and Other Matters of the Heart and Mind*)，纽约：伯克利出版社，2010 年，第 50 页。

[52] 潘蜜拉·杜克曼（Pamela Druckerman）:《外遇不用翻译：从东京到田纳西的不忠》(*Lust in Translation: Infidelity from Tokyo to Tennesse*)，纽约：企鹅图书公司，2008 年，第 124-125 页。

[53] 哈里特·勒纳（Harriet Lerner）与作者的私人通信，2017 年 3 月。

[54] 丹·艾瑞里（Dan Ariely）:《关于不诚实行为的（诚实）真相：我们是如何对每个人说谎的——尤其是我们自己》(*The [Honest]Truth About Dishonesty: How We Lie to Everyone–Especially Ourselves*)，纽约：HarperOne 出版社，2012 年，第 244 页。

[55] 马蒂·克莱因（Marty Klein）:《婚外情之后……是什么？》(*After the Affair... What?*)，见《性智慧》(*Sexual Intelligence* ）杂志第 164 期，http://www.sexualintelligence.org/newsletters/issue164.html。

第 9 章 幸福的人也出轨

[56] 奥克塔维奥·帕兹（Octavio Paz）:《双重火焰：爱与情欲的随笔》(*The Double Flame: Essays on Love and Eroticism*)，纽约：Houghton Mifflin Harcourt 出版社，1996 年，第 15 页。

[57] 莱斯·范德沃特(Lise VanderVoort)和斯蒂夫·达克(Steve Duck):《性、谎言和……变》(*Sex, Lies, and Transformation*),见吉恩·邓科姆(Jean Duncombe)、凯伦·哈利逊(Kaeren Harrison)、格雷厄姆·艾伦(Graham Allan)和丹尼斯·马斯登(Dennis Marsden):《简论婚外情:对出轨和承诺的探究》(*The State of Affairs: Explorations in Infidelity and Commitment*),新泽西州马瓦:Lawrence Erlbaum 出版社,2004 年,第 1–14 页。

[58] 安娜·普利(Anna Pulley):《爱上一个已婚女人的唯一方法》(*The Only Way to Love a Married Woman*),http://www.salon.com/2015/07/21/the_only_way_to_love_a_married_woman/。

[59] 弗朗切斯科·阿尔贝罗尼(Francesco Alberoni):《情欲》(*L'erotisme*),口袋出版社,1994 年,第 192 页。

[60] 杰克·莫林:《性欲:打开激情和满足的内在源泉》,纽约:Harper Perennial 出版社,1996 年。

[61] 齐格蒙特·鲍曼(Zygmunt Bauman):《流动的爱:论人际关系的脆弱》(*Liquid Love: On the Frailty of Human Bonds*),政治出版社,2003 年,第 55 页。

第 10 章 对抗死亡的秘方

[62] 弗朗西斯科·阿尔贝罗尼:《情欲》,口袋出版社,1994 年,第 192 页。

[63] 斯蒂芬·米切尔(Stephen Mitchell):《爱能持久吗?》(*Can Love Last?*),纽约:W. W. 诺顿出版社,2002 年。

[64] 帕梅拉·哈格(Pamela Haag):《婚姻秘密:后浪漫时代的爱情》(*Marriage Confidential: Love in the Post-Romantic Age*),纽约:哈珀柯林斯出版社,2011 年,第 15 页。

[65] 劳拉·基普尼斯(Laura Kipnis):《通奸》(*Adultery*),见《批判探究》(*Critical Inquiry*),24(2): 289–327。

[66] 莱斯·范德沃特和斯蒂夫·达克:《性、谎言和……转变》,见吉恩·邓科姆、凯伦·哈利逊、格雷厄姆·艾伦和丹尼斯·马斯登:《简论婚外情:对出轨和承诺的探究》,新泽西州马瓦:Lawrence Erlbaum 出版社,2004 年,

第 6 页。

[67] 米娜（Marta Meana）:《让乐趣回归女性性生活：重新获得快乐和满足》（*Putting the Fun Back in Female Sexual Function:Reclaiming Pleasure and Satisfaction*），该论文 2006 年 11 月发表于美国内华达州拉斯维加斯科学研究协会年会上。

[68] 达尔玛・海恩（Dalma Heyn）:《美国妻子的性沉默》（*The Erotic Silence of the American Wife*），纽约：Plume 出版社，1997 年，第 15 页。

[69] 西姆斯（Karen E. Sims）和米娜（M. Meana）:《为什么激情会消退？已婚妇女欲望下降的定性研究》（*Why Did Passion Wane? A Qualitative Study of Married Women's Attributions for Declines in Desire*），刊于《性与婚姻治疗杂志》（*Journal of Sex & Marital Therapy*），36(4): 360–380。

[70] 杰克・莫林:《情欲之心：打开激情与满足的内在源泉》，纽约：HarperPerennial 出版社，1996 年，第 180 页。

[71] 特里・里尔（Terry Real）与作者的通信，2016 年 2 月。

[72] 伊尔玛・库尔兹（Irma Kurtz）:《谈论男人:一本只写给女人的书》（*Mantalk: A Book for Women Only*），纽约萨格港：山毛榉树图书公司，1987 年，第 56 页。

[73] 埃塞尔・珀森（Ethel Person）:《男性性生活和控制力》，（*Male Sexuality and Power*），见《精神分析研究》（*Psychoanalytic Inquiry*），6(1): 3–25.

[74] 达芙妮・默金（Daphne Merkin）:《关闭的门后，最后的禁忌》（*Behind Closed Doors: The Last Taboo*），《纽约时报》，http://www.nytimes.com/2000/12/03/magazine/ behind-closed-doors-the-last-taboo.html。

[75] 詹尼斯・艾布拉姆斯・斯普林（Janis Abrahms Spring）:《婚外情之后：当伴侣不忠时，治愈痛苦，建立信任》（*After the Affair: Healing the Pain and Rebuilding Trust When a Partner Has Been Unfaithful*），第 2 版，纽约：William Morrow 出版社，2012 年，第 6 页。

第 12 章　所有背叛之母?

[76] 埃莉诺・巴克霍恩（Eleanor Barkhorn）:《欺骗你的配偶出轨是不好的;

与你的配偶离婚是不行的》(*Cheating on Your Spouse Is Bad; Divorcing Your Spouse Is Not*),《大西洋杂志》(*The Atlantic*),http://www.theatlantic.com/sexes/archive/2013/05/cheating-on-your-spouse-is-bad-divorcingyour-spouse-is-not/276162/。

[77] 戴维·史纳区(David Schnarch):《正常的婚姻虐待》(*Normal Marital Sadism*),《今日心理学》(*Psychology Today*)博客,https://www.psychologytoday.com/blog/intimacy-and-desire/201205/normal-marital-sadism。

[78] 塞斯·斯蒂芬斯-大卫德威茨(Seth Stephens-Davidowitz):《搜索性》(*Searching for Sex*),《纽约时报》,http://www.nytimes.com/2015/01/25/opinion/sunday/seth-stephens-davidowitz-searching-for-sex.html?ref=topics&_r=0。

[79] 欧文·赫西(Irwin Hirsch):《不完美的爱情,不完美的生活:做爱、性行为、做出道德判断》(*Imperfect Love, Imperfect Lives: Making Love, Making Sex, Making Moral Judgments*),刊于《性别和性行为研究》8(4): 355–371。。

[80] 马丁·理查兹、珍妮特·瑞博斯坦:《性约定:婚姻和婚外情》(*Sexual Arrangements: Marriage and Affairs*),新罕布什尔州朴茨茅斯:William Heinemann 出版社,1992 年,第 79 页。

[81] 帕梅拉·哈格(Pamela Haag):《婚姻秘密:后浪漫时代的爱情》(*Marriage Confidential: Love in the Post-Romantic Age*),纽约:哈珀柯林斯出版社,2011 年,第 23 页。

第 13 章 情人的两难选择

[82] 苏珊·契弗(Susan Cheever),波士顿 WBUR 电台《亲爱的糖》(*Dear Sugar*)第 52 集中的访谈,2016 年 4 月 24 日,http://www.wbur.org/dearsugar/2016/04/24/dear-sugar-episode-fifty-two。

第 14 章　一夫一妻制及其不足

［83］麦格 - 约翰·巴克（Meg-John Barker）:《重写规则》（*Rewriting the Rules*），http://rewriting-the-rules.com/love-commitment/monogamy/。

［84］凯瑟琳·弗兰克（Katherine Frank）和约翰·德拉梅特（John DeLamater）:《解构一夫一妻制：关系中的边界、身份和流动性》（*Deconstructing Monogamy: Boundaries, Identities, and Fluidities Across Relationships*），参见麦格·巴克（Meg Barker）和戴伦·朗德里奇（Darren Langdridge）编《理解非一夫一妻制》（*Understanding Non-Monogamies*），纽约：Routledge 出版社，2009 年，第 9 页。

［85］帕斯卡·布鲁克纳（Pascal Bruckner）:《爱的悖论》（*The Paradox of Love*），纽约普林斯顿：普林斯顿大学出版社，2012 年，第 3 页。

［86］萨兰达·菲利普斯（Shalanda Phillips）:《床上有三个人：漫谈欲望和浪荡子的性生活》（*There Were Three in the Bed: Discursive Desire and the Sex Lives of Swingers*），参见巴克（Barker）和朗德里奇（Langdridge）编《理解非一夫一妻制》（*Understanding Non-Monogamies*），第 85 页。

［87］M. L. 豪珀特（M. L. Haupert）等:《协商的非一夫一妻制关系中的普遍经历：两个关于单身美国人的全国调查结果》（*Prevalence of Experiences with Consensual Nonmonogamous Relationships: Findings from Two National Samples of Single Americans*），见《性与婚姻治疗》（*Journal of Sex & Marital Therapy*）杂志，2016 年 4 月 20 日，第 1–17 页。

［88］斯蒂芬·莱文（Stephen Levine）:《揭秘爱情：与心理健康专业人士的坦率谈话》（*Demystifying Love: Plain Talk for the Mental Health Professional*），纽约：Routledge 出版社，2006 年，第 116 页。

［89］塔米·纳尔逊（Tammy Nelson）:《新一夫一妻制》（*The New Monogamy*），刊于《心理治疗圈内人》（*Psychotherapy Networker*），2012 年 7-8 月，https://www.psychotherapynetworker.org/magazine/article/428/the-new-monogamy。。

［90］迪·麦克唐纳（Dee McDonald）:《浪荡：跨越一夫一妻制的界限？》（*Swinging: Pushing the Boundaries of Monogamy?*），参见巴克（Barker）和

朗德里奇（Langdridge）编《理解非一夫一妻制》（*Understanding Non-Monogamies*），第 71–72 页。

[91] 亚伦 · 本 - 泽耶夫（Aaron Ben-Ze'ev）:《在浪漫爱情中唯一性能取代排他性吗？》（*Can Uniqueness Replace Exclusivity in Romantic Love?*），见《今日心理学》（*Psychology Today*），2008 年 7 月 19 日，https://www.psychologytoday.com/blog/in-the-name-love/200807/can-uniqueness-replace-exclusivity-in-romantic-love。

[92] 杰米 · 赫克特（Jamie Heckert）:《爱没有边界？亲密、认同和强制一夫一妻制的状态》（*Love Without Borders? Intimacy, Identity and the State of Compulsory Monogamy*）参见巴克（Barker）和朗德里奇（Langdridge）编《理解非一夫一妻制》（*Understanding Non-Monogamies*），第 255 页。

[93] 特里斯坦 · 塔奥米诺（Tristan Taormino）:《开放：建立和维持开放关系的指南》（*Opening Up: A Guide to Creating and Sustaining Open Relationships*），纽约：西蒙舒斯特出版社，2008 年，第 147 页。

[94] 帕斯卡 · 布鲁克纳（Pascal Bruckner）:《爱的悖论》（*The Paradox of Love*）, 纽约普林斯顿：普林斯顿大学出版社，2012 年，第 5 页。

[95] 莫妮卡 · 海塞（Monica Hesse）:《备用伴侣：对于有许多爱的多角恋者，三个或更多伴侣，从不算多》（*For Polyamorists with a Whole Lotta Love, Three, or More, Is Never a Crowd*），见《华盛顿邮报》，2008 年 2 月 13 日。

[96] 戴安娜 · 亚当斯（Diana Adams）2016 年 9 月与作者的谈话。

[97] 迈克尔 · 舍诺夫（Michael Shernoff）:《抵制保守的社会和性取向：美国的性非排他性和男性伴侣》（*Resisting Conservative Social and Sexual Trends: Sexual Nonexclusivity and Male Couples in the United States*），作者引用自未出版的论文。

[98] 刘易斯 · B. 斯孟迪斯（Lewis B. Smedes）:《原谅和遗忘》（*Forgive and Forget*）纽约：哈珀科林斯出版社，第 133 页。。

[99] 玛格丽特 · 尤瑟纳尔（Marguerite Yourcenar）:《哈德良回忆录》（*Memoirs of Hadrian*），纽约：Macmillan 出版社，2005 年，第 209 页。

第 15 章 风暴之后

[100] 卡勒德·胡赛尼（Khaled Hosseini）:《追风筝的人》(*The Kite Runner*)，纽约：Riverhead 图书公司，2003 年，第 313 页。

[101] 凯瑟琳·弗兰克（Katherine Frank）、约翰·德拉梅特（John De Lamater）:《解构一夫一妻制：关系中的边界、身份和流动性》(*Deconstructing Monogamy: Boundaries, Identities, and Fluidities Across Relationships*)，参见麦格·巴克（Meg Barker）和戴伦·朗德里奇（Darren Langdridge）编《理解非一夫一妻制》，纽约：Routledge 出版社，2009 年。

[102] 约翰·欧多诺休（John O'Donohue）:《神圣之美：无形的拥抱》(*Divine Beauty: The Invisible Embrace*)，纽约：Harper Perennial 出版社，2005 年，第 155 页。

[103] 雷切尔·波茨曼（Rachel Botsman）：TED 演讲：《我们停止信任婚姻关系，开始信任陌生人》(*We've stopped trusting institutions and started trusting strangers*)，2016 年 6 月，https://www.ted.com/talks/rachel_botsman_we_ve_stopped_trusting_institutions_and_started_trusting_strangers。

[104] 亚当·菲利普斯（Adam Phillips）:《一夫一妻制》(*Monogamy*) 纽约：Vintage 出版社，1999 年，第 58 页。

图书在版编目（CIP）数据

危险关系：爱、背叛与修复之路 /（比）埃丝特·佩瑞尔 (Esther Perel) 著；兆新译 -- 上海：上海社会科学院出版社，2019

书名原文：The state of affairs: Rethinking infidelity

ISBN 978-7-5520-2875-1

Ⅰ.①危… Ⅱ.①埃… ②兆… Ⅲ.①婚姻问题—研究 Ⅳ.① C913.13

中国版本图书馆 CIP 数据核字 (2019) 第 152021 号

危险关系： 爱、背叛与修复之路

著　　者：（比）埃丝特·佩瑞尔（Esther Perel）

译　　者： 兆　新

责任编辑： 杜颖颖

特约编辑： 刘红霞

插　　画： Mango

封面设计： 主语设计

出版发行： 上海社会科学院出版社

上海顺昌路 622 号　邮编 200025

电话总机 021-63315947　销售热线 021-53063735

http://www.sassp.org.cn　E-mail: sassp@sass.org.cn

印　　刷： 河北鹏润印刷有限公司

开　　本： 710×1000 毫米　1/16

印　　张： 20

字　　数： 210 千字

版　　次： 2020 年 1 月第 1 版　2020 年 1 月第 1 次印刷

ISBN 978-7-5520-2875-1/C · 185　　定价：49.80 元

图书在版编目（CIP）数据

耶稣也说禅 /(美) 梁兆康 (Kenneth S. Leong) 著；
胡因梦，张欣云译．— 上海：上海社会科学院出版社，
2017
书名原文：The Zen Teachings of Jesus
ISBN 978-7-5520-2080-9

Ⅰ．①耶… Ⅱ．①梁… ②胡… ③张… Ⅲ．①基督教
—人生哲学—通俗读物 Ⅳ．① B978-49

中国版本图书馆 CIP 数据核字（2017）第 180349 号

耶稣也说禅

著　　者：［美］梁兆康
译　　者：胡因梦　张欣云
责任编辑：杜颖颖
特约编辑：刘红霞
封面设计：主语设计
出版发行：上海社会科学院出版社
上海市顺昌路 622 号　　邮编 200025
电话总机 021-63315900　销售热线 021-53063735
http://www.sassp.org.cn　E-mail: sassp@sass.org.cn
印　　刷：河北鹏润印刷有限公司
开　　本：710mm × 1000mm　1/16
印　　张：18
字　　数：180 千字
版　　次：2018 年 3 月第 1 版　2018 年 3 月第 1 次印刷

ISBN 978-7-5520-2080-9/B · 226　　定价：42.80 元